AN INNOVATION IN AERIALISM
THE
TRIPLE REVOLVING TRAPEZE
OF THE
SISTERS VORTEX-
GRACEFUL AND INTRICATE
EVOLUTIONS PERFORMED AT A DIZZY
HEIGHT BY THESE BEAUTEOUS
AND EMINENT ARTISTES.
A NEW AND NOVEL APPARATUS, THE
AERIAL TRAPEZONE

Le Monde *diplomatique*

Vol. 186　Mars·2024

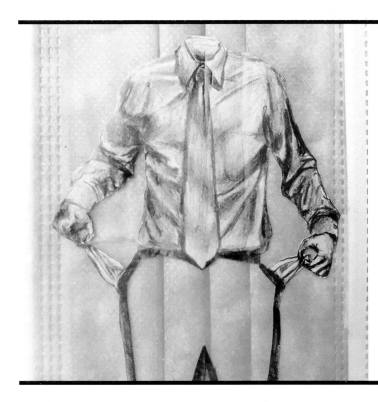

Article de couverture

계산기 앞의 건강, 과연 평등한가?

글·그레고리 르젭스키

올해 1월 16일, 기자회견에서 에마뉘엘 마크롱 프랑스 대통령은 의료계의 자율권을 이중으로 감독하겠다며 낙관적으로 말했다. 흔히들 상상으로 앓는 환자라 진단하는 환자들을 억제하기 위하여 프랑스 정부는 계속 이런 입장을 취하고 있다. 가브리엘 아탈 총리의 표현대로, 국가의 보물인 병원을 지키기 위해서이다.

28면 계속▶

Editorial

Focus

09

Economie

52

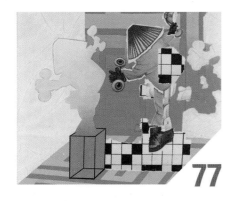

Dossier 위태로운 의료계

Mondial

Société

Culture

Corée

트랙터의 반란

브누아 브레빌 | <르몽드 디플로마티크> 프랑스어판 발행인

지난 1월 16일, 에마뉘엘 마크롱 프랑스 대통령의 기자회견이 TV로 중계됐다. 2시간 동안 이어진 이 기자회견에서 마크롱 대통령이 농민들이 처한 운명에 할애한 시간은 채 5초도 되지 않았다. 실로 마크롱의 예지력이 돋보이는 부분이 아닐 수 없다. 기자회견 이틀 후, 지난 수십 년을 통틀어 최대 규모의 농민 시위가 프랑스 전역에서 발생했다. 트랙터들이 고속도로를 봉쇄했다. 축산업자들은 가축의 분뇨를 슈퍼마켓 앞에 쏟아부었다.

사실 프랑스 농민들의 분노가 폭발할 징후는 최근 몇 주 동안 계속 확산되고 있었다. 독일, 폴란드, 루마니아, 네덜란드, 스페인, 벨기에 등 유럽 곳곳에서는 이미 농민 시위가 잇따랐다. 프랑스 농민들도 작년 11월부터 '비정상적인 방향으로 나아가는' 농업 정책에 대한 항의의 상징으로 마을 입구에 세워진 도로 표지판을 뒤집어 놓는 방식으로 불만을 표시했다. 마침내 1월 10일, 6개의 유럽 노동조합 연맹은 성명을 발표하며 "한계에 다다른" 현 상황은 "유럽연합 농민의 생존을 위협할 수 있다"라고 경고했다.유럽 농민들은 오래전부터 위태로운 상황에 놓여있었다. 대형 슈퍼마켓과 식품 대기업은 이미 부채에 시달리는 농민들을 착취했다. 농민들은 반복된 가뭄과 홍수로 타격을 입어도 값싼 수입 농산물과 경쟁하기 위해 가격을 낮춰야 했다. 농민들이 의존하는 보조금 제도는 대규모 농장에 유리한 방식으로 운영됐다. 우크라이나 전쟁 발발 이후 상황은 더욱 악화됐다. 유럽연합(EU)의 관세 철폐와 우크라이나와의 '연대' 조치로 그곳 농산물이 동유럽으로 대거 유입됐다. 이로 인한 농산물 가격 하락은 전 유럽에 영향을 미쳤다. 농민들의 수입은 반 토막 났고 (에너지, 물, 장비, 종자 등) 각종 생산 비용은 급증했다. 이미 취약했던 농업 분야는 사면초가에 몰렸고 작은 불꽃만으로도 대규모 폭발이 예견되는 상태였다. 독일은 농업용 경유에 대한 세금 환급을 폐지했다. 벨기에와 네덜란드는 가축 수 제한 계획을 발표했다. 프랑스는 '비점오염(오염의 배출 지점을 특정할 수 없이 불특정 다수 또는 지역의 전체 오염원 배출에 의한 오염-역자) 개선 부담금'을 인상했다. 근본적 원인을 무시하고 표면적 원인에만 집중한 논객들은 농민들의 분노 표출을 '환경 규범에 반하는' 시위로 일축했고 마치 농민들이 항상 기후 위기에 무관심했던 것처럼 매도했다. 농민들이 유럽 곳곳에서 시위를 벌인 이유는 바로 이러한 시스템적 부조리를 고발하기 위해서다. 당장 적절한 대안이 없는 상황에서 농민들은 계속해서 살충제를 사용하고, 생산성 향상을 추구하고, 환경을 오염시킬 수밖에 없다. 하지만 살충제 사용으로 가장 직접적인 피해를 보고, 농업 자동화로 일자리를 잃고, 환경오염으로 생존을 위협받는 것은 바로 농민들이다.

프랑스 경제활동 인구 중 농민이 차지하는 비중은 1946년 35%에서 현재 2% 미만으로 급감했다. 프랑스 농업의 미래는 세 갈래 길에 놓여있다. 유럽의 분업화와 주요 곡물 생산국의 EU 가입 영향으로 사라질 것인가? 이미 곳곳에서 지구가 보내는 경고를 무시한 채 계속 환경을 오염시키고 인간의 삶을 피폐하게 만들더라도 관료주의와 투자펀드가 강요하는 끊임없는 산업화를 선택할 것인가? 아니면 농민에 의한 농업을 투쟁으로 지켜내 농민의 자율성을 보장하면서도 국민의 먹을거리를 책임지는 본연의 사명을 되찾을 것인가? 많은 축산업자와 농부가 열망하고, 소비자가 기대하고, 장기적인 합리성에 부응하는 길을 어떤 정치 세력이 제시할 수 있을 것인가? **ld**

글·브누아 브레빌 Benoît Bréville
<르몽드 디플로마티크> 프랑스어판 발행인

번역·김은희
번역위원

'나치즘'의 유혹에 빠진 서구의 니힐리즘

성일권 | 〈르몽드 디플로마티크〉 한국어판 발행인

"미국의 대외 전략이 합리적이고 이성적일 수 있다는 생각을 버리는 것이 시급하다. 니힐리즘에 빠진 미국의 정치는 실질적인 미국 국민의 이익을 배반하면서까지 전쟁을 향한 압도적 충동과 선호도를 가지고 있다. 그런 미국이 지휘하는 서구 세계에선 어떤 (위험한) 일도 일어날 수 있다. 가자지구에서 벌어지고 있는 일이 이런 사실을 잘 보여준다."

프랑스의 철학자이자 미래학자인 에마뉘엘 토드가 프랑스 TV 방송국 〈TV5Monde〉와의 인터뷰(2024년 1월 19일)에서 자신의 최근작 『서구의 패배(La défaite de l'Occident)』(Gallimard 출판사)에 대해 설명하면서 이같이 미국과 서구 세계를 비판했다. 그가 지적한 미국 정치의 니힐리즘은 2차 대전 후 미국의 정치철학자 레오 스트라우스가 지적한 독일 니힐리즘 속의 나치즘 발호를 떠올리게 한다.

에마뉘엘 토드의 예견

올해 72세의 에마뉘엘 토드는 프랑스 지성사회의 존중받는 대표적인 지식인으로, 이미 25세에 쓴 첫 저서 『마지막 추락(la chute finale)』(1976)에서 소비에트 연방의 해체를 예견한 바 있다. 그의 전망대로 1991년 (폭압적인) 소비에트 연방이 해체됐으며, 33년이 흐른 지금, 그는 정반대로 서구(북미+유럽)의 몰락을 예견하고 있다. 그에 따르면 서구의 몰락은 전적으로 알맹이 없는 '좀비' 프로테스탄티즘에 기인한다.

"2000년 이후, 미국의 프로테스탄티즘에는 윤리라는 덕목이 사라졌다. 사회에 강력한 윤리 의식을 제공하던 서구의 프로테스탄티즘은 단계적으로 좀비 프로테스탄티즘으로, 2000년에 이르러서는 제로(즉, 아무 알맹이가 없는)로 진화해갔다. 종교의 이러한 몰락은 미국을 신자유주의에서 니힐리즘으로 이끌었다."

미국의 호전적인 네오콘들이 이라크, 아프가니스탄, 우크라이나, 팔레스타인 등 지구촌 곳곳에서 정당성 없는 전쟁에 광분할 때마다 끌어다 쓰는 '정신 승리' 철학은 레오 스트라우스(1899~1973)의 가르침이다.

"민주주의가 힘이 약해 전체주의의 유혹을 떨치지 못한다면, 더 이상 그 가치의 실현은 불가능할 것이다."(1)

그에 따르면 폭정이 출현한 이유는 계몽주의 시대 이후 나약해진 지식인들과 관련이 깊다. 이를테면 지식인들이 '역사주의'와 '상대주의'에 현혹되었으며, 그뿐만 아니라 달성하기 힘든 '절대 선(善)'을 포기하는 대신 사소하고, 즉흥적인 '작은 선'들을 추구하기 시작했다. 그러나 이들 선(善)은 '현실 속의 잣대'가 되어야 할 '절대 선'이 뒷받침되지 않아 전체주의의 폭력 앞에서 쉽게 무너져 내렸다는 게 그의 지적이다. 독일 유대인 출신의 그는 나치주의자들의 만행으로 빚어진 바이마르 공화국의 퇴락을 경험하면서 헤겔이 '미래의 나라'라고 찬양한 미국에 건너와 시카고대에서 플라톤과 아리스토텔레스를 가르치면서 고대철학의 절대 선을 현실 속에 구현하고자 했다.

스트라우스에게 있어 니힐리즘은 기성의 가치 체계와 이에 근거를 둔 일체의 권위와 질서를 부정하는 사악한 생각이다. 나치즘과 소련 공산주의 같은 '전체주의 체제'가 출현했는데도 니힐리즘에 빠진 허약한 지식인들이 계몽주의 시대의 성과인 '자유주의적 민주주의'를 옹호하는 대신에 상대주의라는 이름 아래 모든 것에 가치와 의미를 부여함으로써 인류를 위험에 빠뜨렸다는 지적이다.

스트라우스의 철학을 훔친 미국 네오콘

스트라우스에 따르면 고대 그리스적 지성과 유대적 신앙의 조화를 중시한 헤겔이 죽은 뒤 그의 철학에 반발한 쇼펜하우어의 '염세주의' 철학이나 키르케고르의 실존주의 사상에 영향을 받은 지식인들이 무정부주의적 니힐리즘에 현혹되었다. 그 결과, 문화적으로는 재즈 같은 저질 음악이 인기를 끌고, 마약과 부패가 만연하고, 반민주적인 폭정까지도 용인하는 지경에 이르렀다는 것이다.

네오콘들이 스트라우스의 난해한 철학에서 가장 주목한 것은 상대적 자유주의에 대한 비판이다. 스트라우스의 철학을 훔친 네오콘들은 미국이 지향해야 할 '본질적 자유주의'를 유럽이 강조하는 다자주의, 국제규범 등 '상대적 자유주의'와 대비시킨다. 세계 평화의 유지를 위해선 '악의 레짐들'을 실질적으로 교체할 수 있는 힘의 사용이 그 어떤 국제기구나 국제회의체보다도 중요하다는 것이다. 조지 부시 2세가 규정한 악의 3대 축(북한, 이라크, 시리아), 오바마 정권이 살해한 리비아의 카다피, 조 바이든이 적대시하는 러시아, 중국, 북한, 그리고 팔레스타인 등은 힘으로 다스려야 할 타도의 대상이다. 미국에 가장 큰 위협이 되는 요소는 자본주의와 사회체제를 미국과 공유하지 못하는 국가들이다.

그러나 네오콘들이 자신들의 정신적인 스승으로 삼고 있는 스트라우스는 지하에서 만족하고 있을까? 스트라우스 자신이 그토록 경멸했던 '나치즘'의 폭력적 징후가 미국과 유럽 사회에 만연해 있고, 돈만 밝히는 신자유주의적 자본주의가 서구사회가 자랑으로 내세운 프로테스탄티즘적 윤리를 밀어내고, 일반 대중은 부나방처럼 전쟁에 광분하는 현실에서, 어쩌면 자신의 심오한 철학의 전쟁 도구화에 분노하고 있을지 모를 일이다. 20여 년 전 그의 딸 제니 스트라우스는 "아버지는 학자일 뿐, 극우세력의 스승이 아니다"고 안타까워 한 바 있다.(2)

서구사회에 만연한 니힐리즘의 위험성을 경고한 토드의 주장은 스트라우스와는 결이 다르다. 스트라우스는 지식인 및 시민 사회에 만연한 니힐리즘이 독일 나치즘과 소련 전체주의의 근원이라고 지적했지만, 토드는 '절대 선'을 가장한 미국의 반(反) 프로테스탄티즘과 신자유주의가 니힐리즘을 부채질했고, 정당성 없는 호전적 전쟁에서 출구를 찾는다는 주장이다.

그는 스트라우스와는 달리, 러시아보다는 서구사회의 위험성을 더 경고했다.

"서구는 더 이상 자유민주주의 사회가 아니며, 리버럴 올리가쉬(liberal oligarchy, 자유주의적 과두정치)다. 반면에 러시아는 권위적 민주주의 사회로 진화해 왔다."

50여 년 전 소련의 패망을 구체적으로 예언함으로써 뛰어난 통찰력을 보여준 토드는 최근 〈휘가로(Figaro)〉(2024년 2월 17일)와의 인터뷰에서도 오늘날 니힐리즘으로 황폐해진 서구의 종말을 선언하고, 푸틴에 의해 '안정화된' 러시아의 승리를 예언했다. 그는 또 〈르몽드〉(2024년 1월 20일)와의 인터뷰에서도 "프로테스탄티즘 윤리의 소멸이 민족 국가가 더 이상 존재하지 않는 서구의 붕괴를 가져오지만, 러시아에서는 오히려 민족 국가가 형성되고 있다"라고 주장했다. "우크라이나는 서구의 '루소포비아'에 의해 조종받아 분해 중"이라고도 말했다.

그의 신랄한 발언은 언론과의 인터뷰에서도 계속되고 있다. 그의 발언에 언론이 앞 다퉈 주목하고, 독자들이 수많은 댓글을 보냄으로써 그를 지지하고 있다.

"미국과 유럽 국가들은 자신들이 훨씬 강하다는 스스로의 착각, 환상, 거짓말로 우크라이나 전쟁이라는 수렁에 자국을 빠뜨렸다. 그러나 2년간 진행되어온 전쟁에서 나토는 러시아에 졌고, 유럽 경제는 혼란에 빠졌다."

"서방 언론이 지금까지 해온 푸틴에 대한 무모한 거짓 선동을 이제는 멈춰야 한다. 상대를 정확히 알지 못하고 그에 맞서겠다는 것은 자살 행위에 가깝다."

"유럽의 최강자가 된 독일이 러시아와 가까워지고 있고, 노르트스트림2는 그들을 연결하는 완벽한 기반이 될 수 있었다. 미국으로서는 참을 수 없는 일이었다. 미국으로서는 그것을 단절할 명분이 필요했다."

"러시아는 2년 전 이미 튀르키예에서 평화조약에 서명할 준비가 되어 있었다. 보리스 존슨이 젤렌스키를 선동하는 역할을 했고, 결국 전쟁은 지금까지 이어졌다."

"2015년 프랑스와 독일, 즉 올랑드와 메르켈이 보

증인으로 나선, 2차 민스크 협약은 우크라이나 정부가 돈바스 지역에 대한 폭격을 멈출 것, 자치 공화국으로의 이행을 도울 것을 약속한 평화조약이었다. 우크라이나 정부는 조약을 이행하지 않았고, 독일과 프랑스는 보고만 있었다."

"이 전쟁은 우크라이나-러시아 간의 전쟁이 아니며, 결코 그랬던 적이 없다. 우크라이나를 원조한 국가들은, 결국 존재하지 않는 환상 속으로 우크라이나 국민을 밀어 넣으며 끔찍한 고통을 강요한 셈이다."

거짓을 진실로 둔갑시키는 '탈(脫) 진실' 시대의 진실

우리 정부는 '우방' 미국의 요청에 따라 북한을 상대로 군사력을 키우고, 불편한 관계의 일본과도 군사 협력을 증대하고, 미국이 주도하는 우크라이나 전쟁에도 진심으로 지원하고 있다. 미국이 추가 지원을 요청하면 러시아의 반발과 항의에도 불구하고, 어떤 형태로든 지원할 태세다. 미국과 서구가 주도하는 호전적인 전쟁 외교 덕택에 무기 수출국 톱 10위(2017~2022년)에서 곧 4위에 오를 전망이다.(3) 최악의 경기침체와 수출 부진, 실업난, 의사 파업 등으로 혹독한 국란을 겪고 있는데도 거의 유일하게 활황세를 띤 곳이 방위산업이라니 놀랍고도 슬프기 짝이 없다. 선거철이 다가오며, 정치권력은 수많은 개혁 청사진을 내놓지만 유권자들의 헛헛한 냉소만 자극할 뿐이다.

이제 진실을 묻고 싶다. 미국이 지원하는 우크라이나 전쟁과 하마스 전쟁은 정당한 것인가? 우크라이나와 전쟁을 벌이는 러시아는 우리에게도 적인가? 북한은 세계 10대 무기구매국이자 세계 4대 무기 수출국인 우리가 겁을 먹어야 할 만큼 강력한가? 일본은 우리가 군사동맹을 맺어야 할 만큼 우리에게 진심인가?

침체의 늪에 빠진 서점가에 그나마 위안의 철학자로 알려진 쇼펜하우어의 책들이 베스트셀러에 올라 있다. 불교와 힌두교에 심취한 철학자의 책에는 곱씹어 봐야 할 글들이 많다. 정치권력이 거짓을 진실로 만들고,

진실을 거짓으로 둔갑시키는 '탈(脫) 진실'의 시대에 쇼펜하우어에게서 혜안을 구할 수 있다면, 또 그것으로 헛헛함을 채울 수 있다면 다행스러운 일이다. **LD**

크리티크M 8호
『날개를 단
웹툰적 상상력』

권당 정가 16,500원

글·성일권
<르몽드 디플로마티크> 한국어판 발행인

(1) Leo Strauss, 『Spinoza's critique of religion 스피노자 철학의 종교에 대한 비판』(1965). p.1.
(2) 이와 관련, 스트라우스의 입양 딸인 제니 스트라우스 클레이는 2003년 7월 <뉴욕 타임스>에 기고한 글에서 "언론은 내 아버지 스트라우스가 마치 미국의 외교정책을 조종하는 네오콘들의 배후 주모자인 것처럼 묘사하고 있으나, 나는 그들에서 스트라우스를 전혀 찾아볼 수 없다"고 말했다.
(3) 필리프 레마리, '군수산업의 기록적인 매출 달성, 우크라이나 전쟁', <르몽드 디플로마티크> 한국어판 2월호, 33p.

우크라이나가 콜롬비아 용병을 사용하는 법

우크라이나가 새로운 방식으로 병력을 충원하고 있다. 그동안 러시아에 대한 증오심으로 전쟁에 동참하거나 국내 극우 단체들과 연계된 해외 자원병에 의지했던 우크라이나는 이제 돈에 현혹된 국제 용병을 모집하고 있다. 주로 라틴아메리카 출신인 이들의 선두에는 콜롬비아 용병이 있다.

에르난도 칼보 오스피나 ▮기자

2021년 7월 7일 새벽 1시, 조베넬 모이즈 아이티 대통령이 포르토프랭스 사저에서 암살됐다. 총 12발의 총상이 그의 이마, 왼쪽 눈, 가슴, 엉덩이, 복부에서 발견됐다. 모이즈 대통령을 살해한 괴한들은 목격자를 남기지 말라는 지시를 받은 듯 보였다. 그러나 함께 총에 맞았던 영부인은 죽은 척 가장해 목숨을 부지했고 아이들은 무사히 피신했다. 48시간 후, 모이즈 대통령 암살에 가담한 괴한들은 26명의 콜롬비아인으로 밝혀졌다. 사실, 이들의 신원이 밝혀지기 전부터 잔인한 암살 방식으로 미루어 콜롬비아인의 소행임을 직감할 수 있었다.

콜롬비아의 한 민간 언론은 이들이 요인 보호 임무로 "속아" 이 일을 맡았다는 가족들의 주장을 보도하며 암살범들을 피해자로 묘사했다. 하지만 이들은 결국 모이즈 대통령의 암살을 청부받았다고 실토했다.(1)

콜롬비아, 세계 최대 용병 국가

콜롬비아에서는 1980년대 마약왕 파블로 에스코바르를 중심으로 용병이 출현했다. 세계에서 가장 강압적인 군대 중 하나인 콜롬비아군 출신의 용병들은 시간이 지날수록 점점 더 잔학해졌다.(2) 오늘날 콜롬비아는 전 세계에서 가장 많은 수의 용병과 청부살인자를 보유한 국가다.(3)

모이즈 대통령 암살 후 채 1년도 되지 않아 카리브해 바루 섬에서 신혼여행 중이던 파라과이의 마르셀로 페치 검사가 콜롬비아 청부살인자들의 총격으로 사망했다. 페치 검사는 파라과이에서 범죄 기업과의 전쟁에 앞장선 인물이다. 2023년 8월 9일, 또 한 명의 정치 지도자가 콜롬비아 괴한들이 쏜 총에 사망했다. 바로 에콰도르의 언론인이자 대통령 후보였던 페르난도 비야비센시오였다.(4)

지난 20년 동안 콜롬비아 언론은 중동에서 전투에 투입되거나 석유 유전 보호 임무를 맡은 콜롬비아군 출신 용병의 소식을 해외 단신 형태로 보도하고는 했다. 2006년 초, 〈세마나(Semana)〉, 〈뉴아랍(The New Arab)〉 등 일부 언론은 35명의 콜롬비아 퇴역 군인이 이라크 내 미군기지 방어에 동원됐다고 보도했다. 2010년, 〈유로뉴스(Euronews)〉는 수백 명의 콜롬비아 용병이 아프가니스탄 전투에 투입됐다고 보도했다.(5)

2001년 9·11 테러 이후 미국이 중동에서 군사작전을 펼치면서 민간 군사기업이 급

(1) Renán Vega Cantor, 'Mercenarios de export -tación : La industria de la muerte made in Colombia', 2022년 3월 3일, nodal.am

(2) Hernando Calvo Ospina, 『Colombie. Histoire du terrorisme d'État 콜롬비아. 국가에 의한 테러 행위의 역사』, Le Temps des cerises, Pantin, 2008.

(3) 'Mercenaries: the sinister export from Colombia's conflict', 2021년 7월 10일, france24.com

(4) Maurice Lemoine, 'Co -mment l'Équateur est descendu aux enfers 에콰도르는 어쩌다 지옥으로 떨어졌나', <르몽드 디플로마티크> 프랑스어판, 2023년 12월.

(5) Cf. 'EEUU - Mercenarios de Colombia en Irak y Afganistán piden ser reconocidos como vete -ranos', Euronews, 2022년 1월 16일.

<콜롬비아는 케이크이다>, 2015~2016 - 호르헤 줄리안 아리스티자발

성장했다. 미국 국방부, 국무부와 계약을 맺은 민간 군사기업은 가장 위험한 작전 혹은 민간인 대상 '불법 작전'을 수행할 용병을 모집했다. 용병은 이상적인 병력 자원이다. 용병이 사망해도 고용국은 정치적 책임을 질 필요가 없으며 국가의 사기에 악영향을 미치지도 않는다. 용병 활동에 관한 국제법이 명확하지 않기 때문에 민간 군사기업 역시 책임에서 자유롭다. 따라서 (시리아, 이란, 리비아, 이라크 등) 다양한 작전 지역에서는 오래전부터 용병이 성행했으며 이들의 고용주는 대부분 미국이었다.

예멘 내전 등 중동에도 진출

하지만 상황이 달라지기 시작했다. 2011년 5월, <뉴욕타임스>는 "건설 노동자"로 위장한 다수의 퇴역 군인이 아부다비에 입국했다고 폭로했다.(6) 이들은 사우디아라비아가 주도한 아랍 동맹군의 용병대에 합류해 콜롬비아 합동특수작전부대 대령 출신 지휘관 휘하에 배치됐다. 2015년, <뉴욕타임스>는 또 다른 기사를 내보냈다. 이번에는 아랍에미리트가 직접 고용한 450명의 라틴아메리카 퇴역 군인이 예멘 내전에 투입됐다. 이 용병들은 대부분 콜롬비아 출신이었다. 콜롬비아 일부 언론 보도에 따르면 그해 12월 10일 최대 격전이 벌어진 타이즈시(市)에서 1만 명 이상의 민간인 희생자가 발생했으며 아랍에미리트가 고용한 콜롬비아 용병 15명이 사망했다.(7)

콜롬비아군 총사령부 장교 출신인 단테

(6) Mark Mazzetti et Emily B. Hager, 'Secret Desert Force set up by Blackwater's founder', <The New York Times>, 2011년 5월 14일.

(7) Inigo Alexander, 'From Haiti to Yemen: Why Colombian mercenaries are fighting foreign wars', 2021년 8월 4일, Newarab. com

인카피에 역시 예멘 내전에 참여했다. 2015년 아랍에미리트가 고용한 용병 중 1명인 그는 1년간 복무한 후 2018~2020년 다시 예멘에서 활동했다. 그는 자신이 예멘에 있을 당시 3개의 용병 대대가 존재했다고 진술했다. 첫 번째 대대는 콜롬비아 용병 10%, 타 국적 용병 90%. 두 번째 대대는 이와 정반대 비율로 구성됐다. 인카피에는 100% 콜롬비아 퇴역 군인으로 구성된 세 번째 대대에 속했다. 지난 10년간 인카피에를 비롯한 1만여 명의 콜롬비아 퇴역 군인이 중동에서 용병으로 활동했다. 이들 대부분은 아랍에미리트가 고용한 직업 군인 출신 용병이다.(8)

우크라이나가 병력 확보에 어려움을 겪기 시작하자 콜롬비아 용병들은 이제 우크라이나로 향했다. 대부분 전 재산을 팔아 여행 경비를 마련한 이들은 비행기로 도미니카 공화국, 벨기에를 거쳐 폴란드에 도착한 후 육로를 통해 우크라이나로 넘어간다. 스페인, 이탈리아를 거쳐 폴란드로 이어지는 남쪽 노선을 택한 이들도 있다. 우크라이나 국경에 도착해 번역 애플리케이션으로 용병 지원 의사를 밝히면 일단 우크라이나 서부 테르노필의 군사기지로 이송된다. 이곳에서 심문과 신체검사를 거친 후 용병으로 고용되면 카르파티아 시치 제49보병대대나 우크라이나 방위군 외인부대에 배속된다. 전투에 투입되기 전 이들은 본국의 가족들에게 송금할 수 있는 은행 계좌를 개설한다.

우크라이나 전쟁에서 임금 제대로 못받아

많은 콜롬비아 용병이 부당한 처우, 외국인 혐오증, 임금 체불로 불만을 토로하거나 잔혹한 전쟁 범죄를 목격한 충격에 시달리고 있다. 전장에서 사망한 콜롬비아 전우의 장례조차 치러주지 못하는 경우가 허다하다. 콜롬비아 용병이 사망하면 우크라이나 당국은 용병 계약 시 약속한 돈 대신 메달이 들어 있는 작은 상자를 전사한 용병의 친인척에게 보낸다. 2023년 7월 중순, 우크라이나 군인들에게 부당한 처우에 대해 항의하다 최루탄 세례를 받은 용병들의 모습이 담긴 유튜브 영상은 엄청난 조회 수를 기록했다.(9) 영상 속 한 용병은 "너희 나라를 지키다 팔에 파편이 박힌 나를 개처럼 취급하다니!"라고 외치며 분노했다. 두 번째 영상에서는 얼굴에 부상을 입고 바닥에 누워있는 또 다른 용병이 "러시아놈들보다 더 악질인 이 망할 우크라이나놈들!"이라고 절규하며 울부짖었다.(10)

용병은 국제인도법(IHL)의 보호를 받지 못한다. 이들은 군인이나 민간인이 아니라 청부살인자로 간주된다. 용병이 사망하면 장례식도, 영웅 대우도 없다. 용병이 인권 침해나 전쟁 범죄를 저지르면 용병 개인의 책임으로 간주된다. 따라서 용병을 고용한 나라는 불법 행위를 저지를지 "몰랐다"거나 "절차를 준수하지 않았다"라는 구실로 용병에게 소송을 제기할 수 있다.

콜롬비아군은 60년간 내전을 겪으며 약 45만 명의 병력을 보유한 라틴아메리카 최대 규모의 군대로 성장했다. 2017년 이후 콜롬비아무장혁명군(FARC) 게릴라병들이 무장을 해제하기 시작하면서 콜롬비아군의 병력은 약 5만 명 감소했다. 매년 6,000여 명의 콜롬비아 군인이 20년 복무 기간을 채운 뒤 40세의 나이로 전역하며 1만 명은 진급 실패나 생활고를 이유로 퇴역한다.(11)

전역한 군인은 평생 연금을 수령하지만 월 최대 260만 콜롬비아 페소(약 600유로)

(8) Iván Gallo, 'Ganarse la vida matando: testimonio de un mercenario colombiano', 2021년 8월 18일, las2orillas.co

(9) 유튜브(YouTube)에서 시청 가능.

(10) Idem.

(11) José Ospina-Valencia, 'Colombia : mercenarios, solo preparados para la guerra', 2021년 7월 17일, dw.com

의 연금으로는 독신 가구의 생계를 유지하기도 힘들다. 모이즈 대통령 암살범들은 약 3,000달러의 대가를 약속받았다. 중동에서 활동하는 콜롬비아 용병들은 하루에 90달러까지 벌 수 있다. 예멘 내전에 참여한 용병들은 월 2,000~3,000달러의 급여를 수령했으며 내륙 지역에 투입된 이들은 주당 1,000달러의 추가 수당을 받았다.(12) 하지만 계약에 명시된 급여를 제대로 받지 못하는 경우도 부지기수다. 2006년 이라크에 투입된 콜롬비아 용병들은 월 7,000달러의 급여를 약속받았다. 하지만 계약 기간을 채우는 조건 하에 이들이 실제로 수령한 금액은 월 1,000달러에 불과했다.(13)

우크라이나는 콜롬비아 용병에게 러시아군 전차 노획 시 1대당 4만 달러, 러시아군 사살 및 생포 시 추가 수당을 약속했다. 하지만 전쟁이 발발하기 전까지 존재조차 몰랐던 우크라이나를 지키기 위해 싸운 수개월이 지나고도 보수를 받지 못해 항의하는 콜롬비아 용병이 한둘이 아니다.

미국 민간 용병회사에 고용되기도

콜롬비아군이 전 세계적으로 수요가 높은 젊은 용병들을 끊임없이 배출하는 이유는 (라틴아메리카 최초로 미국과 군사협약을 체결한) 1947년 이래 서구식 사상 및 군사 훈련을 받았기 때문이다. 1951년, 콜롬비아가 라틴아메리카에서 유일하게 한국전쟁에 참전해 5,000여 명의 병력을 파견한 것도 이러한 맥락 때문이다.

하지만 콜롬비아에서 용병이 발달한 결정적 계기는 1999년 빌 클린턴 미국 대통령과 안드레스 파스트라나 아랑고 콜롬비아 대통령이 출범시킨 '플랜 콜롬비아(Plan Colombia)'다. 수백만 달러의 예산이 투입된 이 '마약 퇴치' 계획의 실제 목적은 게릴라 소탕이었다. 플랜 콜롬비아를 계기로 콜롬비아는 라틴아메리카에서 미국 군사원조의 최대 수혜국이 됐고 블랙워터(Blackwater)를 비롯한 미국 민간 군사기업이 콜롬비아에 진출했다. 이 기업들은 수백 명의 퇴역 미군을 고용해 특수부대를 훈련시키고 게릴라들과 전쟁을 치렀다. 2009년 콜롬비아에 용병 모집 회사를 최초로 설립한 민간 군사기업인 블랙워터는 21세기 전쟁 민영화의 상징이다.

미국과 콜롬비아는 '용병 모집·이용·자금조달·훈련에 관한 유엔 협약' 체결국이 아니다. 콜롬비아 법에 의하면 용병 활동은 범죄가 아니다. 따라서 콜롬비아 검찰은 용병 활동을 조사할 권한이 없다. ⒧⒟

(12) Inigo Alexander, op. cit.

(13) 'Atrapados en Bagdad', <Semana>, Bogotá, 2006년 8월 19일.

글·에르난도 칼보 오스피나 Hernando Calvo Ospina
기자

번역·김은희
번역위원

※스페인어 기사 원문을 엘렌 보셀이 프랑스어로 번역한 것을, 김은희 번역위원이 한국어로 옮겼습니다

줄리언 어산지 '벨마쉬 교도소 면회기'

"이걸 바로 수감자의 창백함이라고 부르지요"

찰스 글래스 ▌작가

2 023년 12월 13일 수요일 오후 2시 30분 영국 런던의 남동부에 위치한, 보안등급이 매우 높은 벨마쉬 교도소 면회실에 덥수룩한 흰 머리에, 깔끔히 면도한 줄리언 어산지가 들어왔다. 폭로 사이트 '위키리크스'의 창립자인 줄리언 어산지는 교도소 풍경과는 어울리지 않아 보였다. 그는 눈을 찌푸리고는 익숙한 얼굴이 있는지 면회 온 수감자들의 가족들을 유심히 살펴보았다.

나는 40여 개의 비슷한 면회실 중 내게 지정된 D-3 면회실에서 그를 기다리고 있었다. 면회실에는 낮은 테이블 하나와 파란색 의자 2개, 빨간색 의자 1개, 모두 3개의 의자가 놓여있었다. 의자와 테이블은 농구장 바닥 같은 마루 위에 나사로 고정되어 있었다.

우리는 눈을 마주쳤고, 포옹했다. 6년 만의 만남이었다. "얼굴이 창백하구나." 나는 속마음을 말하지 않을 수 없었다. 그는 특유의 장난꾸러기 같은 미소를 지으며 대답했다. "이걸 바로 수감자의 창백함이라고 부르지요."

2012년 6월부터 그는 런던 주재 에콰도르 대사관에 숨어있었고, 대사관 밖으로 코빼기도 내밀지 않았다.

영국 경찰이 그를 체포해 호송차에 태웠던 단 1분을 제외하고 말이다. 그는 2019년 4월 11일부터 벨마쉬 교도소에 수감되었다. 그는 한낮에도 태양을 볼 수가 없다. 하루 24시간 중 23시간을 독방에 갇혀 지낸다. 유일한 산책 시간에도 교도관들의 감시 아래 사방이 벽으로 막혀있는 곳에서 산책한다.

기차와 버스를 타고 달려와, 면회 시간보다 1시간 30분 일찍 도착했다. 교도소와 분리된 건물에 위치한 면회소에서 보안 등록과 방문자 등록 절차를 마쳤다. 어슴푸레한 조명 아래 놓여있는 싸구려 테이블과 낡은 의자, 벽을 따라 늘어선 유리 칸막이. 면회소는 1950년대 에드워드 호퍼의 그림처럼 음울했다. 한 친절한 여성이 녹초가 된 72세의 나에게 커피 한 잔을 권했다. 내가 일찍 도착했기 때문이다. 그녀의 권유대로 간이 주방으로 가보니, 한 남성이 인스턴트커피에 끓는 물을 붓고 있었다.

20분 후 면회소가 오픈되었고, 통행증을 얻으려는 사람들이 줄을 서기 시작했다. 제복 차림의 직원 3명이 창구 뒤에 앉았다. 내 이름이 호명되었고, 담당 직원은 컴퓨터를 보며 상담을 진행했다. "어산지 씨를 만나러 오셨나요?" 정중하고 상냥한 그녀는 내 검지 두 개의 지문을 찍고, 머리 위에 있는 카메라를 쳐다보며 사진을 찍으라고 알려주었다.

'벨마쉬 교도소 - 면회자 2199'라는 통행증

어산지에게 주려던 책 3권을 발견한 그녀는 동료에게 이를 알렸다. 나는 나의 최신작 『Soldiers Don't Go Mad』(제1차 세계대전 기간 동안 쇼크에 빠진 병사들을 치료한 정신과 병원 이야기)와 시배스천 폭스의 소설 『The Seventh Son』, 그리고 로랑 리차드와 상드리 리고의 『Pegasus : The Story of the World's Most Dangerous Spyware』를 가져왔다. 담당자는 책의 표지에 서명한 어산지 헌정 문구를 발견하고는 어산지에게 줄 수 없다고 통보했다. "왜 안 되나요?" 교도소에서 묻지 말아야 할 질문이다. 대답은 재소자에게 줄 책에는 어떤 글도 쓰여 있으면 안 된다는 것이었다. 나는 이것은 비밀암호도 아니고, 내가 쓴 책에 내가 서명한 것일 뿐이라고 항의했다. 하지만 소용없었다. 규칙인 것이다. 그녀는 나머지 책 두 권은 괜찮은지 알아보기 전까지 기다리라고 말했다.

그 사이에 면회자의 줄이 길어졌다. 면회자들은 대부분 여성들이었고, 아기나 어린아이를 데리고 온 여성들도 있었다. 직원이 금방 나를 다시 불렀다. 어선지는 독방에서 책을 한 권도 반출하지 않았기 때문에, 추가로 어떤 책도 반입할 수 없다고 말했다. 그 이유는? 화재의 위험성 때문이라고 그녀는 세상에서 가장 심각한 표정으로 대답했다.

'벨마쉬 교도소 - 면회자 2199'라는 통행증을 목에 걸고, 반입 거절된 책들과 주머니 속 소지품은 사물함에 넣었다. 면회실에서 군것질거리를 사기 위한 약간의 현금(25파운드) 소지는 허용되었다. 그리고 나는 면회자 대열에 합류했다. 우리는 복도를 지나서 교도소의 건물에 도달했다. 신분을 확인하고, 소지품을 뒤지고, X레이를 통과하고, 마약 탐지견 골든 리트리버가 냄새로 탐지한 후에야 비로소 우리는 면회실에 들어설 수 있었다.

줄리언 어산지는 파란 의자에, 나는 빨간 의자에 앉아 서로를 마주 보았다. 천장에는 유리로 된 둥근 감시 카메라가 작동하고 있었다. 어떻게 본론에 들어가야 할지 몰라, 나는 그에게 다소 떨어진 곳에 있는 매점에서 무언가 먹거나 마시고 싶은지 물었다. 원하는 것을 고르기 위해 같이 갈 건지 그에게 물었다. 그는 안된다고, 금지되었다고 대답했다. 핫초코 2잔, 치즈 코니숑 샌드위치 하나, 스니커즈 하나. 그가 주문한 것을 메모했다. 그리고 나는 NGO 단체〈The Samaritans at Bexley and Dartford〉의 회원들이 세운 진열대 앞에서 내 차례를 기다렸다. 계산대의 남자는 샌드위치는 품절이라고 알렸다. 나는 남은 싸구려 먹거리들, 감자칩, 초코바, 탄산수, 머핀 중에서 고를 수밖에 없었다. 내가 쟁반을 들고 자리로 돌아왔을 때, 줄리언 어산지의 의자 색이 바뀐 것을 눈치챘다. 파란 의자는 방문객용이라고 교도관이 그에게 알려주었던 것이다. 나는 그에게 이곳에는 왜 정크푸드 밖에 없냐고 물었다. "하루에 식사가 어떻게 나오는지 본다면 놀라실 걸요!"라고 말하며 그는 웃었다. 아침에는 오트밀, 점심은 맑은 수프, 저녁에도 크게 다를 바 없다고 한다.

어산지가 들려준
교도소 내 빈번한 자살

줄리언은 영화처럼 교도소에서는 크고 긴 테이블에서 모든 재소자들이 함께 식사를 할 거라고 상상했었다. 그러나 벨마쉬에서는 교도관들이 독방 내부로 음식을 넣어주고, 재소자들은 모두 혼자 식사한다. 이러한 상황에서 친구를 사귀기란 어렵다. 이곳에서 이미 7년쯤 보낸 노인이 아니라면 말이다. 줄리언은 이곳에서 4년 반을 지낸 가장 오래된 수감자이다. 그는 내게 교도소 안의 빈번한 자살에 대해서 이야기해 주었다. 바로 전날 밤에도 자살한 재소자가 있었다고 한다.

나는 책을 가져오지 못한 것을 사과했다. 교도관들이 한도가 넘었다며 책 반입을 허용해주지 않았다고 말하자, 그는 웃으며 자초지종을 설명했다. 처음에 그는 책을 12권 소지할 수 있었다. 그런 다음 한도가 15권까지 올라갔다. 그는 계속해서 더 많은 책을 요구했다. 현재 그가 소지한 책의 권수는? '232권.' 이번에는 내가 웃었다.

수감된 첫해에 엄청난 노력 끝에 얻었던 라디오는 어떻게 됐을까? 그는 라디오를 계속 가지고 있지만, 플러그가 부서져 고장 났다고 했다. 처음에 교도소 측은 어산지를 위한 재고품은 없다고 주장했다. 규칙에 따라 각 재소자는 교도소의 매점에서 구매한 라디오를 소지할 권리가 있는데도 말이다. 이 사실을 알게 된 나는 그에게 라디오를 보냈지만 반송되었다. 그리고 제조 방법에 관한 책도 반송되었다.

몇 달 후, 나는 헤즈볼라의 영국인 인질 중 가장 유명한 사람에게 도움을 청했다. 그는 헤즈볼라 납치범들도 인질들이 미치지 않게 하기 위해, 라디오를 가져다가 〈BBC〉 방송을 듣게 해줬다고 공개적으로 말했다. 나는 그에게 교도소 소장에게 편지를 써 줄 것을 부탁했다. 헤즈볼라도 인질들에게 들어주었던 요구를 벨마쉬 교도소가 어산지에게 해주지 않는다는 걸 언론이 폭로한다면, 교도소에 악영향이 끼칠 거라는 내용이었다. 그렇게 어산지는 라디오를 소지할 수 있게 되었다. 그는 내가 라디오를 고쳐달라고 말하길 원했을까? 아니다. 그는 그렇게 하면 골치

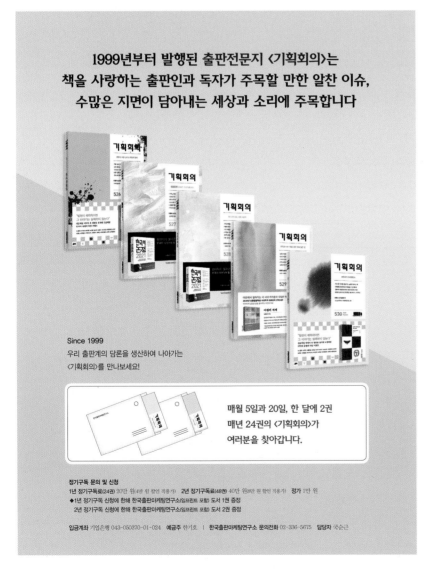

아픈 일만 생길 거라고 말했다.

그렇다면 세상이 돌아가는 소식을 어떻게 알 수 있을까? 그에게 어떤 뉴스도 들려주지 않는데? 교도소는 인쇄된 신문은 읽도록 허용해준다. 그리고 친구들이 그에게 편지를 쓴다. 나는 우크라이나 전쟁과 가자지구 전쟁은 위키리크스의 폭로에 좋은 소재라고 생각했지만, 줄리언은 침울해했다. 불행히도 그의 회사는 더 이상 부패 스캔들과 전쟁 범죄를 폭로할 여력이 없다. 그는 수감 중이며, 재정은 고갈되었고, 미국 정부의 감시로 폭로가 힘들어졌다. 그리고 그는 위키리크스의 뒤를 잇는 다른 매체가 없는 것에 안타까워했다.

크리스마스 면회 없이 카톨릭 미사에 참석

다른 여타 교도소들과 달리 벨마쉬 교도소에는 교육 프로그램도 없고, 내부 잡지 발행, 운동, 음악 등의 활동도 하나도 없다. 이곳의 700여 명의 재소자들은 재판을 기다리며 임시 수감 중이건, 재판이 끝났건 간에 엄격한 교도소 규칙에 복종해야 한다. 테러, 살인, 강간 등을 저질러 국가 안보, 경찰, 시민들에게 위협적인 범죄자들 즉, A급 범죄자들을 수용한 교도소이기 때문이다.

우리는 곧 다가올 크리스마스에 대해서도 이야기했다. 벨마쉬에서 보내는 크리스마스는 여느 날과 다를 바 없다. 칠면조도 캐럴도 선물도 없다. 교도소는 25일, 26일 이틀간 면회를 받지 않는다. 교도소 측은 어산지의 부인인 스텔라 모리스에게 크리스마스 이브에 면회가 불가능하다고 알렸다. 두 사람 사이에는 어린 두 아들 가브리엘, 맥스가 있다. 그는 폴란드인 교목이 주최하는 카톨릭 미사에 참석할 것이다. 그는 신부와 친해졌다.

면회 시간이 끝났다. 우리는 일어나서 서로를 껴안았다. 그러나 작별인사를 하지는 않았다. 나는 말없이 그를 바라보고 다시 한번 팔로 껴안았다.

가족들이 문을 나서며 떠날 때도 재소자들은 그대로 앉아 있어야 한다. 내가 자유의 공기를 느끼는 순간, 그는 독방으로 돌아갈 것이다. 이러한 면회를 제외한 그의 일상은 늘 똑같다. 협소한 공간에서 외롭게, 추억과

책과 보내는 일상. 미국의 범죄자 인도에 대한 그의 마지막 소송이 승소했으면 좋겠다. **lb**

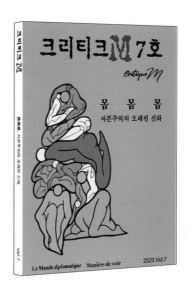

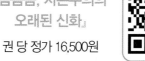

크리티크M 7호
『몸몸몸, 자본주의의
오래된 신화』
권 당 정가 16,500원

글·찰스 글래스 Charles Glass
작가, 기자, 라디오 진행자, 유럽 아프리카 근동 분쟁 전문가.

번역·김영란
번역위원

※본 기사는 2024년 1월 2일 미국의 월간지<The Nation>지에 'A Visit to Blemarsh Prison, Where Julian Assange Awaits His Final Appeal Against Extradition to the US'란 제목으로 게재되었습니다.

국제사법재판소가 'No'를 외친 이스라엘의 '집단학살'

국제사법재판소(ICJ)는 지난 1월 26일, 남아프리카공화국이 이스라엘의 팔레스타인 가자지구 공격에 대해 제소한 '집단학살' 사안에 임시조치 명령을 내렸다. 이번 ICJ의 명령은 제소는 지정학적 폭탄과도 같은 효과를 가져왔다. 앞으로 중동의 힘의 균형을 뒤바꾸게 하는 계기가 될지도 모른다.

안세실 로베르 ▮〈르몽드 디플로마티크〉 프랑스어판 국제편집장

1933년부터 1945년까지 유대인 600만 명이 학살됐다. 유례없는 규모와 체계적으로 '산업화된' 성격에 따라 '집단학살(genocide)'로 분류된다. 그 이후 근 80년이 지난 지금, 생존자와 그 후손들의 안식처가 되어야 할 이스라엘이 남아프리카공화국(이하 남아공)으로부터 똑같이 집단학살 범죄를 저지른 국가라는 비난을 사고 있다. 2023년 12월 29일에 남아공은 가자지구 주민들이 '돌이킬 수 없는' 피해를 보지 않도록 1948년 '집단학살의 방지와 처벌에 관한 협약'에 따라, 가자지구에서 이스라엘의 군사 작전을 즉각 중단하라는 명령을 내려달라고 국제사법재판소(ICJ)에 요청했다.

판결에서 국제사법재판소가 남아공의 요청을 받아들인다면, 예방 조치를 채택할 정도로 집단학살 위험이 크다고 인정하는 셈이다.(1) 이스라엘 정부는 적반하장이라면서 이스라엘군은 팔레스타인 주민들이 아니라 무장 정파 하마스를 상대로 싸우는 것이라고 주장했고, 10월 7일에 하마스가 저지른 잔학 행위야말로 반인도적 범죄인 대학살이라고 응수했다.(2)

재판 결과와 관계없이 분쟁국에 대해 국제사법재판소가 강제할 만한 수단은 마땅치 않기 때문에 가자지구의 향방에 구체적인 영향을 미치지는 못할 것이다. 반면, 정치적이고 상징적인 결과는 상당할 것이다. 남아공의

제소는 미국의 거부권 행사로 유엔 안전보장이사회에서 휴전 결의안 채택이 무산되고, 이스라엘 군대의 살상 행위에 실질적인 제약을 가할 수 없는 상황에서 제기됐다.

남아공 변호팀의 블린 니 그롤라이는 "국제법의 명성이 위태롭다"라고 강조했다. 국제인도주의법이 전혀 준수되지 않는 가운데, 안토니오 구테레스 유엔 사무총장과 여러 유엔 기구에서 단호히 경고했지만, 미국과 그 동맹국 영국에는 아무런 영향을 미치지 못했다.(3) 국제사회의 무반응과 유럽 언론의 침묵 속에서 국제사법재판소는 팔레스타인인들에게 권리를 상기시키고 목소리를 낼 수 있는 유일한 기구가 됐다.(4) 2023년 11월 13일, 법학자 단체 한 곳이 이미 이 문제를 국제사법재판소에 넘길 것을 제안했고, 여러 단체와 팔레스타인 정부는 국제형사재판소(ICC)에 베냐민 네타냐후를 비롯한 이스라엘 지도자들 앞으로 체포영장을 발부해달라고 촉구했다.(5)

하지만 국제형사재판소의 카림 칸 검사장은 블라디미르 푸틴 러시아 대통령을 신속히 기소했을 때와는 달리 주저하는 모습이었다. 그는 "유죄 판결을 받을 수 있을 만한 증거를 수집하면 주저 없이 기소할 방침"이라고 설명했다. 하마스 지도부에 대한 제소도 몇 건 접수됐지만 당분간 실효성을 거두기 어려울 것으로 보인다.

만델라, "팔레스타인의 자유 없이는 우리의 자유도 불완전"

네덜란드 헤이그에 있는 역사적인 건물에서 가자지구 파괴와 그곳 주민들의 고통을 밝히는 국제사법재판소 공청회가 열린다는 것은 법적 논의의 차원을 넘어 사건의 심각성과 수십 년에 걸쳐 이어진 탄압 끝에 제기된 이 제소의 심각성을 인정하는 것이다. 수단의 언론인이자 수필가 네스린 말릭은 이렇게 분석했다. "중요한 것은 법적 틀에서 변호사가 전달하고 판사들이 심리하는 공식 석상에서 이러한 주장을 제기한다는 점이다. 엄정한 절차를 거치고 세간의 관심을 끌 수 있다는 점도 일종의 행운이다. 그렇게 해서 가자지구 주민들의 권리가 얼마나 심각하게 부정당했고 (…) '국제 사회'의 대응이 얼마나 충격적일 만큼 부족했는지 극명히 드러났다."(6)

이 상징적인 무게는 제소국만큼이나 피소국의 특이

성과도 관련이 있다. 이스라엘은 홀로코스트 생존자 아하론 바라크 판사를, 남아공은 넬슨 만델라 대통령과 로벤 섬에서 수감 생활을 한 딕강 어니스트 모세네케를 판사로 지명했다. 남아공은 아프리카에서 식민 통치를 받은 최후의 국가이자, 역사상 가장 극악한 인종차별 정책으로 꼽히는 아파르트헤이트를 평화적으로 종식한 국가로, 이스라엘을 제소할 만한 합당한 자격을 갖췄다. 남아공은 팔레스타인 문제에 오랫동안 애정을 보여왔고, 만델라는 "팔레스타인인들의 자유 없이는 우리의 자유도 불완전하다"라고 단언하면서 '식민지화된' 두 민족의 고통을 견주어 언급하기도 했다. 남아공은 고인이 된 만델라 대통령의 기념비적인 1999년 가자지구 국빈 방문 당시 상황을 환기하며 이스라엘을 비난했다. 남아공은 일찍이 1995년부터 팔레스타인의 주권을 인정했고, 2006년부터 이스라엘의 가자지구에서의 군사 작전을 일관되게 규탄하는 등 언제나 구체적인 행동으로 지지를 보냈다.

국제사법재판소는 무엇을 명령했나

1) "15대 2의 표결에 의해(반대는 이스라엘과 우간다) 이스라엘 국가는 가자지구 내 팔레스타인인들에 대한 의무에 따라 수중의 모든 수단을 동원해 다음을 예방할 조치를 취해야 한다.
   A) 그 집단의 구성원을 살해하는 행위,
   B) 그 집단의 구성원에게 심각한 육체적·정신적 위해를 가하는 행위,
   C) 그 집단의 전부나 일부를 물리적으로 파괴하기 위한 생활 조건을 그 집단에게 강요하는 행위,
   D) 그 집단 구성원의 출산을 막기 위한 조치를 실시하는 행위"

2) "15대 2의 표결에 따라 이스라엘 국가는 즉시 자국 군대가 위 사항에 해당하는 행위를 하지 않도록 해야 한다."

3) "16대 1의 표결에 따라(반대는 이스라엘) 이스라엘 국가는 수중에 있는 모든 수단으로 가자지구 내 팔레스타인인 집단

구성원들을 상대로 한 인종 학살을 직접적이고 공개적으로 선동하는 것을 예방·처벌하는 조치를 취해야 한다."

4) "16대 1의 표결에 따라 이스라엘 국가는 가자지구 내 팔레스타인인들이 직면한 악조건을 해결하는 데 긴급하게 필요한 필수적 서비스와 인도주의적 지원이 제공되도록 즉각적이고 실질적인 조치를 취해야 한다."

5) "15대 2의 표결에 따라 이스라엘 국가는 가자지구 내 팔레스타인인 집단 구성원들을 상대로 한 행위에 관한 혐의 제기에 관한 증거를 보존하고 증거 파괴를 예방할 실질적 조치를 취해야 한다."

6) "15대 2의 표결에 따라 이스라엘 국가는 이 명령을 이행하기 위해 취한 모든 조처에 관한 보고서를 이 명령을 내린 날로부터 한 달 이내에 본 재판부에 제출해야 한다." **LD**

남아공은 2023년 11월 22일 브릭스(BRICS·브라질, 러시아, 인도, 중국, 남아공의 신흥 경제 5개국)가 휴전을 촉구하며 발표한 성명서에 '집단학살'이라는 단어를 포함하려 했지만, 우크라이나로부터 국제사법재판소(국제사법재판소)에 제소된 러시아와, 위구르족 탄압으로 비난을 받는 중국의 반발에 부딪혔다.

집단학살은 반인도적 범죄…
민족 말살 행위는 정당화 안돼

이스라엘은 남아공 집권 여당 아프리카민족회의(ANC) 지도자들이 하마스와 연계되어 있다는 의혹을 제기하며 남아공의 위신을 실추하려 했다.(7) 하지만 그러한 의혹이 사실로 드러나더라도 큰 영향을 미치지는 않을 것이다. 집단학살은 반인도적 범죄이기에 그 자체로 기소되어야 하며 누구든, 어디서든, 어떤 방법으로든 방지해야 하기 때문이다. 국제사법재판소는 하마스와 무장단체 이슬라믹 지하드가 2023년 10월 7일에 저지른 만행을 동영상으로 보여달라는 이스라엘의 요청을 거부하면서 이 점을 재차 강조했다. 한 민족을 말살하려는 행위는 어떤 경우에도 결코 정당화할 수 없기에, 그 어떤 설명도 소용이 없다는 것이다. 판사들의 관심사는 현재 벌어지고 있는 일련의 상황이다.

그래서 남아공이 작성한 문서에는 집단학살 범죄의 기준이 자세히 명시되어 있다. 단, 학살이란 인종적, 종교적 이유로 특정 집단을 완전히 또는 부분적으로 제거할 의도로 (식량이나 의료시설과 같은 생존 수단을 직접적이거나 고의로 파괴하여) 학살하는 행위를 일컫는다. 남아공의 법률가들은 국제 보고서를 인용하여, 여성과 어린이가 70%를 차지하는 높은 사망자 수, 가자지구 인구 85%의 강제 이주, 폭격당한 남쪽 지역을 비롯해 안전한 피난처 부족 등을 설명했다.

아딜라 하심 남아공 측 변호인은 "이번 살상이 팔레스타인 민족의 말살과 다름이 없다"라고 일축했다. 이스라엘은 하마스가 민간 건물과 병원 시설에 군사 작전 거점을 숨겨두고 민간인을 인간 방패로 쓰고 있다고 주장하며 명백한 전쟁범죄에 해당하는 작전을 정당화했다. 그러나 법학자 케네스 로스는 이스라엘의 대응이 국제법의 비례 원칙(공격에 대한 대응은 비례적으로 균형이 잡혀 있어야 한다)을 충족하는지를 입증하지 못했을 뿐 아니라, '무차별'적일 수밖에 없는 인구 밀집 지역 폭격도 정당화하지 못했다고 지적했다.(8) 이스라엘은 반복되는 대규모 공격으로 파괴된 알 쉬파 병원에 하마스 본부가 있었다는 사실도 입증하지 못했다.

남아프리카 법학자들은 공식 성명에 이스라엘 고위 관료들의 발언을 조목조목 거론하며 이스라엘이 집단학살을 의도했다고 주장했다. 우선 요아브 갈란트 이스라엘 국방부 장관은 팔레스타인인들을 '인간의 탈을 쓴 짐승'이라고 불렀고, 아이작 헤르조그 이스라엘 대통령은 민간인을 공범으로 보고 하마스와 동일시했으며, 특히 네타냐후 총리는 구약성서에서 신이 이스라엘 민족에게 "남녀노소, 젖 먹는 갓난아기까지" 모두 죽여버리라고 명령한 민족 '아말렉'을 재차 언급했다.

남반구 50여 개국 남아공 지지,
서방 국가는 없어

이스라엘 변호사들은 그러한 발언이 무작위적이고 의도성을 나타내지 않는다고 주장했다. 하지만 발언을 한 개개인의 지위와 그런 주장이 반박되거나 제재를 받지도 않았다는 사실을 고려하면 그런 주장은 타당하지 못하다. 이스라엘 정부는 성명에 제시된 내용은 집단학살 의도를 가진 고의적인 계획의 근거가 될 수 없으며, 10월 7일의 학살로 충격을 받은 가운데 나온 발언이라고 강력하게 주장했다.

지금까지 국제사법재판소는 국가 또는 단체의 말살 의도나 정책 여부를 근거로 반인도적 범죄를 판단해 왔다(옛 유고슬라비아의 보스니아인 학살, 미얀마의 감비아 로힝야족 학살). 따라서 가자지구에서 이스라엘 측의 반복된 언행이 실제로 구현됐는지를 명확히 밝혀야 할 것이다. 케네스 로스는 이스라엘 군인들이 아말렉을 언급하며 자신들의 행동을 즐거워하는 영상은 '집단학살

의도'가 있었음을 암시한다고 설명했다.

하지만 이스라엘은 로켓 공격을 가하는 하마스가 아닌 자국이 가해국으로 피소된 것은 형평성에 어긋난다고 반박했다. 이스라엘 변호팀은 군사 작전을 중단하면 팔레스타인 무장세력이 유리한 상황이 될 것이라고 주장했다. 사실 '테러리스트'라고 불리는 무장 세력의 공격에 대응하고 자위권을 행사한다고 주장하는 국가에 '집단학살' 혐의가 제기된 것은 이번이 처음이다. 이스라엘 측의 주장은 국제사법재판소 재판관 15명의 판결에 영향을 미칠 수 있다.

이스라엘의 반박을 예상한 남아공은 우선 제소 신청서를 통해 2023년 10월 7일 범죄를 명확하고 분명하게 규탄하고, 1948년 협약에 명시된 의무에 따라 남아공과 이스라엘이 집단학살 범죄를 예방하기 위한 모든 조치를 하도록 명령할 것을 국제사법재판소에 요청했다. 일부 법학자들은 국제사법재판소가 한 걸음 더 나아가 묘안을 내놓을 수 있다고 본다. 남아공이 팔레스타인에 영향력을 행사해 하마스를 저지하도록 명령을 내리는 방안이다.(9)

이 단계에서는 집단학살의 가능성을 증명하는 것만으로도 충분하다. 따라서 법학자 데이비드 케이가 지적한 것처럼 요구 수준은 상당히 '낮으며', 긴급성과 증거 인멸의 위협, 가자지구 주민들이 '돌이킬 수 없는 피해'를 입을 위험을 입증하는 것이 주요한 목적이다.(10) 국제사

<종이 행렬> 시리즈, 2023 - 윌리엄 켄트리지

법재판소는 1993년에는 옛 유고슬라비아(세르비아와 몬테네그로)에, 2023년 11월에는 로힝야족을 탄압한 미얀마에 유사한 임시 조치를 명령했다. 그러나 하마스가 이스라엘에 끼치는 위협을 고려하면 국제사법재판소의 명령은 이스라엘에 전면적인 군사 작전 중단보다는 공세 완화를 요구하는 선에서 그칠 가능성도 있다.

남아공의 행동에 대한 정치적 지지는 전 세계, 그중에서도 브라질과 인도네시아, 이집트, 터키 등 '남

반구' 국가에서 쇄도했다. 현재 남아공의 요청에 공식적으로 관여한 국가는 없지만 50여 개국에서 지지를 보냈다. 남아공이 취한 행동은 말 그대로 특별하다. 남반구 국가가 서구권에 속한다고 주장하는 선진국이 국제법상 가장 심각한 범죄를 저질렀다고 비난하며 고발하고 나선 것이다.

"이번 제소는 서구의 모순과 영향력 약화 드러내"

우크라이나가 러시아를 국제사

법재판소에 제소했을 때는 26개 유럽연합 회원국을 포함한 32개 국가가 같은 이유로 동참했다. 하지만 남아공을 지지하는 서방 국가는 한 곳도 없다. 유일하게 독일이 재판 참여를 고려하고 있다. 하지만 독일은 이스라엘을 옹호한다. 존 커비 백악관 국가안전보장회의(NSC) 전략소통조정관은 제소 내용이 무가치하고 "근거가 없다"라고 일축했고, 리시 수낙(Rishi Sunak) 영국 총리는 "온당치 않다"고 했다. 스테판 세주르네 프랑스 외무장관은 1월 17일 프랑스 의회에서 "도덕적 실수"라고 평가했다.

남아공은 상징적인 카드를 최대한 활용하여, 흑인과 백인 변호사, 남성과 여성으로 구성된 대표단을 헤이그에 파견해 이 사안의 보편성을 시각적으로 구현했다. 인류 전체를 대변하는 셈이다. 이 재판은 서구의 '이중 잣대'에 대한 재판이기도 하다. 서구 사회가 이중 잣대를 버리지 않으면 '결코 되풀이되어서는 안 된다'는 교훈 위에 세워진 국제 질서 전체가 훼손될지도 모른다. 서구권 국가들은 모두 집단학살의 방지와 처벌에 관한 협약을 비준함으로써 이 협약을 준수할 뿐 아니라 타국도 이를 준수하도록 보장할 것임을 약속했다.

2023년 1월 초 기자회견에서 니콜라 드리비에르 유엔 주재 프랑스 대사는 아직 이 문제에 대한 특별한 지침을 받지 못했으나, 프랑스는 원칙적으로 국제 사회의 정의를 지지하며, 국제사법재판소와 국제형사재판소의 결정이 무엇이든 지지할 것이라고 했다. 법조인 리드 브로디는 이스라엘이 재판에 동의하고 상당한 자원을 투자함으로써 이번 제소의 정당성과 심각성을 스스로 인정했다고 강조하면서, 불리한 결정이 점쳐지는 상황에서 도의적으로 판결 집행을 거부할 소지는 적다고 설명했다.(11) 집단학살을 딛고 탄생한 국가에 '오명을 씌우는 방식의 해결책'은 네타냐후 정부보다는 팔레스타인을 지지하는 인구가 많은 미국과 유럽 동맹국에 분명히 더 강한 도덕적 압력으로 작용할 것이다.

힘겨루기가 시작되면 적어도 인도주의적인 원조가 더 활발해져서 가자 주민들의 고통이 경감될 것으로 예상된다. 벨기에에서는 페트라 드수터 부총리를 위시해 남아공의 행동에 동참해야 한다는 목소리가 높아지고 있다. 남아공은 현재 이스라엘 전쟁에 물자 지원을 한 영국과 미국을 집단학살 공모 혐의로 제소하는 방안을 검토 중이다. 1948년 협약에 서명한 다른 국가들도 무대응으로 일관하면 언젠가는 국제사법재판소에 제소될지도 모른다.

이번 남아공의 이스라엘 제소는 지정학적으로 더욱 큰 의미가 있다. 네스린 말릭은 서방 국가들은 이번 일로 '스스로 수립한 체제'와 '약자를 보호하고 침략자에 강경히 맞선다는 외교 정책'에 대한 신뢰를 무너뜨리는 결과를 초래할 것이라고 경고했다. "거시적 관점에서 이번 제소는 서구의 모순과 영향력 약화를 드러내는 대결의 상징이다."(12) **LD**

글·안세실 로베르 Anne-Cécile Robert
<르몽드 디플로마티크> 프랑스어판 국제편집장

번역·이푸로라
번역위원

(1) Adil Ahmad Haque, 'How International Court of justice should stop the war in Gaza', <Just Security>, 2024년 1월 15일, justsecurity.org
(2) Eylon Levy, 이스라엘 정부 대변인, 기자회견, 2024년 1월 2일.
(3) 'Feu sur le droit de la guerre 이스라엘의 심각한 국제인도주의법 위반', <르몽드 디플로마티크> 프랑스어판, 한국어판, 2023년 12월.
(4) Lucie Delable, 'Plainte de l'Afrique du Sud pour risque de génocide : quel rôle pour la Cour internationale de justice 아프리카의 집단학살 위험: 국제사법재판소의 역할', Club des juristes(법조인 클럽), 2024년 1월 10일, www.leclubdesjuristes.com
(5) Lucie Delable, op. cit.
(6) Nesrine Malik, 'It is not Israël on trial. South Africa is testing the West's claim to moral superiority', <The Guardian>, London, 2024년 1월 15일.
(7) Vincent Coquaz, 'L'Afrique du Sud entretient-elle des liens étroits avec le Hamas, comme l'avance Israël ? 이스라엘이 주장대로 남아프리카공화국은 하마스와 긴밀한 사이인가?', <Libération>, 2024년 1월 17일.
(8) Kenneth Roth, 'South Africa's case against Israël is imperfect but persuasive. It may win', <The Guardian>, London, 2023년 1월 13일.
(9) Reed Brody, 'South Africa calls in the law', <The Nation>, New York, 2024년 1월 17일.
(10) David Kaye, 'Why Israel is taking the genocide case seriously', <The Atlantic>, Washington, 2024년 1월 19일.
(11) Reed Brody, op. cit
(12) Nesrine Malik, op. cit.

트럼프는 더 강해져서 돌아왔다

박종호 ▌뉴욕주립대 정치학박사

뉴욕 맨해튼에서 북서쪽으로 4시간을 꼬박 달려 도착한 도시 이타카는 아이비리그에 소속된 코넬대학교가 위치한 곳으로 잘 알려져 있다. 2020년 8월 코로나19의 기세가 한창이던 당시 이타카는 도시 전체가 유령처럼 고요한 분위기를 풍겼다. 도널드 트럼프와 조 바이든이 맞붙었던 미국 대통령 선거를 약 두어 달 정도 남긴 시점이었는데, 평소였으면 시끌시끌했을 대선 분위기를 오히려 한적한 캠퍼스 주변의 주택가에서나마 체감할 수 있었다. 널찍한 차도 양편으로 늘어선 목조 주택 앞마당에는 바이든을 지지하는 작은 팻말이 차도를 따라 죽 늘어서 있었다. 모두가 하나같이 바이든을 응원하는 분위기로 느껴졌던 탓인지, 당시 동행했던 동료들은 의

식적으로 트럼프를 응원하는 팻말을 찾으려고도 했었다.

반전의 분위기는 오히려 3년이 넘어 올해 1월 다시 방문했던 이타카에서 그 일부를 체감할 수 있었다. 잘 정돈된 중심가를 지나 남쪽 고속도로로 빠지는 언덕을 중심으로 트럼프의 이름이 걸려있는 팻말이나, 정원 가로수에 걸려있는 공화당 깃발 등이 자주 눈에 띄었다. 민주당 텃밭이나 다름없는 뉴욕에서는 다소 의아한 광경이었다. 특히 뉴욕의 북동부 캠퍼스타운은 젊은 고학력자 인구가 대부분이어서 항시 민주당 지지율이 80% 후반을 기록할 정도였다. 이에 대해 뉴욕주립대학교(빙엄턴)의 조나단 크라이스너 교수는 최근 미(美) 중서부 정치학회에서 "같은 뉴욕주 안에서도 서비스업이 중심인 남

도널드 트럼프 전 미국 대통령이 2023년 11월 19일 아이오와주 워털루에서 열린 선거 행사에서 연설을 하고 있다./뉴스1

부와 전통적인 제조업 기반이 몰려 있는 북부는 정치적 지향점이 다르다"며 "올해 하원의원 선거에서 이 차이가 유의미한 결과를 만들어낼 가능성이 있다"고 분석했다.

코로나19로 죽고 사는 트럼프

이날 코넬대학교에서 열린 원탁회의에서는 뉴욕주립대학교(빙엄턴)와 로체스터 대학교의 교수들이 만나 올해 열릴 미국 대선에 대해 각자의 생각을 공유하는 시간이 있었다. 그중 가장 적극적이었던 이는 로체스터 대학교의 신진 학자인 베타니 라시나 교수였다. 그녀는 "(트럼프가 공화당 경선을 통과한다면) 민주당은 지난 대선과 같은 전략을 취해서는 곤란하다"며 "코로나 19와 관련된 정책 실패를 거론하는 것은

별 소득이 없을 것"이라고 주장했다. 코로나 19는 더 이상 트럼프의 아킬레스건이 될 수 없다는 설명이었다.

그녀는 오히려 "트럼피즘(Trumpism)은 코로나 19를 통해 더욱 공고해졌다"고 일갈했다. 민주당은 트럼프가 부상할 수 있었던 근본적인 원인을 현재까지도 진지하게 고민하지 않는다는 것이다. 회의를 주관했던 크라이스너 교수 역시 "코로나 19 종식 이후의 미국은 극단주의자들이 득세하기에 더욱 유리한 환경이 되었다"라며 말을 보탰다.

트럼피즘은 과거 도널드 트럼프가 미국 대통령으로 당선되는 과정에서 생겨난 현상 및 이념을 의미한다. 트럼프의 정치 성향은 이전부터 파악되었으나 이를 트럼피즘으로 지칭한 것은 2020년 대선을 전후해서다. 당시 트럼프는 재선에 실패했지만, 역대 최다득표 낙선이라는 기록을 남겼고, 이는 몇몇 학자들에게 트럼프가 아닌 그의 지지자들을 더욱 주목하게 하는 계기를 마련했다. 이후 벌어진 국회의사당 점거 폭동은 결정적 분기점이었다. 그것은 미국 정치의 당파성(partisanship)이 양극단에 치달았음을 상징적으로 보여주는 사건이었다.

트럼피즘의 기반은 고도화된 민주주의, 자본주의 경제에서 낙오되는 저학력, 저소득층 하층민이다. 자본주의와 지구화의 영향으로부터 오래 노출된 사회에서는 표면적으로는 이성적 합리주의를 내걸지만, 내부적으로는 경제적 양극화가 고착되

기 쉽다. 이로 인해 사회의 '낙오자'들은 기성 정당들로 부터 외면받고 있다는 느낌을 가진다. 진보 정당들 역시 도시 전문직 및 중산층의 이익을 대변하느라, 구조조정 으로 실직한 제조업 임금 노동자나 소규모 자영농들에 대해선 관심을 기울이지 못했다. 민주당도 인구 비중이 점차 높아지는 도시 전문직 및 서비스업 종사자들을 포 섭하기 위해 여러 노력을 기울였지만, 전통적인 노동자 들의 처우에는 놀랍도록 무관심했다. 정치학자이자 언론 인인 토마스 프랭크는 저서 『민주당의 착각과 오만』에서 "민주당에 대한 지지층 이반이 트럼프의 등장을 낳은 구 조적인 실책"이라고 지적했다.

의회 민주주의와 자본주의의 역사가 오래된 유럽에 서도 소외 계층을 포섭하려는 '포퓰리즘'의 기승을 여러 차례 목격해 왔다. 유럽 사회학계의 거두인 한스피터 크 리에지 유럽연합대학원(EUI) 교수는 이전부터 지구화로 인한 승자와 패자는, 종교나 민족같이 정치적인 피아(彼 我)를 구별하는 기준이 되었다고 주장해왔다. 물론 미국 의 경우는 이와는 다소 다른데, 이는 팍스 아메리카나로 대표되는 '능력 사회'의 무형적 가치와 무관치 않다.

크라이스너 교수는 "능력만 있으면 이방인도 성공 할 수 있다는 것이 팍스 아메리카나의 가치였지만, 이는 특출난 능력이 없는 서민들의 희생 하에 가능했다"라며 "서민들이 존중받지 못한다는 인식이 미국 사회에 확산 되고 있다"고 짚었다.

트럼프의 재난지원금을 못 잊는 유권자들

미국 사회 내 만연했던 공교육의 질적 저하와 더불 어 고급인력의 수입 기조는 2008년 금융위기 이후로 이 어졌고, 이는 '화이트 푸어'의 주변화로 이어졌다. 이 와 중에 코로나 19가 미국 사회를 강타했고 현재는 기록적 인 인플레이션이 그 자리를 대신하고 있다. 각종 생필품 가격이 급등하며 서민들의 살림살이는 더욱 팍팍해졌다. 예산정책우선순위센터(CBPP)의 조사에 따르면 미국 성 인 전체의 9%가 지난 일주일 동안 먹을 것이 충분하지 않았다고 한다. 자녀가 있는 가구에서는 이 수치가 12%

까지 뛰었다.

지난해 11월 통계청 조사에 따르면 최근 미국인의 29%는 에너지 요금을 납부하기 위해 기초 생필품에 대 한 지출을 줄인 경험이 있다고 한다. 아울러 자동차가 필 수품인 미국인들에게는 휘발유 가격 상승도 상당한 타 격이다. 휘발유 가격은 뉴욕 기준으로 현재 배럴당 3.5 달러 안팎으로, 불과 1년 사이에 50% 이상 올랐다. 코로 나 19 이전 기준으로는 두 배에 육박하는 수치다.

학술대회에서 만난 한 박사과정생은 조만간 이타카 를 떠날 것이라고 했다. 북동부 이타카의 경우 물가가 아 주 비싼 편은 아니지만, 생활비를 조금이라도 아끼고자 고향으로 돌아가 논문을 끝내겠다는 설명이다. 실제로 코로나 19가 시작되었던 2020년 빙엄턴대학교에 입학 한 박사과정생 6명 중 현재 캠퍼스 주변에 머무르고 있 는 학생은 1명에 불과하다.

대학원생을 제외하더라도, 물가 상승의 고통을 온몸 으로 느끼는 사람들은 대부분 저임금 근로자와 육체 노 동자다. 이날 회의에 참석했던 로체스터 대학교의 알렉 산더 리 교수는 반쯤 장난삼아 "(대학원생을 포함해) 이 들 모두가 트럼프를 지지할 이유가 충분하다"고 말했다.

실제로 지난 2월 NBC는 과거 IBM의 공장 노동자로 일했으며, 지금은 월마트 계산원으로 일하고 있는 한 백 인 남성의 인터뷰를 전했다. 그는 "코로나 19 당시보다 지금이 훨씬 더 살기 힘들다"며 "트럼프는 최선을 다했 다. 물가도 물가이지만 재난지원금(stimulus check) 덕 분에 당시에는 당장 먹고 살 생필품 구입에는 문제가 없 었다"고 밝혔다. 같은 맥락에서 최근 〈USA today〉(2024 년 1월 13일) 역시 '민주당은 아직도 트럼프를 과소평가 하고 있다'는 사설을 실었다.

라시나 교수는 "당시에는 모두가 힘들었다"며 "그 러나 코로나19의 종식 이후 빈민층들은 코로나 이전보 다 더욱 혹독해진 현실을 마주하게 되었다"고 말했다.

"트럼프의 무리한 정책은 지지자들이 원했던 것"

2016년 트럼프의 미국 대통령 당선을 통해, 사람들

은 그가 몰고 왔던 미국 정치지형의 변화를 분명히 목격할 수 있었다. 그것은 양당 간에 성문화되어있지 않았지만, 모두가 암묵적으로 동의하고 준수해온 '게임의 법칙'의 완전하고도 철저한 파괴였다. 민주주의 연구의 권위자인 스티븐 레비츠키와 대니얼 지블랫은 저서『어떻게 민주주의는 무너지는가』에서 현재까지 미국의 민주주의를 지켜온 힘은 그들의 제도가 아닌 선진적인 정치 문화에 있다고 말한다. 정당 내부에서 캠페인 과정에서 극단주의를 거를 수 있어야 하며, 정당은 서로를 화해와 타협의 대상으로 바라보았다는 것이다. 정당들 사이에는 '아무리 이기기 위해서라지만 이런 짓까지는 할 수 없다'라는 최소한의 상식선이 존재했다는 의미다.

트럼프의 시대는 서로 간에 지켜져 온 일종의 관습헌법들이 철저히 부정당한 시대라는 데 전문가들은 의견을 같이한다. 레비츠키와 지블랫은 "공화당은 당장의 승리를 위해 트럼프를 받아들였지만, 당선 직후 그에게 철저히 배신당했다"라며 "행정부를 견제하는 입법부의 기능은 완전히 소실되었다"고 평했다. 트럼프는 공화당의 정당 조직을 무시한 채 무차별적인 행정 명령을 통해 민주주의의 제도적 완충장치를 해주는 기구들을 무력화시켰다. 사법부, 검찰, 감사원, 선관위 등의 역할이 본격적으로 붕괴된 것도 이 시기다.

크라이스너 교수와 라시나 교수는 "트럼프의 무리한 정책은 지지자들이 원했던 것"이라고 입을 모은다. 트럼프 역시 정권을 유지하기 위해서는 지지자들의 요구를 수용해야 하며, 그들이 지지를 거둘 시 그는 즉시 자의든 타의든 간에 백악관에서 물러나게 될 수밖에 없다. 두 교수는 "미국의 정당 조직은 오랜 시간 대단히 견고해졌으며, 나쁘게 말하면 양 당은 빠르게 변화하는 시대에 발맞춰 지지자들의 요구를 수용할 적응력을 상실했다"고 설명한다.

기성 정치인들과 정당 조직에 실망한 빈곤층으로서는 '새롭고 강한' 인물에 쉽게 끌리기 마련이다.

로체스터 대학교의 잭 페인 교수는 "플로리다 주의 주지사인 론 드산티스를 보라"고 말했다. 드산티스를 비롯한 잠재적 당권 후보자들은 무너진 정당 조직을 재건하는 일보다, 트럼프가 남기고 간 지지자들을 흡수하는 일에 더 열중했다는 설명이다. '상호 자제'와 '제도적 자제'의 질서를 회복하는 것보다 극단적인 언행과 공약으로 소셜미디어에서 지지를 얻는 편이 더 쉽고 매력적인 선택지라는 계산에서다.

트럼프 같은 '아웃라이어'가 목표를 달성하는 과정에서 새로운 방법을 제시한다면, 흔히들 그를 벤치마킹하려는 도전자들이 나타나기 마련이다. 전임자와 자신을 차별화하기 위해 더욱 극단화되는 경우도 흔하다. 실제로 드산티스를 둘러싼 LGBTQ 혐오 발언 및 디즈니와의 법정 공방 등은 공화당 내부에서도 큰 지지를 받지 못한 '돌출 행동'이었다. 오히려 트럼프는 낙태나 동성애와 관련해서는 비교적 온건한 태도를 견지해 왔기 때문이다.

페인 교수는 "트럼프는 자신보다 더 극단주의적인 후보자들이 활약하기 좋은 환경을 구축해 놓았다"고 말한다. 그에 따르면 드산티스는 트럼프의 시기에서 탄생한 부산물이다.

"트럼프가 올해 당선된다면" vs. "미래는 모르는 일"

전문가들은 그런 의미에서 트럼프의 2024년 당선이 위험하다고 입을 모았다. 그가 같은 방식으로 두 번이나 성공한다면, 이제 그러한 방식은 야심만만한 정치적 '기업가'들에게 일종의 필승 노트로 받아들여지게 될 것이기 때문이다.

회의가 끝났다. 빙엄턴으로 돌아가는 길을 크라이스너 교수와 함께했다. 그는 평소에 자신의 가족을 학생들에게 자주 소개할 정도로 학생들과 격 없이 지내는 사이로 유명하다. 학생들이 이타카 시내를 빠져나가며 민주당에 대해 다소 냉랭했던 도시의 분위기를 전하자 그는 "우리 어머니도 안심하실 수(?) 없다"며 운을 뗐다. 그의 어머니는 헨리 트루먼 시절부터 단 한 차례도 빼놓지 않고 평생을 늘 민주당에 투표했다고 한다.

그는 "좌파 포퓰리즘과 우파 포퓰리즘이 모두 득세하는 유럽의 예를 보았을 때, 미국 민주당 내에서 트럼프

같은 인물이 나오지 말란 법도 없다"며, "트럼프가 올해 대선에 당선된다면, 민주당 역시 제도권 밖에서 성장한 포퓰리즘적 인사를 찾을 수 있다"고 예측했다.

물론 가능성이 낮은 미래다. 민주당은 상대적으로 당내 계파들의 이해관계가 내부 규율을 통해 잘 수렴되고 있다는 것이 일반적인 인식이기 때문이다. 크라이스너 교수 역시 "민주당 내에서 급진적 사회주의적인 계파가 갑작스레 성장하기는 어려울 것"이라고 덧붙였다.

그렇다고 해서 모든 가능성을 부정할 수는 없는 일이다. 누군가가 "1970년대 이전에는 공화당이 사회 진보적인 이념을 제시하던 정당이었다"며 "미래는 모르는 일"이라고 답했다. 동승했던 베타니 교수도 "트럼프도 1년 남짓한 시기 만에 대선 후보로 떠올랐다"며 "공화당이라고 그런 규율이 이전부터 없었던 것은 아니다"라고 덧붙였다.

우리는 모두 다시금 생활비 이야기로 화제를 돌렸다. 이타카에서 빙엄턴으로 돌아가는 79번 도로의 한편으로 공화당 후원금을 모집하는 광고가 스쳐 지나갔다. Ⅼ

글·박종호
뉴욕주립대(빙엄턴) 정치학 박사. 석사 시절부터 연방주의와 분권화에 관한 문제에 관심을 가졌다. 최근에는 정치 제도 및 정책의 구조가 어떤 효과를 발휘하는지에 관한 메카니즘 디자인을 연구하고 있다.

<코로나 포켓> 시리즈, 2020~2021 - 마라치 패럴 _ 관련기사 40면

DOSSIER

위태로운 의료계

분리주의가 지켜지는 곳은 학교 밖에 없다. 엘리트 의사들의 이탈은 국민 건강을 위태롭게 만든다. 의료 산업계는 필수 약품 공급보다는 이윤에만 열을 올리고, 의사들은 민간병원으로 떠나고 있다. 재정의 90%를 공적자금으로 지원받는 민간병원의 업무는 덜 힘들지만, 돈벌이는 더 좋다. 각국 정부는 의료보조나 외국인 임시의료진을 형편없이 대우하면서, 그들에게 일반 환자를 맡긴다. 임원보다 노동자가 당뇨병이나 정신질환에 걸릴 확률이 두 배 더 높다. 의료 에서 평등은 여전히 생소한 개념이다. 의료 공영화만이 평등을 실현할 수 있다.

28면 계속 ▶

계산기 앞의 건강, 과연 평등한가?

그레고리 르젭스키 ▌〈르몽드 디플로마티크〉 부편집장

"소 비에 대한 책임을 져야한다."

올해 1월 16일, 기자회견에서 에마뉘엘 마크롱 프랑스 대통령은 의료계의 자율권을 이중으로 감독하겠다며 낙관적으로 말했다. 흔히들 상상으로 앓는 환자라 진단하는 환자들을 억제하기 위하여 프랑스 정부는 계속 이런 입장을 취하고 있다. 가브리엘 아탈 총리의 표현대로, 국가의 보물인 병원을 지키기 위해서이다. 2022년 병원에서 6,700개의 병상이 사라졌다. 올해 인상된 예산만으로는 인플레이션과 임금 상승분을 메우지 못한다.

2024년 프랑스의 공공서비스 전체의 재정 적자는 최소 15억 유로에 이를 것으로 추정된다. '이 금액이면 투석치료 15,000건 또는 암 치료를 위한 500,000일의 입원이 가능하지만, 포기해야 한다.'(1) 그러나 이는 대다수의 환자나 의료진이 어찌할 수 없는 문제이다. 정부, 의회, 건강보험, 지역보건소에서 재정 지출을 담당하는 고위 공무원들이 정책으로 해결해야 한다.

예방을 토대로 한 공공의료 정책으로는 지출을 억제할 수 없다. 〈르몽드〉는 2023년 12월 20일 "발암물질인 아질산염은 조만간 개와 고양이 먹이에서 퇴출될 예정이지만, 인간의 식료품에서는 함량만 감소 될 예정이다."라고 충격적인 보도를 했다. 건강보험은 개인병원의 경쟁 격화는 거부하면

(1) Nos services publics, 'Un répit avant l'austérité? Des textes budgétaires 2024 en deçà des besoins de la population et qui pré-sagent d'une fin de quin-quennat particulièrement contrainte. 긴축재정 전 유예인가? 임기 말, 필요한 예산보다 낮은 2024년 예산안을 강제하다.', 2023년 11월, https://nosservicespublics.fr

(2) Nicolas Da Silva, 'À propos de la rémunération des médecins libéraux 개업의의 보수에 관하여', 2022년 12월 9일, www.alternatives-economiques.fr

<코로나 포켓> 시리즈, 2020~2021 - 마라치 패럴

서, 일반의의 진료비는 인상하려 한다. 프랑스 일반의는 이미 평균 임금보다 3배 더 높은 임금을 받으며, 전 세계에서 가장 좋은 대우를 받고 있다.(2) 절약을 강조하지만, 대형 제약사에는 맞서지 못한다. 미국의 제약회사 길리어드 사이언시스는 C형 간염 치료제 Sovaldi를 56,000유로에 계약한 후, 2014~2016년 프랑스 건강보험에서 7억만 유로가 넘는 돈을 벌어들였다. 너무나 터무니없이 높은 가격이라서, 처음에 프랑스 정부는 이 약품이 필요한 모든 환자에게 공급하기를 포기하려 했었다.

프랑스 정부는 실제로 환자들을 희생시키고 수많은 의료진을 절망에 빠뜨리면서, '공공지출 상승을 억제하기 위한 새로운 정책들'을 끈질기게 실행에 옮겼다. 2023년 11월 13일 상원에서 당시 보건부 장관이 내뱉은 것처럼 말이다. 여론조사 기관 Sofres의 조사에 따르면, 1995년 프랑스인의 63%는 공공병원에 만족했다고 한다. 다른 여론조사 기관 IFOP에 따르면, 73%의 프랑스인은 앞으로는 공공병원의 기능에 문제가 생길 거라고 우려했다.(3)

떠나는 의료진

1980년 이후 인구 천 명당 병상 수가 절반으로 줄었기 때문일 것이다. 2000년대 이후, 의료진 수 대비 병원 업무량이 두 배 빠르게 늘어나고, 동기간 유일하게 남은 응급실 이용자 수가 천만에서 이천만으로 두 배 늘었다.(4) 작년에만 389개의 응급실 중 163개가 폐쇄되었기 때문이다. 응급실 대기 중에 노인들이 사망할 위험성이 커지고, 코로나19 팬데믹이 제어되었음에도 응급실들이 문을 닫았다. 2022년 인구 전체의 사망률은

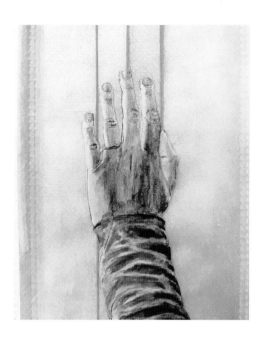

2020년과 2021년을 추월하며, 예상보다 훨씬 더 높은 사망률을 기록했다.(5) 그리고 2022년 프랑스 65세 노인의 건강한 기대수명은 줄어들었다.(6)

점점 더 많은 의료진이 도망가듯 떠나고 있다. 의료진 증원 없이 더 많은 환자를 받도록 강요받고 업무 강도가 높아지자, 결국 다들 결근하거나 떠나고 싶어 한다. 간호학과 학생의 1/4은 학업을 끝마치지 않고, 1/4이 넘는 간호사들은 중간에 그만둔다.(7) 이러한 상황 속에서 병상 수를 줄이기 위해 정부가 추진했던 통원치료조차, 필요한 만큼 충분히 공급하지 못하고 있다. 개업의는 개업의대로 환자의 부재, 진료환경의 악화, 일반의 수의 감소로 심각한 위기를 겪고 있다. 따라서 진료 시간을 줄이거나 또는 페이닥터 수를 줄이고 있다. 공공이나 민간이나 마찬가지이다.

개업의 방사선사 임상병리사에 이어, 영리적인 목적의 의료센터 개원이 이어지

(3) Denis Olivennes, 'Les Français et l'État : un réfor-misme de proximité 프랑스인과 정부, 혁신주의', Sofres, L'État de l'opinion 1997, Seuil, 파리, 1997년 ; '6 Français sur 10 jugent les services publics défaillants 프랑스인 10명 중 6명은 공공서비스가 쇠퇴했다고 생각한다', Le Journal du dimanche, Paris, 2022년 11월 5일

(4) Nicolas Da Silva, 'La Batail-le de la Sécu. Une histoire du système de santé 건강보험 전쟁. 보건 시스템의 역사', La Fabrique, Paris, 2023년

(5) Nathalie Blanpain, '53,800 décès de plus qu'attendus en 2022 : une surmortalité plus élevée qu'en 2020 et 2021, 2022년은 예상보다 53,800명이 더 사망했다. 2020년과 2021년보다 훨씬 더 높은 사망률', Insee Première, n°1951, 국립통계경제연구소, Paris, 2023년 6월 6일

(6) Thomas Deroyon, 'L'es-pérance de vie sans in-capacité à 65ans est de 11,8ans pour les femmes et de 10,2ans pour les hommes en 2022, 2022년 65세 노인의 건강한 기대수명은 여성은 11.8년, 남성은 10.2년이다', Études et Résultats, n°1290, 평가, 조사, 연구, 통계국(Drees), Paris, 2023년 12월

(7) Pierre-André Juven, Frédéric Pierrru, Fanny Vincent, 'La Casse du siècle. À propos des ré-formes de l'hôpital public 공공병원 개혁에 대하여', Raisons d'agir, Paris, 2019년

(8) Daniel Benamouzig, Yann Bourgueil, 'La finan-ciarisation dans le secteur de la santé : tendances, enjeux et perspectives 의료 분야의 자본화의 경향, 관건, 전망', Sciences Po-Chaire santé, 2023년 7월, www.sciencespo.fr

며, 의료 분야의 자본화가 이어지고 있다. 이러한 경향은 다른 나라에서 잘 관측된다. 2010~2021년, 미국에서 1차 치료에 투자된 민간자본은 1,500만 달러에서 160억 달러로 증가했다.(8) 프랑스 정부의 선택은 민간 투자를 촉진시킨다. 새로운 의료센터에서 의사들은 건강보험이 부과하는 행정업무 증가나 생산성 향상의 압박에서 벗어날 수 있다.

또한 공공병원보다 훨씬 좋은 의료 장비를 사용하고, 원격진료를 할 수 있다. 마크롱 대통령은 기자회견에서 원격의료를 재차 장려했었다. 오스트레일리아 주식회사인 Ramsay Health Care의 프랑스 자회사인 리옹, 푸아티에, 루에일-말메종 의료센터는 한 달에 11.99유로를 내면 주7일, 하루 24시간의 원격의료 서비스를 제공한다.

경제학자 니콜라 다실바는 "자본은 수익성이 높은 곳에만 투자되기 때문에, 이러한 자본화는 불평등을 10배 심화시킨다"면서 "'자본이 투자된 곳에서 (...) 환자들은 환급되지 않는 추가비용을 지불해야하기 때문에 불평등은 심화된다"라고 설명했다.(9) 토마 파토메 건강보험공단 이사장은 올해 1월 20일 〈프랑스 앵테르〉와의 인터뷰에서 이렇게 말했다. "보통 단기적으로 (...) 순전히 자본주의적인 목적으로 의료업계에 뛰어든 자들이 걱정된다." 어쩔 수 없이 정부는 새로운 민간 의료업계에서 축적한 건강 자료들 또한 계산에 넣어야만 할 것이다. 진료 예약 시장을 점령한 닥터립(Doctolib) 어플처럼, 자본은 진료 시장에서 지배적인 위치를 차지하도록 도와줄 것이다. 그렇지만 닥터립(Doctolib)이나 램지 헬스 케어(Ramsay Health Care)가 앞으로도 손해를 보면서까지 공공의료를 위해 일하리라 장담할 수 있을까?

(9) Nicolas Da Silva, 'L'irrésistible financia-risation des soins? 돌이킬 수 없는 의료의 자본화?', Alternatives économiques, Paris, 2023년 5월

<코로나 포켓> 시리즈, 2020~2021 - 마라치 패럴

공유화가 필요한 그랑드 세퀴 프로젝트

2021년 6월 21일, 〈Décideurs Maga-zine〉 잡지와의 인터뷰에서 에드몽 드 로스차일드 금융그룹의 회장은 이미 프랑스 의료분야에 상당한 투자를 하고 있다고 밝혔다. 아르노 프티는 '환자에 대한 건강보험 지출을 줄이려는' 정부의 결정에 크게 기뻐했다. 그러나 자본화라는 정치적 선택은 번복할 수 없는 것은 아니다. 의료의 자본화보다는 핵심 서비스의 공유화라는 더 좋은 대안이 있다.(10) 치료, 공공보건, 청결, 사회, 교육 등 집단생활에 필요한 모든 활동을 공유화하는 것이다. 관련 근로자를 위한 법령을 제정하고, 분담금의 형태로 재정을 지원하고, 보험가입자의 필요를 만족시킬 수 있도록 충분히 징수한다. 또, 서비스 생산자의 원활한 업무를 위해 수단을 지급하고, 연구 및 새로운 치료제 생산, 예방 운동의 개선에 투자하는 등의 방법이 있다.

(11) 감사원, 'Les complémen -taires santé 추가 보험', 2021년 7월 21일, www. ccomptes.fr ; Haut Con -seil pour l'avenir de l'assurance-maladie, 'Quatre scénarios polair -es d'évolution de l'arti -culation entre Sécurité sociale et assurance mala -die complémentaire 건 강보험과 추가 보험 사이의 진 전에 대한 4가지 극단적인 시 나리오', 2022년 1월, www. securite-sociale.fr

더 이상 유토피아는 없다. 코로나19 팬데믹 이후 2021~2022년, 공공병원의 위기 속에서 감사원과 건강보험미래를 위한 고등자문위원회(HCAAM)는 나름대로 그랑드 세퀴(Grande Sécu) 프로젝트(건강보험 강화 프로젝트)의 전망에 대한 신뢰도를 높이는데 기여했다. 오랜 기간 좌파에서 주장한 대로, 추가적인 사보험 없이도 협약을 맺은 수가를 100% 환급해 줄 것이다.(11)

건강보험 재정 지출의 증가와 민간 보험사의 지급 회피 비용을 비교하면서, HCAAM의 보고서는 보험가입자와 사용자들이 54억 유로 상당의 이득을 볼 것으로 추산했다. 그리고 이는 부유하지 않은 80%의 사람들에게 유리하다고 발표했다. 절약을 구실로 얼마 되지 않는 금액의 환급금에만 집중한 그랑드 세퀴 프로젝트는 낭비와 치료의 포기를 혼합하며, 경영 법칙과는 반대로 가고 있다. 그러면서 그랑드 세퀴 프로젝트 또한 평등의 조건으로 공유화가 필요하다고 확언한다. **ID**

글·그레고리 르젭스키 Grégory Rzepski
사회학 박사출신으로 프랑스 정치와 경제, 사회 문제, 그리고 영국문제를 담당하고 있다.

번역·김영란
번역위원

실종된 제약산업정책

프랑스 필수 의약품 대란 사태의 원인은?

마크롱 프랑스 대통령은 제약 분야에 대한 산업 주권을 강화하겠다며 온갖 공약을 남발하며, 100여 개 이상의 의약품 및 백신 관련 사업을 지원하고 있다고 주장한다. 하지만 이러한 미봉책만으로는 절대 의약품 대란이 심화되는 현실을 언제까지고 은폐할 수 없다. 정작 의약품 부족 사태의 근본적인 원인은 정부가 자유무역을 우선시하며, 기업의 수익지상주의에 맞서 공익을 보호해야 할 의무를 외면하고 있기 때문이다.

아리안 드누아이엘 ▌기자

프랑스는 전 세계 제5위의 의약품 생산 국가를 자임하고 있음에도, 최근 항암제, 진통제, 항간질제 등 각종 필수 의약품 대란으로 몸살을 앓고 있다. 지난해 여름 상원 보고서에 따르면, 의약품 재고 부족 혹은 부족 위험에 처한 의약품은 모두 3,700개 품목이 넘는 것으로 조사됐다.(1) 2019년과 견주었을 때 세 배 이상 증가한 셈이다. 2023년 실제로 의약품 부족 사태를 경험한 프랑스인은 전체 국민의 37%에 달했다.(2) 의약품 정책 투명성 관측기구(OTMeds)의 공동창립자이자 공동대표인 제롬 마르탱은 "주로 수익성이 떨어지는 출시된 지 오래된 의약품 중심의 품귀 현상이 2017년 이후 7배가량 증가했다"면서 "국가는 장기적 비전을 잃었다. 정부가 교조주의와 미봉책에만 기댄 전술에 갇혀 있기 때문이다"라고 주장했다.

프랑스 상원 보고서는 아시아 수입 의약품에 대한 의존도가 점점 더 높아지고 있는 유럽에서 정부가 의약품 재고 부족, 예방·신고·관리와 관련한 제약사의 책임감을 강화하기 위해 기존에 실시했던 각종 정책은 매우 미흡하고 비효율적이었다고 지적했다. "정부 당국과 대형 제약사 간의 협상 구도는 구조적으로 불평등하다. 제약사는 특정 의약품의 판매 중지나 건강보험 적용 거부 혹은 동정적 사용(조기 접근) 거부라는 무기를 손에 쥐고 있다. 제약사의 금융화가 심화되면서 의약품 가격을 둘러싼 제약사의 협박 행태가 점점 심해지고 있고, 그로 인해 주로 신약 판매 위주로 의약품 가격이 폭등하는 결과가 빚어지고 있다."

정부는 공공보건법 제 L.5121-29호에 명시된 의약품의 '적절하고 지속적인 수급'을 보장하기 위해, 의약품 재고 부족 관리 계획(PGP)(3) 제도를 도입하는 법령을 2021년 제정했다. 프랑스 아소 상태 협회 산하 암퇴치 연맹 대표, 카트린 시모냉에 따르면, 이 제도는 중대한 치료적 편익을 지닌 의약품(MITM) 600개 품목에 대해 2~4개월 기간의 안정적인 재고를 확보하도록 각 기업에 강제하고 있다. 프랑스 보건총국(DGS)은 MITM 의약품에 적용되는 규제 조치로는, "재고를 확보하고, 재고 부족 관리 계획을 작성하고,

(1) 상원, 'Pénurie de médica-ments : Trouver d'urgence le bon remède 의약품 재고난 : 긴급히 우수한 치료제 찾기', 보고서 제828호, 2023년 7월 4일.

(2) 환자의 권리에 관한 바로미터, 2023년 3월, www.france-assos-sangé.org.

(3) 내수 시장 재고 안정성 관련 2021년 3월 30일자 법령 제 2021-349호.

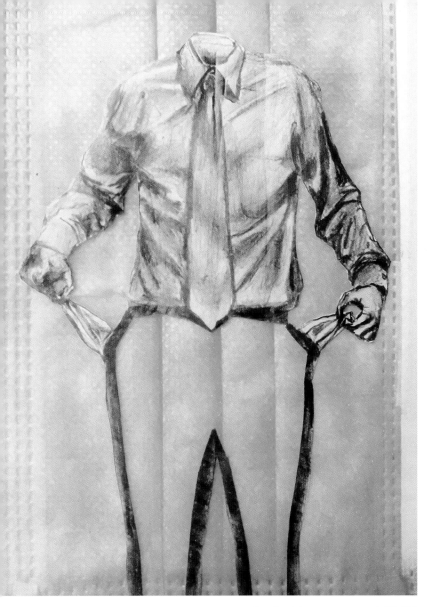

<코로나 포켓> 시리즈, 2020~2021 - 마라치 패럴

2018~2022년 단 8건으로, 총 92만 2000유로에 불과했다. 하지만 이 가운데 정작 재고 부족 사태에도 불구하고, PGP 작성 및 안정적 재고 확보 의무 등을 위반한 사례는 찾아볼 수 없었다.

MITM 의약품이란 투약을 중단할 경우 "중단기적으로 환자의 생명을 위협하거나, 혹은 잠재적으로 환자의 병이 진행되거나 혹은 아주 위중해질 위험이 있는" 치료제를 의미한다. 사실상 이는 프랑스에서 판매되는 의약품의 거의 절반을 차지한다. 하지만 놀랍게도 MITM 의약품 전체를 정리한 목록은 아직 존재하지 않는다. 관련 법령은 약물군(therapeutic class)의 목록을 작성하도록 되어 있지만, 정작 해당 약물군에 속하는 제품을 일일이 확인하는 것은 제약사의 역할이기 때문이다.

MITM 의약품은 말하자면 과거 '필수 의약품'의 최신 버전에 해당한다. 보건 분야에서 흔히 그렇듯, 이 개념은 겉으로는 상당히 과학적으로 명백한 것처럼 보이지만, 실제로는 매우 복잡하고, 논쟁을 일으킨다. 게다가 해당 의약품을 조사하는 과정에는 수많은 알력이 작용한다. 가령 1977년 세계보건기구(WHO)가 최초로 186개 필수 의약품 목록을 작성했을 때도, 방법론·물류·정치적 측면에서 온갖 논란이 무성했다. 하지만 어쨌거나 이후 필수 의약품 목록 작성은 일종의 관례로 자리 잡게 되고, 2023년 7월 26일 "최우선 질병에 가장 효과적이고, 가장 안전하고, 가장 수익성이 높은" 의약품을 정리한 제23번째 목록이 발표됐다.(4)

지난 12월 말 유럽연합집행위원회는 "지속적으로 우수한 의료 서비스를 제공하고, 안전한 공중보건 환경을 조성하는 데 필수적인" 중요 의약품 목록을 공개했다.(5) 모

(4) 세계보건기구, 'WHO model list of essential medecines, 23차 목록, 2023년', 2023년 7월 26일, www.who.int.

(5) 유럽연합집행위원회 프랑스 대표부, 'La Commission publie la première liste de médicaments critiques de l'Union pour faire face aux pénureies 집행위원회가 의약품 부족 사태에 맞서 제1차 유럽연합 중대 의약품 목록을 발표하다, 2023년 12월 12일, http://france.representation.ec.europa.eu.

재고 부족 및 부족 위험 사실을 인지하는 즉시 정부 당국에 보고해야 할 의무" 등이 있다고 한층 더 자세히 설명했다. 또한 DGS는 2024년 사회보장재정법(LFSS)에 의거해, 특정 MITM 의약품이 목록에 빠진 경우 일정한 논의 절차를 거쳐 추가 보완할 수 있는 가능성이 있다고 설명했다.

필수의약품 목록 배후에는 관료주의적 해법

프랑스 국립의약품청(ANSM)이 규정 위반에 대해 과징금을 부과한 경우는

두 200개 유효성분(치료 효과를 지닌 물질로 여기에 보형제를 첨가해 의약품을 만든다)이와 같이 정리된 목록은 앞으로 "공급망의 취약점을 분석하기 위한 토대로 사용"될 것이라고 스테판 데 케어스마에커 집행위 대변인은 설명했다. 그러면서 이를 기반으로 유럽연합집행위원회, 유럽의약품청(AEM) 그리고 각 회원국이 "공급망 내에 존재하는 취약점을 개선할 대책을 권고할 수 있게 될 것"이라고 덧붙였다. 말하자면 관료주의적 해법이라고 해야 할까?

최고보건청(HAS) 자문 없이 작성된 필수 의약품 목록

2023년 6월, 프랑스에서 "프랑스인의 최우선적 요구에 대응하기 위한 필수 의약품"(6) 450개 목록이 발표되자, 온갖 비난이 쇄도했다. 가령 목록 작성의 투명성이 도마 위에 올랐고, 특정 물질이 중복 혹은 제외된 반면 유해하거나 불필요한 물질이 목록에 등재된 사실이 논란을 빚었다. "심지어 안과, 일상적인 피부과 치료, 사후피임약을 제외한 모든 산부인과 약품 등 아예 한 분과 전체의 약품이 통째로 제외되기도 했다. 전반적으로 상당히 놀랍고도 실망스러운 결과다. 이것이 직무 태만으로 인한 문제인지, 목록을 급하게 작성한 탓인지, 혹은 그 외 다른 요인이 있는지는 잘 알 수 없다." 독립 의학 전문지 〈프레스크리르〉의 줄리앙 젤리가 지적했다. 참고로 해당 목록의 개정은 2024년 1월로 예정되어 있다.

"2023년 해당 목록을 작성할 때 최고보건청(HAS)에 자문을 구하는 일은 없었다. 엄연히 그것이 이 기관 본연의 임무임에도 말이다." '독립적 의료 정보 제공'을 목적으로 설립된 단체, 프로민데프(Formindep)의 대표 크리스티앙 기쿠아샤르는 개탄했다. 카트린 시모냉도 특정 의약품이 부족할 때 대안 치료책을 마련해야 할 임무는 분명 HAS에 있다는 점을 분명히 지적했다. 그녀는 의약품 제조 및 유통 과정에서 재고 관리 계획이 너무 늦게 수립되는 현실을 개탄했다. "산업적 측면에서 중요한 시점이 언제인지를 파악해 사전 단계에서 재고 관리 계획

을 수립해야 하지만, 대부분 급박한 상황에서 우선순위에 따라 약품을 할당하기 바쁘다."(7)

문제는 이처럼 의약품 생산망에 대한 보다 철저하고 미래지향적 비전이 부족하다는 데 있다. 프랑스 상원 보고서에 따르면, '프랑스 경기회복'(포스트 코로나 경기부양책-역주) 및 '프랑스 2030'(미래 산업 육성을 위한 투자 계획-역주) 계획에 선정되어 재정지원을 받는 106개 프로젝트 가운데, 리쇼어링과 관련한 사업은 단 18개에 그쳤다. 그리고 그 가운데 전략 의약품 관련 사업은 5건에 불과했다. 특히 이와 관련해 파라세타몰이 차지하는 위상은 상당히 의미심장하다. 분명 이 진통제는 대안 치료제가 존재하지 않아서 투약을 중단할 경우 환자의 생명을 위험에 빠뜨릴 수 있는 의약품에 속하지 않는다. 이 약물은 오로지 프랑스에서 가장 많이 판매되는 의약품이라는 이유로 리쇼어링 사업에 선정됐다. 이와 같은 리쇼어링 작업에는 총 1억 유로의 비용이 소요될 것으로 추산되는데, 그 가운데 30~40%를 국가가 주로 지원금 형태로 책임지게 될 예정이다.

루시용(이제르) 소재 세쿠앙(Seqens) 공장은 지금부터 2025년까지 유럽 파라세타몰 소비의 3분의 2에서 절반가량에 해당하는 생산량을 책임지게 될 것이다. 유효성분을 제조하는 다른 수많은 공장이 그러하듯, 세베소 규정(유럽은 1976년 염소가스와 다이옥신 누출사고로 3천700여 명이 사망한 '이탈리아 세베소 사고' 이후 '세베소 지침'을 만들어 토지이용규제와 함께 사업장의 유해 위험정보 제공 의무를 강화하고 화학물질의 분류 및 표시에 관한 국제기준을 도입했다-역주)의 적용을 받는 이 공장은 각종 문제를 제기한다. 15년 전 이 공장이 해외 이전에 나선 것은 모두 비용 문제 때문이었다. "이번에 탈코로나 경기부양책의 일환으로 보조금을 지원받지 못했다면, 리쇼어링을 엄두도 내지 못했을 것"이라고 미국계 사모펀드 'SK 캐피털 파트너스'에 속한 이 기업의 최고경영자 피에르 뤼조가 설명했다.(8)

한편 그 사이 이 기업은 "아시아 경쟁사들에 준하는 경쟁력을 갖출 수 있는" 혁신적인 제조방식을 개발했다는 사실을 잊지 않고 지적했다. 사실상 세쿠앙은 중국

(6) 'Gestion des péénuries : publication de la liste des médicaments essentiels pour répondre aux besoins prioritaires des Français 재고난 관리 : 프랑스인의 우선적 필요에 대응할 필수 의약품 목록 발표, 2023년 6월 13일, http://sante.gouv.fr.

(7) 프랑스 보건총국(DGS)은 수차례 요청에도 취재진의 질문에 자세히 답변하는 대신 원론적인 내용의 메일만 보내왔다.

(8) Justin Delépine, 'Médica-ments : la France reprend-elle vraiment la main sur la production? 의약품 : 프랑스는 정말 생산을 재장악했는가?', <Alternatives économiques>, Paris, 2023년 12월 1일.

에도 파라세타몰 및 합성매개물 제조공장 두 곳을 소유하고 있지만, 정확한 생산량에 대해서는 밝히기를 꺼렸다.

투명성이 부족한 의약품 생산구조

'프랑스 경제회복' 계획에 따라 재정을 지원받는 사업의 대다수는 위중성이 낮은

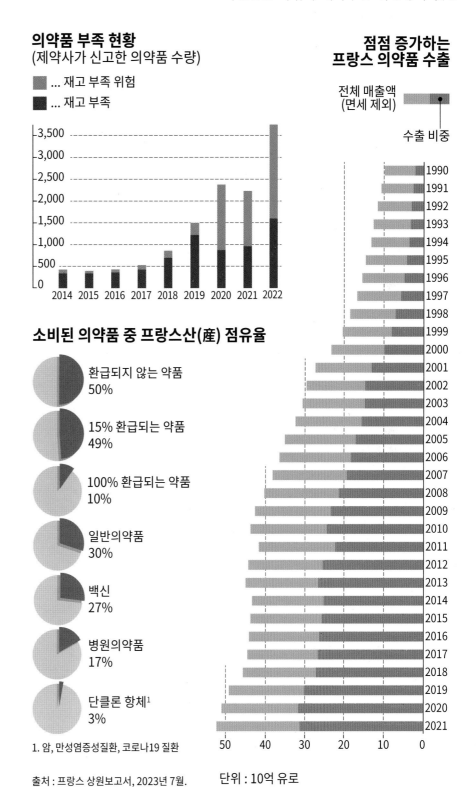

의약품 부족 현황
(제약사가 신고한 의약품 수량)

■ ... 재고 부족 위험
■ ... 재고 부족

2014 2015 2016 2017 2018 2019 2020 2021 2022

소비된 의약품 중 프랑스산(産) 점유율

환급되지 않는 약품 50%

15% 환급되는 약품 49%

100% 환급되는 약품 10%

일반의약품 30%

백신 27%

병원의약품 17%

단클론 항체[1] 3%

1. 암, 만성염증성질환, 코로나19 질환

출처 : 프랑스 상원보고서, 2023년 7월.

점점 증가하는 프랑스 의약품 수출

전체 매출액 (면세 제외)

수출 비중

1990 1991 1992 1993 1994 1995 1996 1997 1998 1999 2000 2001 2002 2003 2004 2005 2006 2007 2008 2009 2010 2011 2012 2013 2014 2015 2016 2017 2018 2019 2020 2021

50 40 30 20 10 0

단위 : 10억 유로

'하위' 공정(타정 및 포장 공정)과 관련된 사업들이다. 하지만 생산 장소에만 초점을 맞추다 보니, 정작 생산구조의 중요성을 간과하는 결과가 빚어지고 있다. 투명성이 결여된 상황은 얼마만큼 의약품 대란의 근본적인 원인이 생산지의 리쇼어링이 아닌, 소수의 생산지에 생산이 집중된 현상에서 비롯된 것인지를 파악하기가 힘들게 한다.

"금융화 현상이 심화된 제약 분야가 대대적인 인수합병의 물결에 휩싸인 지는 이미 10년도 더 지났다. 그로 인한 생산지 집중현상은 생산 구조를 극도로 취약하게 만들었다." 캐나다 칼튼 대학의 마르크앙드레 가뇽 교수가 설명했다. 가뇽 교수는 정부가 특히 공공 의약품 제조 허브를 조성하는 등의 방법으로 제약사와의 관계에서 힘을 키울 필요가 있다고 지적했다. 그런 의미에서 그는 "산업을 규제할 필요가 있다"고 힘주어 말했다.

물론 최근 덴마크 기업 노보 노디스크가 샤르트르 공장에 21억 유로를 투자하고, 영국계 기업 GSK가 아목시실린 제조공장인 마이엔 공장 등 프랑스 3개 공장에 총 2억 4,000만 유로를 투자하겠다고 발표했다. 하지만 여전히 국내 리쇼어링 수준은 저조하기만 하다. 2017년 유럽의약품청(AEM)은 유럽연합에서 판매되는 의약품의 무려 40%가 역외에서 생산된 제품이라고 평가했다.

지난해 겨울 소아과에 모세기관지염 환자가 쇄도하면서, 가장 흔히 처방되는 항생제인 아목시실린을 둘러싼 품귀 현상이 발생해 큰 사회적 물의를 일으켰다. 익명을 요구한 한 대학병원 의사는 "당시 언론은 병실 포화 상태 등 다른 중대한 이유는 전혀 언급하지 않은 채, 오로지 바이러스의 위중성, 감염병의 심각성만 강조했을 뿐이다"라고 안타까워했다. "사실상 가장 큰 문제는 대학병원의 만성적인 인력난과 병실 부족이다. 여기에 동

1인당 의료비 지출(달러, 2022)¹

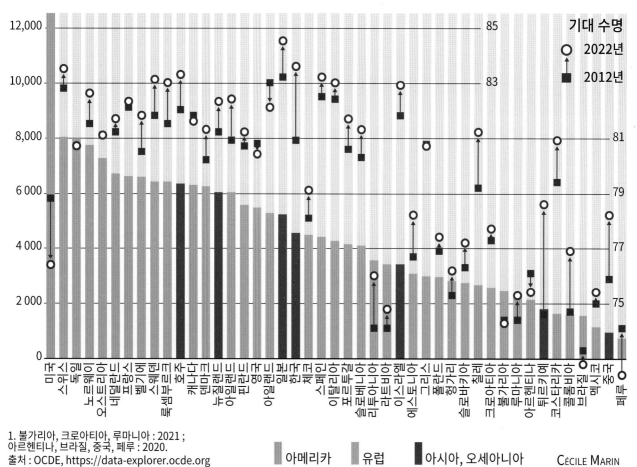

1. 불가리아, 크로아티아, 루마니아 : 2021 ;
아르헨티나, 브라질, 중국, 페루 : 2020.
출처 : OCDE, https://data-explorer.ocde.org

아메리카 유럽 아시아, 오세아니아 CÉCILE MARIN

네 의사나 소아과 전문의가 부족한 현실도 가세했다. 초기에 진료를 받으면 병이 악화되는 것을 막을 수 있다. 가령 아목시실린을 조기에 투약하는 경우, 박테리아 중복감염을 예방할 수 있다. 문제는 성인이 아니라, 소아를 위한 의약품 부족에 있다."

한 대학병원의 약사도 사태의 심각성을 다음과 같이 지적했다. "매번 의약품 부족 및 관리부실 사태와 관련한 보건 위기가 번번이 반복되면서, 환자, 보호자, 의료진이 큰 상처를 받고 있다. 더욱이 이러한 현실이 빌미가 되어 다음 시즌을 위한 기적의 약이라며 새로운 약물 해법이 활개를 치기도 한다. 이러한 현실을 지켜보는 것은 너무나도 혼란스럽기만 하다."

프랑스 정부의 소통 부족도 부채질

일례로 2003년 여름 이후 프랑스에서 건강보험이 적용되기 시작한 니르세비맙(사노피사가 개발한 일명 '베이포투스'. 영유아 호흡기세포융합바이러스(RSV) 예방 백신 – 역주)의 선풍적 인기는 결국 이 약품의 품귀 현상을 빚었고, 급기야 그해 9월 말 이 약품을 둘러싼 판매 제한 조치가 단행됐다. 물론 이 예방주사가 일부 몸이 약한 아기들에게는 조금이나마 이득이 될 수 있을지 모르겠다. 하지만 모세기관지염은 "막달을 채우고 태어난 건강한 신생아에게서는 중증으로 진행되는 사례가 극히 드물다"고 의학전문지 〈프레스크리르〉는 지적했다. 그러면서 임상실험을 통해 "니르세비맙이 치사율을 감소시킨다는 사실은 결코 입증된 적이 없다"(9)고 덧붙였다.

사실 페니실린계에 속하는 아목시실린 문제에 대해 이미 2016년 국립의약품청(ANSM) 보고서도 한 차례 지적한 바 있다.

이 기관은 일찌감치 '유효성분 수급의 중대성'을 경고한 바 있다. 이 기관에 따르면, 유효성분 공급업체는 유럽연합(오스트리아, 스페인) 5곳을 포함해 모두 13곳에 이르는 것으로 조사됐다. 그런데 이 유효성분의 원료약품은 모두 전적으로 비유럽국가에서 생산됐다. 주로 중국이 인도와 함께 전체 제약산업에 사용되는 모든 유효물질 공급의 80%를 담당하고 있다. 하지만 문제는 이들 생산공장에 대한 관리가 어렵다는 점이다. 이러한 문제는 고스란히 환자의 위험으로 전가되고 있다.(10)

더욱이 이 문제와 관련해 정부의 소통도 혼란을 부채질했다. 정부는 매번 조속한 시일 내에 상황이 정상화될 것이라고 거듭 발표했다. 하지만 2023년 12월 전체 약국의 60%에서, 특히 유아용 약물 형태를 비롯한 아목실린 약품을 둘러싸고 품귀 현상이 지속됐다고 필립 베세 프랑스제약산업협회 대표(2023년 12월 27일, BFM TV)는 지적했다. 결국 지난해 국립의약품청(ANSM)은 12세 이하 유아를 위한 약국의 맞춤 조제(컴파운딩. 약국 혹은 병원약)를 허용해야만 했다.

"프랑스 제약산업은 나랏돈으로 번영 누려"

GSK는 마이엔 공장에서 사용되는 원료의약품의 출처를 묻는 취재진의 질문에 정확히 대답하는 대신, 공장의 생산능력을 강화하겠다는 원론적인 답변만 내놓았다. 많은 독립적인 전문가들은 제약산업에 만연한 불투명성과 이 문제를 극복할 정치적 의지의 부족이 문제라고 주기적으로 꼬집는다. "제약산업은 흔히 신자유주의 논리를 앞세우지만, 정작 의료보험 청구, 국가 보조금 지원,

(9) <Prescrire>, 2023년 9월 1일.

(10) Jonathan Lambert, '"Bottle of lies" exposes the dark side of the generic-drug boom', National Public Radio, 2019년 5월 12일, www.npr.org.

기타 다양한 세액공제 제도 등 나랏돈으로 번영을 누리고 있다."대학병원에서 약사로 일하며, 그르노블알프 대학에 출강 중인 장 푸아투가 지적했다.

제약산업은 프랑스에서 연구개발 세액공제(CIR) 제도로 가장 톡톡히 수혜를 누리는 두 번째 분야라고 상원보고서 작성자, 로랑스 코엔과 소니아 드 라 프로보테는 지적했다. 가령 2020년에만 총 7억 1,000만 유로의 세액공제 혜택을 누렸다. 제약사들에게 부과된 세금에서 CIR이 차지하는 비율은 2015년 19%에서 2021년에는 34%로 크게 증가했다. 심지어 제약사들은 미래 신약을 선점하기 위한 벤처기업 인수 비용마저 버젓이 CIR 대상 항목으로 분류했다.

"나랏돈이 제약산업의 연구개발 노력에 거의 절반 수준으로 공헌하고 있지만, 정작 신약 개발에 따른 이득은 기업들이 독식하고 있다"고 보고서 작성자들은 지적했다. 가령 코로나 RNA 백신 개발의 경우에도 대부분의 위험 부담은 정부가 떠안았다. 상원보고서는 정부가 특히 재정 지원의 방향을 국내에서 생산되는 필수의약품 쪽으로 조정할 필요가 있다고 권고했다. 또한 반드시 특정 조건(생산지의 영구적 설치, 지적재산권의 현지화, 국내 시장에서 원자재 수급)을 준수하는 경우에 한해서만 재정을 지원하는 한편, 지원금 사용처에 대해서도 보다 투명성을 강화해야 한다고 주문했다.

업계는 특히 의약품 가격 인하를 막거나, 재정 지원을 합리화하기 위해, 끊임없이 혁신의 논리를 들먹이곤 한다. 하지만 기업들은 이미 30년도 넘게 가장 흔한 질병을 치료할 진정한 신약 개발은 등한시한 채, 오로지 소수의 환자를 위한 치료약 개발에만 전념하고 있는 실정이다.

때로는 생산비용에 견줘 너무나도 터무니없이 비싼 가격에 판매되는 이 신약들은 프랑스 건강보험 제도의 존속을 위협한다. 2023년 정부는 소비가 급증하고 매출이 증가한 의약품에 대해 새로운 분담금 제도를 도입하기로 했지만, 그럼에도 이들 의약품이 건강보험 재정에 미치는 부담은 꾸준히 증가하고 있다. 상원보고서는 일부 의약품의 경우 "독점적으로 의약품을 개발한 제약사가 사실상 환자들의 생사여탈권을 손에 쥐고 있는 형국"이라고 개탄했다.

가령 2018년 미국의 제약업체 버텍스는 특정 의약품과 관련하여 정부와의 약가 협상이 원만하게 진행되지 않자, 프랑스에서 실시 중이던 낭포성 섬유증 환자를 대상으로 한 임상실험을 중단하겠다고 협박했다. '낭포성 섬유증 극복' 단체는 제약사의 이러한 협박 행태를 열렬히 비판했다. 스위스 비정부기구 '퍼블릭 아이'의 보건정책 전문가 파트릭 뒤리슈는 "일부 항암제의 경우, 우리가 추산한 기업의 마진은 심지어 80%를 넘는다"며 분통을 터뜨렸다.

지난 3월 1일, 하원에 출석한 프랑수아 브라운 당시 보건부 장관은 이렇게 주장했다. "지난해 사회보장 예산은 전략 의약품을 강력히 지원했다. 그 결과, 2022~2023년 약 5%의 순 성장을 이루도록 뒷받침했다. (...) 가령 2023년 추가 환급액은 8억 유로에 달했다." 하지만 로젠 르 생 기자는 2022년 1년 동안 건강보험공단이 노바티스 제약사 한 곳에만 이 액수의 무려 두 배 이상, 정확히 말해 20억 유로를 지급했다고 지적했다.(11) 노바티스는 특히 아목시실린 생산업체인 산도츠를 소유하고 있다.

한편, 매년 사회보장재정법(LFSS)은 의약품 가격 인하 등 예산 절감을 위한 목표치

(11) Rozenn Le Saint, 『Chan-tage sur ordonnance. Comment les labos vident les caisses de la Sécu 처방전 협박. 제약사는 어떻게 건강보험재정을 파탄내는가』, Seuil, Paris, 2023.

를 세우고 있다. 2023년 절감 목표액은 8억 2,500만 유로였다. 상원 보고서 작성자들에 따르면, 약가 산정을 책임지고 있는 보건제품경제위원회(CEPS)는 제약사가 새로운 의약품에 대해 건강보험급여 목록 등재를 신청하는 경우, 기존 의약품의 지속적 공급을 놓고 해당 제약사와 협상을 벌였다. 하지만 "이런 자잘한 시도들이 성과로 이어지는 경우는 거의 없었다"고 보고서 작성자들은 지적했다.

제약 임상데이터 대거 은폐 … 심각한 의학 재정낭비

유럽연합은 기술 혁신을 위한 지원을 옹호하며, 아무런 실질적인 조건도 내걸지 않고 무조건적으로 산업에 공공재정을 투입하는 데 매진하고 있다. 뒤리쉬는 "결국 의약품 부족 사태의 진정한 원인인 신자유주의 논리는 전혀 탈피할 길이 없는 셈이다"라고 개탄했다. "이러한 현상은 유럽연합 의약품 법 개정 작업이나, WHO의 미래 '팬데믹 조약' 입안 과정에서도 고스란히 나타나고 있다. 정부의 산업 통제력 강화를 위한 그간의 진전된 조치들은 결국 로비단체의 압력을 이기지 못하고 하나둘씩 철폐되고 있다."

"각국의 정부들은 행여 산업의 심기를 건드릴까 두려워하며, 업계에 제대로 된 해명조차 요구하지 못하는 실정이다"라고 필수의약품의 자유로운 이용을 위해 일하는 단체, '헬스 액션 인터내셔널'의 정책 자문관 좀므 비달이 설명했다. "자유무역협정은 각국에 경쟁체제를 강요하고 있다. 아일랜드나 네덜란드 등 일부 국가는 기꺼이 제약사에 가장 유리한 이점을 제공하며, 경쟁의 선두를 달리고 있다. 유럽연합은 이미 코로나 감염병 사태 때 제약사에 투명성을 강제할 수 있는 절호의 기회를 놓치고 말았다."

그는 제약산업의 불투명성은 현재 업계가 의약품 대란 사태를 악용하는 발판이 되고 있다고 판단한다. 하지만 그렇다고 문제점을 꼬집었다가는 과학 혁신을 방해한다는 오명을 뒤집어써야 한다고 주장했다. 오늘날 우리는 제약산업과 관련한 경제·재정 정보(생산비용, 마진, 지원금 액수 등)를 구하기가 힘들다. 뿐만 아니라, 제약사들은 자신들이 실시한 임상실험 데이터의 대부분을 철저히 기밀로 유지하고 있다. 특히 효능 결여나 부작용 발생 등에 관한 임상 결과는 흔히 은폐하기 일쑤다. 2017년 국제투명성기구(TI) 보고서는 매년 의학 연구에 낭비되는 재정이 1,700억 달러에 달할 것으로 추산했다.(12) 전 세계적으로 실시되는 연구 결과에 대한 전체적인 통합 자료가 존재하지 않는다는 사실만 비추어 봐도, 거의 절반에 달하는 지원금이 얼마나 허투루 쓰이고 있는지 여실히 확인할 수 있다. 제약산업의 투명성 결여는 오늘날 유해 의약품이나 효능이 없는 의약품에 대한 연구가 줄기차게 반복되는 결과를 낳고 있다. 또한 효율적인 공조를 기반으로 우수한 신약이 좀처럼 개발되지 못하도록 막고 있다. 사회보장제도에 긴밀히 의존하는 프랑스 제약산업의 현주소를 들여다보면, 오늘날 제약업계가 일부 정부조직과의 공모 하에 얼마나 공공의 이익을 편취하고 있는지 여실히 드러난다. ⓛⓓ

(12) Transparency Interna-tional, 'Clinical trial tansparency : A Guide for Policymaker', 2017.

글·아리안 드누아이엘 Arianne Denoyel
기자. 주요 저서로 『좀비세대. 항우울제 스캔들에 대한 연구(Génération zombie. Enquête sur le scandale des antidépresseurs)』(Fayard, Paris, 2021)가 있다.

번역·허보미
번역위원

정직 처분을 받은 간병인들, 607일간의 사회적 낙인

"백신 거부자다", "음모론자다"
프랑스에서 백신을 거부한 간병인들이 들었던 말이다. 이런 치욕스러운 말을 들으면서 이들은 결국 직무 정지를 당했다. 백신을 거부하는 합리적인 이유가 있었음에도 불구하고 프랑스 정부는 이들의 목소리에 귀를 기울이지 않았다. 이들이 내세우는 이유를 듣기에는 지나치게 바빴던 모양이다.

알렉상드르 포케트, 프레데리크 피에뤼
▌파리 정신과 · 신경과학 대학병원 그룹 연구원, 프랑스 국립과학연구센터
연구원

2021년 7월 12일은 "코로나19와의 전쟁" 중 큰 전환점이 된 날이라고 볼 수 있다. 에마뉘엘 마크롱 프랑스 대통령의 대국민 담화가 있던 날이다. 마크롱 대통령은 코로나19 때문에 대거 백신을 접종해야 하는 상황임에도 불구하고 국민들이 백신 맞는 것을 망설이고 있다며 분노를 표했다. 2021년 초, 여론조사 기관 입소스(Ipsos)가 실시한 설문조사에 의하면 당시 절반 이상의 사람들이 백신 맞는 것을 망설이고 있었다. 이어서 마크롱 대통령은 의료 종사자의 백신 접종 비율이 너무 낮다며 한탄했다. 2021년 6월, 전문·자유직 분야에서 백신을 한 번 맞은 사람들은 78%, 백신 접종을 완료한 사람들은 69%였다. 의료 기관 종사자들은 각각 64%와 42%였다. 부양 노인을 위한 숙박시설(Établissement d'Hébergement pour Personnes Âgées Dépendantes, Ehpad)과 장기요양시설(Uunité de Soins de Longue Durée, USLD)에서는 각각 55%와 42%였

다.(1) 결국 마크롱 대통령은 만약 간병인들이 백신 접종을 거부할 경우엔 직무를 정지시키겠다고 경고했다. 그는 또한 백신을 거부하는 사람에게 사회적 죽음을 내리는 것이나 다름없는 '보건 패스'를 도입했다. 같은 날 실업 보험과 퇴직 연금 개혁을 발표하기 전, 이런 강력한 정책을 발표한 것이다.

그날 저녁, 마크롱 대통령이 발표한 보건 명령은 다른 누구보다 서민 계층이 사회적 불이익을 겪는 상황을 야기할 수 있는 위험한 것이었다. 앞서 2020년 11월 24일에는 서민 계층, 특히 "최전선에서 일하는" 노동자들 나아가 프랑스 국민 모두에게 의무적으로 백신 접종을 강요하는 일은 없을 것이라고 약속했었다. 특히 그간 확인된 데이터를 보면 그의 이런 강경한 태도는 흐름을 역행하는 것이나 다름없었다. 데이터에 의하면, 50세 미만에서 코로나19로 사망에 이르는 확률은 거의 0에 가까웠다. 국제 연구에서는 백신의 효과가 3개월 정도로 제한적이며, 심각한

(1) 프랑스 공공보건, 'Covid-19. Point épidémiologique hebdomadaire 코로나19. 주간 역학 조사 요점 정리', n° 68, Saint-Maurice, 2021년 6월 17일.

(2) Ariane Denoyel, 'Covid, vaccins et science aux origines d'une défiance 코로나, 백신 그리고 불신의 원인에 관한 과학', <르몽드 디플로마티크> 프랑스어판, 2023년 4월.

병증만 예방하는 효과가 있다고 발표했다. 감염을 억제하는 효과도, 전파를 막는 효과도 거의 없었다.(2)

그러나 7월 12일, 마크롱 대통령은 프랑스 보건당국(HAS)의 권고를 바탕으로 백신 접종 의무화가 델타 변이의 감염력을 12분의 1로 줄일 것이라고 주장했다. 그런데 백신을 의무화한다 해도 코로나에 걸렸지만 백신 접종을 완료한 간병인들이 출근하는 것을 근무

<코로나 포켓> 시리즈, 2020~2021 - 마라치 패럴

기관에서 허용하면 이를 막을 방법이 없는 상황이었다.

지나치게 엄격했던 백신 의무화 정책

2020년 박수갈채를 받았던 간병인들은 2021년, 이 대국민 담화를 듣고 어이가 없었다. 수백 명의 간병인들은 그 당시에 있었던 일을 전하려고 본지와 인터뷰하는 데 동의했다. 7월 12일 저녁에 겪었던 쇼크가 얼마나 컸는지 너도나도 이야기했다. 그러나 국회는 여기서 한술 더 떴다. 2021년 8월 5일 발표된 법률 조항이 담고 있는 내용은 프랑스 대통령 발표 내용을 넘어서는 것이었다. 공공 서비스의 일반 규정에 의하면 자격 정지된 공무원일지라도 그에 대한 처우를 유지하며, 4개월의 기한을 주어 자신의 상황을 해결하도록 정하고 있다. 반면, 새로운 법률안 1조에 의하면, 간병인을 무기한으로 직무 정지시킬 수 있다. 어떤 보상도, 최소한의 사회생활을 위한 권리 혹은 다른 직업 활동을 할 수 있는 권리조차 없다.

2023년 5월 11일, <르몽드> 칼럼에는 프랑스 보건당국(HAS)이 백신 의무를 철회한 지 얼마 안 되어 미디어에 자주 등장하는 마티아스 바르공 응급 처치 전문의가 2년 전 실시된 백신 의무화 정책이 지나치게 엄격했다는 사실을 인정하는 내용이 실렸다. "자격이 정지됐던 많은 간병인은 아마 이 분야에서 완전히 떠나버렸을 것이다. 먹고 살기 위해선 어쩔 수 없었다. 안타까운 점은 정부도, 백신을 거부한 간병인들이 현장에 복귀해야 한다고 크게 목소리 높이던 사람들조차도 이들에게 어떤 대안도 제시하지 못했다는 사실이다." 이는 실로 유감스러운 일이다. OECD의 평가서를 자세히 읽어보면 프랑스가 당시

가장 강경한 정책을 펼쳤던 국가임을 알 수 있다.(3) 앙드레 크리말디 교수 같은 급진적이면서도 대쪽 같은 거물급 인사들, 엘리제궁 지시에 따르는 의사들, 기술 전문가들, 환자 단체들, 강력한 정책을 요구하는 언론들이 동원된 결과가 아닐까 싶다. "음모론자들"과는 절대 대화도, 타협도 해서는 안 된다고 외쳤던 이들이다.

그런데 가만히 생각해 보면 간병인들은 B형 간염 예방접종을 비롯해 여러 가지 백신을 챙겨 맞는 경우가 많다. 그렇다면 직무 정지를 당한 간병인조차 일반 시민들과 비교해 봤을 때, 정기적으로 주요 백신 접종을 더 했으면 더했지, 덜 했을 리는 없다. 그러한 관점에서 보면 코로나19 백신 거부로 직무 정지 당한 간병인을 '백신 거부자'로 분류하는 것은 말도 안 되는 이야기다. 원칙적으로 모든 백신을 거부하는 3~4%의 프랑스인이 '백신 거부자'에 해당한다고 볼 수 있다. 사실 간병인이나 그 외 시민들이나 다를 것이 없다. 간병인도, 간병인이 아닌 사람들도 검증된 예방접종은 망설이지 않는다.

정직 간병인들, 607일간의 비어있는 삶

다만, 독감 예방주사처럼 최근에 개발된 백신, 게다가 대개 효과도 별로 없는 백신을 앞에 두고 주저하는 것뿐이다. 새로 나온 코로나19 mRNA 백신의 경우 의구심을 갖거나 불신하는 이들이 많다. 충분히 예상했던 일이고, 이해할 수 있을 만한 일이었다. 문제는 백신을 공공보건 문제로 다루는 것이 아니라 보건 감독 문제로 다루는 데 있다. 코로나19 사태가 벌어졌던 초반에 프랑스 정부는 이를 관리하는 데 엄청난 혼란을 겪었었다. 프랑스에서만 존재했던 '자가 외출 증명서'가 대표적이다. 백신 의무화는 이런 혼란의 연장선상에서 발생한 일이다.(4)

실제로 백신 의무화 조치로 인해 처벌받았던 간병인들은 607일 동안 기나긴 고난을 겪어야 했다. '정직'이라는 용어가 이들 상황을 잘 설명해 준다. 이들은 607일이라는 기간 동안 경제적으로, 사회적으로, 직업적으로 비어있는 삶을 살아야 했다. 수백 건의 구두와 서면 증언을 모은 후, 우리는 정직 당했던 대표적인 인물들이 어떤 사람인지 그려낼 수 있었다. 정직당한 사람들은 대개 30대 여성으로, 아이가 있거나 곧 아이를 갖기를 희망하는 서민이었다. 정치에 관심이 없거나 무관심한 이들이었으며 백신을 거부한 주요 동기는 mRNA 기술이 상당히 최신 기술임을 고려해 봤을 때 지나치게 빨리 개발된 백신에 대한 두려움 때문이었다.

많은 젊은 여성들은 백신이 가임 능력에 악영향을 줄까 두려웠다고 털어놓았다. 이들 중 많은 사람이 또한 경제력이 부족한 상황에서 더 많이, 더 빨리 일하라는 기관의 압박을 받으며 생활하고 있다.(5) 그리고 2020년 내내 위험한 환경(마스크 부족, 방호복 부족 등) 속에서 코로나19 팬데믹 최전선에서 일하라고 내몰렸다. 그런 가운데 발표된 백신 의무화에 이들이 분노한 것은 당연한 결과였다. 백신 거부는 주로 의료 종사자 중 하위 계층, 다시 말해 업무 조건 및 보수가 가장 낮은 사람들에게서 두드러지게 나타난다.

우리와 인터뷰한 사람들은 하나 같이 불공평하다고 하소연했다. 2002년 3월 4일부터 환자 권리와 보건 시스템의 품질에 관한 법률이 발효됨에 따라, 환자는 정보를 요청하고 동의권을 가질 권리가 있다. 이런 법령 때문에 보건계가 변화했다고 믿었기에 백신

(3) 'Premiers enseignements issus des évaluations gouvernementales de la réponse au Covid-19 : une synthèse 코로나19에 관한 답변에 관한 정부 평가에서 얻을 수 있는 첫 번째 교훈', 경제협력개발기구(Organization for Economic Cooperation and Development, OECD), 2022년 1월 21일, www.oecd.org

(4) Théo Boulakia와 Nicolas Mariot, 『L'attestation. Une expérience d'obéis-sance de masse, prin-temps 2020 증언. 대중이 경험한 복종』, Anamosa, Paris, 2023

(5) Frédéric Pierru, 'Se soigner 치료하다', 다음 책에 실림. Antony Burlaud, Allan Popelard, Grégory Rzepski, 『Le Nouveau Monde. Tableau de la France néolibérale 새로운 세상. 신자유주의 프랑스 묘사』, Éditions Amsterdam, Paris, 2021.

의무화가 더욱더 이해가 가지 않는 상황이었다. 코로나19 팬데믹 시절을 겪으면서 의료 전문가, 정책 결정권자, 산업 관계자가 다시 '당사자인 환자'를 좌지우지하는 때로 돌아갔기 때문에 벌어진 일이다.

미국의 유명한 사회학자인 하워드 베커(1928~2023)는 어떻게 편법이 차근차근 단계를 밟아 규범으로 나아가는지 보여주었다. 그리고 규범을 제정하는 기관도 여기에 일부 책임이 있다.(6) 이번 사례는 어떻게 진행되었는지 간단히 살펴보자. 간병인들이 함께 일하는 동료들과 이야기를 나눈다. 초기에는 대다수가 백신을 거부하거나 최소한 의문을 제기한다. 안타깝게도 기관 경영진과 의사들이 가하는 압력이 커진다. 구두 혹은 이메일로 백신 맞으라는 압박이 온다. 어떤 사람들은 포기하고 백신을 맞는데, 이 때문에 협박에 굴하지 않는 사람들은 더 분노한다.

지우기 힘든 사회적 낙인, 직무 정지

양쪽 입장은 점점 극단으로 치닫는다. 강력하게 거부하는 사람들은 상사, 특히 의사로부터 괴롭힘을 당하기 시작한다. 이렇게 괴롭힘을 당하는 사람들은 소셜 미디어에서 의견을 교환하고 대안을 찾기 시작한다. 그러면서 점점 더 자신의 입장이 역시 맞는 것이라고 확신하게 된다. 그럴수록 이들은 주변으로부터 점점 더 낙인찍히는 상황에 내몰린다. 이렇게 비난받는 사람들은 자기처럼 생각하는 동료들과 가까워지면서 함께 행동을 시작한다. 예를 들면, 직무 정지가 효력을 발휘한 2021년 9월 15일부터 시위에 나가는 것이다. 이렇게 되면 존경도 받고 좋은 평가를 받았던 직장에서 무력을 동원해 쫓겨난다. 경비원에게 쫓겨날 때도 있다. 심지어 경

(6) Howard S. Becker, 『Outsiders. Études de sociologie de la déviance 아웃사이더. 탈선의 사회학 연구』, Métailié, Paris, 2012.

찰서나 파출소에 소환당하는 일도 있다. 결국 이들은 큰 상처를 입고 전적으로 이 낙인을 감수하고 가야 한다. 몇 년 동안 간병인 일을 못 하게 막으며 공공 의료 서비스를 악화시키는 무자비한 정부에 대응하려다가 낙인찍히는 결과만 남게 된 것이다.

소위 '사회적' 연결망이라 불리는 소셜 미디어 혹은 끊임없이 이어지는 뉴스 채널 플랫폼은 논쟁으로 살고 논쟁을 위해 존재한다. 어떤 의사들은 자신이 그 주제에 대해서 아무것도 모름에도 불구하고 그 채널에 등장해 논란거리를 던진다. 당뇨병 전문의나 피부과 의사가 감염병 전문가가 되기도 한다. 공공 시스템을 옹호하는 사람들이 잘못한 것은 그들이 지지했던 정책이 힘들게 살던 여성들을 벼랑 끝으로 내몰았다는 사실이다.

이 여성들은 경제적으로, 사회적으로, 그리고 가정 안에서 큰 어려움을 겪어야 했다. 이혼, 부모와의 갈등, 대출로 구입한 집 되팔기, 집을 방문해 잠시 머무르며 휴식 시간을 가질 정도로 친했던 친구와의 갈등, 한평생 고생하며 저축한 돈이 안개처럼 사라지는 고통, 더 이상 간호사로서 직장에 갈 수 없는 자신을 바라보는 이웃의 날카로운 눈초리를 견디며 느끼는 수치 등이 이들이 겪었던 일이다. 어떤 사람들은 결국 굴복하기도 한다. 이렇게 굴복하는 사람들은 이미 겪어야 했던 시련에 더해서, 함께 싸운 동료들을 배신했고 자신의 신념을 저버렸다는 자책감까지 느껴야 했다.

그런데도 직무를 정지당한 이 사람들은 비에프엠(BFM)이나 씨뉴스(CNews)에 등장하는 급조된 전염병 전문가보다 백신이 과학적으로 논란이 되는 이유를 훨씬 잘 알고 있다. 텔레그램과 왓츠앱 같은 커뮤니티에서는 과학 기사와 바이러스나 감염병 연구의

최고 권위자가 한 인터뷰 기사가 오갔다. 음모론에 사로잡힌 이들이 보기에 이것은 단순한 추론의 거품에 불과할 수 있다.(7) 그러나 같은 순간에 음모론에 사로잡힌 이들도 자신만의 거품 속에 살고 있던 것은 아니었을까? 의료계에서 폐쇄적 관계를 유지하고, 권력에 맛 들여서 정계의 뒤편에서 계속 배회하며, 도시에서 만찬을 즐기지 않았던가? 이들 중 많은 사람이 관련 주제에 대한 최소한의 역량도, 정보도 없는 상태로 칼럼을 작성하고 토론에 나서서 직무 정지당한 사람들을 격렬하게 비판했다.

(7) Frédéric Lordon, 'Le complotisme de l'anti-complotisme 음모론을 반대하는 음모론의 실체', <르몽드 디플로마티크>, 프랑스어판, 한국어판, 2017년 10월호.

<코로나 포켓> 시리즈, 2020~2021 - 마러치 페럴

(8) Luc Rouban, 'Les valeurs sociopolitiques des professionnels du secteur sanitaire et social 사회·보건 영역 종사자들의 사회·정치적 가치', Informations sociales, n° 196-197, 2018.

(9) 국립 윤리자문위원회(Comité consultatif national d'é-thique, CNCE), 'La vacci-nation des professionnels exerçant dans les secteurs sanitaires et médico-sociaux : sécurité des patients, responsabilité des professionnels et contexte social 보건 및 사회·의료 영역에서 실시된 의료 종사자 백신 접종 - 환자의 안전, 전문가의 책임 그리고 사회적 배경에 관하여', n° 144, 2023년 7월 13일, www.ccne-ethique.fr

(10) Jeremy K. Ward, 'Politi-sation et rapports ordinai-res aux vaccins. Premiers enseignements de l'épi-démie de Covid-19 백신에 대한 일반적 인식과 백신의 정치화. 코로나19 유행의 첫 번째 교훈', <L'Année sociologique>, vol. 73, n° 2, Paris, 2023.

그러나 직무 정지당한 간병인들이 한 이야기가 상당 부분 옳았다. 2020년 당시 코로나19 관련 시설에서 근무했던 대부분의 사람들은 주로 80세 이상의 노인이나 비만, 당뇨, 고혈압, 면역력 저하 같은 동반 질환을 갖고 사람들이 코로나19로 사망한다는 사실을 알고 있었다. 그들은 또한 2020년 말 마크롱 대통령이 극찬한 백신이 전혀 기적의 약이 아님을 확인했다. 그러면 효과가 이처럼 제한적인 백신을 위해, 노인과 만성 질환자의 생명을 위협하는 병에 맞서려고 이 정도의 타격을 과연 감수해야 하는가?

상호 합의도 없이 추진된 백신 의무화 후폭풍

게다가 피해는 하나로 끝나지 않고 연쇄적으로 이어졌다. 직무가 정지되자 가족은 분리되고 어린이들은 불안정한 환경을 감수해야 했다. 그러나 어쨌든 프랑스 대통령은 공공보건을 우선시하기보다 백신을 정치화하고 예외적인 국가 정책을 일반화시키는 방향을 택했다. 대통령의 이런 태도는 의료진에 속하는 대다수 서민 계층의 분노를 일으켰다. 2017년부터 간병인 그룹 내에서 극좌 성향의 '굴복하지 않는 프랑스(LFI)' 정당과 극우 성향의 '국민 연합(RN)' 정당을 지지하는 사람들이 늘어나고 있는 것은 결코 우연이 아니다.(8)

"직무 정지자"들이 현장에 복귀하기 시작할 무렵이었던 2023년 7월 6일, 국립 윤리자문위원회(CCNE)는 공공보건 문제가 보건 감독 문제로 변질되어 버린 사태에 대한 자신의 의견을 내놓았다. 매우 통찰력 있는 결론이었다. "무언가를 요구하기 위해서는 상호 간에 합의하는 것이 모범적인 태도다. 의

료 종사자의 백신 의무화를 법령으로 정하기 위해선 이런 태도가 필요했다. 정치권과 보건 당국은 백신 정책을 결정하고, 정당화하고, 시행할 때 이런 모범적 태도를 보여야 할 의무가 있었다. 게다가 하물며 백신 의무화에 관한 문제는 말할 것도 없었다."(9) 이보다 더 명확하게 말할 수 없을 것 같다. 백신 접종의 수용 여부는 공공보건 메시지를 전하는 사람이 얼마나 신뢰할 만한지에 따라 좌우된다. 그러한 관점에서 보면 백신의 거부는 전반적으로 정책에 신뢰를 못 느껴 이에 따르기를 거부하는 아웃사이더가 늘어나고 있다는 의미다. 백신에 대한 태도는 정치를 대하는 여러 가지 태도 가운데서 극히 일부분에 불과하다.(10) **ld**

글·알렉상드르 포케트 Alexandre Fauquette
프레데리크 피에뤼 Frédéric Pierru
파리 정신과·신경과학 대학병원그룹(GHU 파리) 연구원, 프랑스 국립과학연구센터(Centre National de la Recherche Scientifique, CNRS) 연구원

번역·이정민
번역위원

프랑스 의사들이 외면하는 공공병원을 지키는 외국인 의사들

2등급 차별에 WHO 규정 위반도 다반사

프랑스 공공병원의 부족한 인력은 비유럽권 학위를 소지한 외국인 의사들로 일부 충원되고 있다. 이제 외국인 의사들의 손이 절대적으로 필요하지만 관련 의료 정책은 거의 40년 동안이나 불안정하고 부실하기만 하다. 게다가 이 정책들은 프랑스가 맺은 국제 조약에 위배된다.

에바 티에보 ▌탐사보도 전문기자

마르세유 공공병원에서 응급 마취-소생과 의사로 10년째 근무하고 있는 아이샤 S는 최근 몇 년 동안 겪은 일을 생각하고 싶지도 않다며 진저리를 쳤지만 익명을 조건으로 인터뷰에 응해주었다. 그녀는 2006년 남편이 있는 프랑스로 이주하기 전 이미 10년 동안 알제리에서 의사로 근무한 경력이 있었다. 그러나 프랑스에서 다시 학위를 인정받기 위해 그야말로 '투쟁가의 삶'을 살아야 했다.

그녀는 결국 16년이나 걸렸다며 쓸쓸하게 웃었다. 프랑스에서 활동하는 의사 20만 명 중 의사협회에서 학위를 인정받은 외국인 의사는 1만 5,000명에 불과하다. 이 '비유럽권 학위 소지 의사' 대부분이 알제리, 튀지니, 모코로, 시리아인들이며 주로 공공병원 마취과와 같이 민간병원만큼 급여를 줄 수 없어 구인난을 겪는 분야나 응급의학과, 정신과와 같이 고된 비선호 과에 종사한다.

이들의 역사는 공공병원의 역사와 함께 시작되었다. 오랜 기간 빈곤층의 돌봄 센터 역할을 했던 공공병원은 세계 2차대전 이후 급성장하기 시작했다. 그러자 의사 수가 늘어났고 병원 지출도 급증했다. 덩달아 의대생 수도 늘어났다. 연구원 마르크 올리비에 데플로드의 설명에 따르면 당시 의료계 소수 보수주의자들은 프랑스 68혁명 저항 정신에 물든 신세대 때문에 불안했는데 저소득층 출신이 섞인 의대생 수 증가 자체가 위기를 유발

할 수 있다고 생각했다.(1)

1970년대 의대 2학년 대폭 감축, 전공의 구인난 초래

결국 1971년 프랑스 의료 협회와 노조는 의대 2학년 진급 합격률을 제한하는 쿼터제를 적용하기로 했다. 그리고 1973년과 1979년 석유 파동으로 인한 경제 위기 속에 두 자릿수 물가 상승률을 기록하자 프랑스 의사들은 수입이 줄어들까 염려했다. 결국 사회보장 비용을 삭감하려는 프랑스 정부의 주도하에 2학년 진급 정원을 1972년 8,588명에서 1980년 4,000명으로 대폭 하향 조정했다.

그 영향은 즉각적으로 나타났다. 급여가 비교적 낮은 인턴(2023년 세후 급여 2,300유로, 당직 수당 제외) 수급에 문제가 생겼다. 수련 중인 인턴들은 특히 야간과 주말에 당직을 담당하며 '지속적 보살핌'을 제공하는데 이 인력이 부족해진 것이다. 게다가 1982년 의대 개혁이 단행되자 레지던트들은 일반병원(CH) 대신 명망 있는 대학병원(CHU)으로 향했다.

이 일반병원들은 1983년부터 연간 예산이 줄어 이미 재정난을 겪고 있었는데 경제 위기까지 덮치자 심각한 전공의 구인난을 겪을 수밖에 없었다. 그러자 프랑스

밖에서 외국 의대생과 의사들이 프랑스 병원으로 몰려오기 시작했다. 이들은 주로 마그레브, 근동, 프랑스어권 아프리카 출신이 대부분이었으며 프랑스에서 수련을 마무리할 수 있었다. 프랑스 공공병원은 이들에게 파격적으로 낮은 급여(2023년 세후 1,600유로, 당직 수당 제외)를 주면서 '인턴 업무직(FFI)'으로 고용하여 인력난을 해소했다. 그리고 1990년대에도 의대 2학년 진급 정원은 3,500명으로 제한되어 있었기 때문에 의사가 턱없이 부족한 상황이 이어졌고 외국인 의사들이 프랑스에 정착하는 계기가 되었다. 그러나 외국인 의사의 의료행위 허가 제도가 부실한 탓에, 이들은 부당한 대우를 감내해야 했다.

차별 겪은 외국인 의사, "우리는 항상 2등급"

일부 프랑스 의사들의 반대, 그리고 완고한 쿼터제에 부딪혀 프랑스 의사협회는 외국인 의사들의 학위를 인정하지 않았다. 프랑스 의대생들조차 의사고시 합격이 하늘의 별 따기인데 외국인 의사들의 학위를 어떻게 인정해 주겠는가? 1999년이 되어서야 쿼터제가 상향 조정되었고 기초의료보험(CMU)에 관한 법이 그해 7월 27일에 제정되어 프랑스에서 이미 몇 년 이상 의료행위를 하고 있었던 외국인 의사에 한하여 학위를 인정해 주었다. 그리고 2000년대 중반, 이 법 덕분에 8,000명이 의사 학위를 인정받았다.(2)

그런데 기초의료보험법은 이후 프랑스로 입국한 외국인 의사의 고용을 금지했다. 하지만 현장에서는 외국인 의사들이 여전히 낮은 급여를 받으면서 계약직 의사, 인턴업무직(FFI), 실습 의사와 같이 다양한 방식으로 고용되었고 여전히 불안정한 상황에 처해 있었다. 가장 오래된 외국인 의사 노조 중 하나인 의료진 연맹(FPS)의 회의가 있었던 날 한 외과 의사는 "우리는 항상 2등급 의사"라

(1) Marc-Olivier Déplaude, 『La Hantise du nombre, Une histoire des nunerus clausus de médecin 숫자에 대한 강박, 의대생 쿼터제의 역사』, 벨 레트르, Paris 2015년.

(2) Marc-Olivier Déplaude, 'Une xénophobie d'Etat? Les médecins étrangers en France 정부의 외국인 혐오? 프랑스 내 외국인 의사', Politix, vol.3, n° 95, Paris, 2011년.

<코로나 포켓> 시리즈, 2020~2021 - 마라치 패럴

고 말했다. 외국인 의사들의 증언에 따르면 차별을 겪지 않은 이가 없다.

남아프리카 공화국 더반에서 의사 학위를 받은 후 프랑스에서 인턴업무직(FFI)를 거쳐 동종요법발전협회(APHM)산하 병원에서 마취-소생과의로 근무하고 있는 한 의사는 "남아프리카에서의 인종차별은 매일 일상에서 피부로 직접 느낄 수 있었다. 그런데 프랑스에서는 좀 더 교묘하다. 예를 들면 간호사는 다른 프랑스 의사를 불러서 내가 쓴 처방전을 확인해 달라고 요청한다"고 털어놓았다. 사회학자 크리스텔 피파텐 아운수는 이것이 바로 외국 의사들을 경시하는 가장 보편적인 방법 중 하나라고 설명했다. 외국인 의사들의 처방에 이의를 제기하거나 무시하는 경우는 비일비재하다.

2000년대 인구 고령화, 만성 질환 비율 증가, 환자 요구사항의 다양화 등으로 인해 보살핌에 대한 수요가 증가했다. 이 상황에서 병원은 재정난까지 겪으니 인력 충원이 더욱 어려웠다. 결국 외국인 의사에게 의존할 수밖에 없었다. 말렉 A는 알제리에서 7년간 근무 경력이 있었지만 테러 위협에서 벗어나고자 2000년 프랑스 부쉬 드 론으로 이주했다. 초기에는 마르티그 일반병원(CH)에서 전공을 살려 소화기내과에서 근무했지만, 곧 응급실로 자리를 옮겨야 했다. 이런 작은 소도시에서 특히 심각한 인력난을 겪는 과이다. 보건지리학자 빅토르 코트호는 이것이 바로 비유럽권 학위를 소지한 의사들

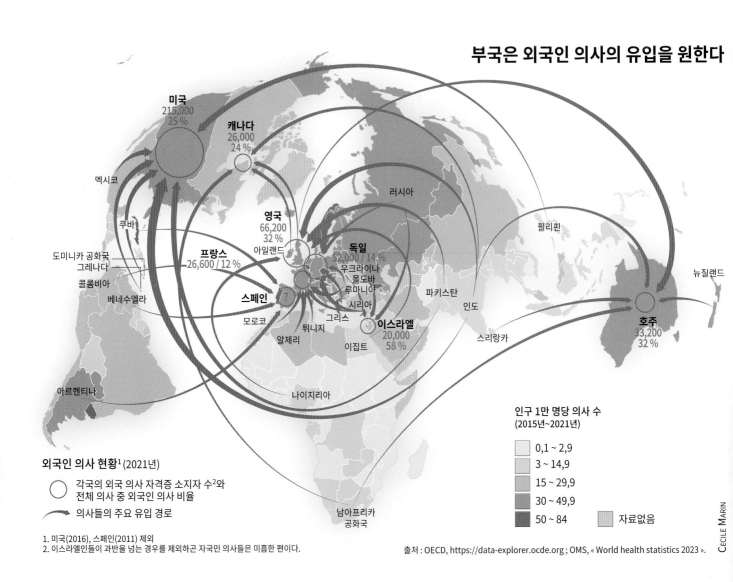

부국은 외국인 의사의 유입을 원한다

외국인 의사 현황[1] (2021년)

○ 각국의 외국 의사 자격증 소지자 수[2]와 전체 의사 중 외국인 의사 비율

⟶ 의사들의 주요 유입 경로

인구 1만 명당 의사 수
(2015년~2021년)

▢	0,1 ~ 2,9
▢	3 ~ 14,9
▢	15 ~ 29,9
▢	30 ~ 49,9
▢	50 ~ 84
▢	자료없음

1. 미국(2016), 스페인(2011) 제외
2. 이스라엘인들이 과반을 넘는 경우를 제외하곤 자국민 의사들은 미흡한 편이다.

출처 : OECD, https://data-explorer.ocde.org ; OMS, « World health statistics 2023 ».

CÉCILE MARIN

이 가는 일반적인 경로라고 했다.

이렇듯, 기초의료법 도입 이후 프랑스로 이주한 의사 수천 명이 부당한 근무 조건을 감내했다. 그리고 10여 년이 지난 2007년 사회보장재정지원법(LFSS)이 도입되면서 외국 의사들의 학위 인정 절차를 재정비했다. 이제 외국 의사들은 바늘구멍 같은 고시를 통과하고 병원에서 별정직 형태로 교육과정을 이수하면 의료행위 허가 위원회에 학위 인정을 요청할 수 있었다. 마르세유 병원 마취과에서 근무하고 있는 아이샤 S는 "아기가 있었지만 제대로 돌보지도 못하고 고시에 매달렸는데 아슬아슬하게 시험에 떨어졌었다. 견디기 힘든 고통이었다"라고 회상했다.

프랑스, WHO 의사 채용 규정 위배

2012년 공공병원에서 부족한 정식 의사 비율이 무려 24%였다.(3) 2000년대 중반 이후 의대 2학년 진급 정원 수를 7,400명으로 증원했지만 전문의까지 약 10년이나 걸리기 때문에 즉각적인 효과는 없었다. 2004년 유럽연합 확대 이후 프랑스에서 자국의 학위를 인정받을 수 있는 유럽 국가 의사들이 대거 몰려왔지만 인력난을 해결하기에는 역부족이었다. 그래도 비유럽권 의사들은 씁쓸했다. 어제만 해도 유럽권 출신 의사들도 학위를 인정받지 못했는데 다음날이 되자 학위를 인정받은 정식 의사가 되었다. 프랑스에서 유럽권 학위를 소지한 의사 1만 1,600명 중 루마니아인이 대다수를 차지하며 이탈리아, 벨기에 출신도 많다.(4) 특히 이 중에는 프랑스 의대생이 쿼터제를 피해 다른 유럽국에서 학위를 받고 돌아온 경우도 포함된다.(5)

그리고 개업을 선택하는 경우도 많기 때문에 공공병원의 의사 구인난이 가중된다.

전공의 중 27%, 그리고 외과의 중 43%는 개업을 선택한다.(6) 하지만 공공병원 의사도 비교적 좋은 대우를 받고 있다. 월평균 급여는 인센티브와 당직 수당을 포함하여 세후 6,000유로로 전체 의사의 평균 급여보다 월등히 높다.(7) 그러나 개인병원 의사의 수입은 훨씬 높다. 가장 급여가 높은 마취-소생과의 경우 월평균 급여가 세후 1만 7,000유로이다.(8) APHM의 한 마취과의는 "공공병원은 의사가 부족해서 업무 강도가 높다. 그런데 요즘 젊은 의사들은 '워라밸(일과 삶의 균형)'을 중요하게 생각한다"고 공공병원 회피 이유를 설명했다.

그러니 2010년대에도 불안정한 고용조건에서 낮은 급여를 받고 근무하는 비유럽권 외국인 의사들이 수천 명에 달했다. 이 상황에서 2019년 보건 제도 조직과 개선에 관한 법이 제정되면서 '의료행위 허가 임시 제도(stock)'를 마련하여 급여를 정상화하면서 처우를 개선해 주기로 했다. 그런데 이 법은 외국인 의사가 고시를 치른 후 '보조 의사'라는 독특한 지위로 몇 년간 병원 근무 기간을 거쳐야만 학위를 인정했다. 이 의무기간 동안 보조 의사는 당직 수당을 제외한 월 급여가 겨우 세후 2,500~2,700유로였다. 프랑스 비유럽권 면허 의사 노조(SNPADHUE)의 부사무총장 네피사 라크다라는 당시 10년 이내에 급여 정상화를 위한 새로운 법 제정이 필요할 것이라고 주장했다.

그리고 사실 병원 현장에서는 새로운 직위를 만들어 외국인 의사들을 고용하는 사례가 많다고 덧붙였다. 2023년 1월 1일 집계한 바에 따르면 프랑스 병원에서 '보조 FFI'와 '수련생'의 신분으로 근무 중인 외국인이 6179명이었다. 이들 중 일부는 2019년 '의료행위 허가 임시 제도' 덕분에 특별히 학위

(3) 'Evolution du taux de vacance statutaire des PH temps plein et temps partiel de 2007 à 2017 selon la discipline 2007~2017년 진료과별 풀타임, 파트타임 정식의사 공백률 변화', 공공병원 의료진과 경영진 관리청(CNG), 2017년 7월, www.cng.satte.fr

(4) 활동 의사에 해당함. 'Atlas de la démographie médicale en France 프랑스 의료인력 분포도', 의사협회 위원회, 2023년 1월.

(5) Philippe Bacqué, 'La Roumanie, voie de recours des étudiants français en médecine 루마니아, 프랑스 의대생들의 탈출구', <르몽드 디플로마티크> 프랑스어판, 2023년 7월.

(6) 'Atlas de la démographie médicale en France 프랑스 의료인력 분포도', 의사협회 위원회, 2023년 1월, www.conseil-national.medecin.fr

(7) 'Les salaires dans la fonction publique hospi-talière-En 2021, le salaire net moyen augmente de 2,8% en euros constants 공공병원의 급여-2021년 평균 세후 급여 유로화로 2.8% 상승', Insee Première, n° 1965, 2023년 9월.

(8) Christophe Dixte, Noémie Vergier, 'Revenu des médecins libéraux : une hausse de 1,9% par an en euros constants entre 2014 et 2017 개업의 수입 : 2014년에서 2017년 사이 유로화로 연간 1.9% 상승', <Etudes et résultats 연구와 결과>, n° 1223, Paris, 2022년 3월 3일.

를 인정받을 수 있었지만 이 제도는 2023년 봄 종결되었다. 그리고 일부는 국시를 통과한 후 2023년 12월 이민법에 따라 '의료종사자'로서 4년간 프랑스에 머무를 수 있는 다년 체류증을 발급받았다. 하지만 여전히 학위를 인정받지 못한 나머지 외국인 의사들 수천 명이 남아있다.

부당대우 받는 외국인 의사들

2021년 프랑스가 외국 학위(유럽권 학위 포함)를 인정하여 OECD에 신고한 외국인 의사 수는 2만 6,600명이다.(9) 그러나 정확한 외국인 의사 수를 집계하려면 이 수치에 2023년 의사협회에서 학위를 인정을 받지 못한 채 공공병원에서 근무하고 있는 보조 의사 5,000여 명, 그리고 FFI와 수련생 수천 명을 포함시켜야 한다.(10) 아무튼 프랑스는 미국(2016년 21만 5,600명으로 전체 의사 중 25%) 영국(2021년 6만 6,200명으로 전체 의사 중 32%), 독일(2021년 5만 2,200명으로 전체 의사 중 14%)과 함께 외국인 의사에 대한 의존도가 가장 높은 국가 중 하나다.(11)

부당한 대우를 받고 있는 외국인 의사들은 결국 근본적인 질문을 제기한다. 세계보건기구 의료인 채용에 관한 규정은 "해당 국가에서 교육받은 의료 인력에 대한 대우와 동등하게 교육 수준, 경력, 책임 범위와 같이 객관적인 기준에 따라 외국인력을 채용하고 진급시켜야 하며 급여를 책정해야 한다."고 명시하고 있다.(12) 그리고 세계 보건 문제를 전문적으로 연구하는 Wemos 네덜란드 협회의 코린느 힌로펜은 "자국에서 의사 학위를 수료한 의사를 수년 동안이나 능력에 적합한 의료행위를 하지 못하게 막으면서 낮은 급여

를 지급하는 것은 세계보건기구의 규정에 위반된다"고 강조했다. 그러나 프랑스 공공병원은 외국인 의사를 영입함으로써 국내 의료 서비스 불균형을 해소하고 민간병원에 대한 경쟁력을 확보할 수 있는 매우 중요한 사안인 만큼 퀘벡처럼 외국 학위를 즉각 인정하는 것에 아직 신중을 기할 수밖에 없다. **ID**

(9) 'Statistiques annuelles des établissement de santé 의료기관 연간 통계', 연구, 조사, 통계청(Drees), www.sae-diffusion,sante.gouv.fr

(10) <Migration of doctor>, Organisation de coopéra-tion et de développement économiques (OCDE) 경제협력개발기구(OECD).

(11) 비유럽권 학위 소지 의사들의 의료행위 허가 절차를 관리하는 CNG가 제공한 수치.

(12) 의료 인력 국제 채용을 위한 세계보건기구(WHO)의 국제 관례법. WHO, www.who.int

글·에바 티에보 Eva Thiébaud
탐사보도 전문 기자

번역·정수임
번역위원

슈퍼마켓 '르클레르'의 화려한 변신에는 문화가 있다

세제, 통조림 그리고 문화. 르클레르 슈퍼마켓 진열대 위의 다양한 제품은 이 기업이 우리 모두의 삶을 아름답게 만들고자 얼마나 열심인지 보여준다. 그러나 르클레르의 '문화공간', 더 넓게는 문화정책은 슈퍼마켓 세계에서 한 걸음 더 나아가 이제는 정신세계까지 정복하겠다는 의지의 표현일까, 아니면 '사람들의 영혼을 더 풍성하게 하는' 문화를 지원함으로써, 기업에 정당성을 부여하려는 의도일까?

앙투안 페쾨르 ▮기자

니스테르주의 랑데르노에서 르클레르(Leclerc)라는 브랜드를 모르는 사람을 찾기는 어려울 것이다. 인구 1만 5,000명의 이 코뮌에서 르클레르의 간판은 슈퍼마켓, 주유소, 여행사, 문화공간 등 모든 곳에 걸려 있기 때문이다. 시내에 있는 FHEL(Fonds Helene et Edouard Leclerc 엘렌&에두아르 르클레르 재단) 건물에는 1949년에 오픈했다가 1986년에 폐점한 최초의 식료품 전문점 르클레르가 입점해 있었다.

10년 전에 면적 1,600㎡에 이르는 이곳은 전면적인 리모델링을 통해 근대와 현대 미술 전시회가 열리는 공간으로 탈바꿈했다. 엘로른 강을 따라가다 보면 시청이 보이는데, 현 시장인 파트리크 르클레르는 2006년부터 르클레르 기업의 회장직을 맡고 있는 미셸 에두아르의 사촌이다. 그리고 10km 정도 떨어진 생-디비 코뮌에 르클레르 가문이 1966년에 매입한 영지에는 2026년에 70헥타르 면적의 조각 공원이 들어설 예정이다.

오늘날 미셸 에두아르 르클레르 시장은 문화산업에 주력하고 있다. 르클레르 가문의 영지가 어떻게 활용되는지 보면 알 수 있다. "재단을 만들기 전에 랑데르노의 분위기는 전반적으로 침체돼 있었습니다. 재단 덕분에 랑데르노는 새로운 이미지를 갖게 됐고, 그로 인한 경제적 부수입도 많아졌습니다. 베르나르 아르노가 파리를, 프랑수아 피노가 베니스를 선택할 때, 미셸 에두아르는 브르타뉴 지방의 이 작은 도시를 선택했습니다."

카르푸르와 달리 르클레르는 상장 기업이 아니라, 독립 상점을 운영하는 상인들이 1949년 설립한 'E. 르클레르 조직(Mouvement E. Leclerc)'에 가입해 있는 형태다. 르클레르 그룹의 공식 사이트는, 상인들로 구성된 협동조합이 "유통경로를 단축해 모든 물건을 쉽게 얻을 수 있게 하는" 르클레르 단체의 뼈대를 이루고 있다고 명시하고 있다. 프랑스 최대의 대형마트 브랜드인 르클레르에는 현재 700개의 상점과 14만 명의 '직원'이 소속돼 있다. 이 조직의 주주도, 상점의 소유주도 아닌 미셸 에두아르가 전략위원회를 운영하며, 각 지역 조합의 대표 16명으로 구성된 이사회가 기업의 주요 방향과 전략을 결정한다.

퐁피두 센터에서 만화 전시를

"르클레르 단체에 가입한다는 것은 우리의 문화와 가치에 동의한다는 뜻입니다." FHEL의 대표인 마리-피에르-바타니가 설명했다. "르클레르 소속 상점의 모든 사장들은 문화적 삶의 주체입니다." 이에 대해 질문을 받은 미셸 에두아르 르클레르는 아버지를 떠올렸다. "아

WE FOUND OUR PATH BLOCKED BY A
PARTICULARLY STRIKING EXAMPLE
OF MID PERIOD KANDINSKY

<무제> (우리는 특히 중기 칸딘스키의 경이로운 작품 앞에서 말문이 막혔다.), 2010 - 글렌 박스터

의 작품도 일찌감치 매입했다고, 앙굴렘 국제 만화 축제(FIBDA)의 조직 위원장인 프랑크 봉두는 설명했다.

훗날 이는 전략적으로 훌륭한 선택이 됐다. 현재 르클레르 컬렉션에는 수천 점의 만화 작품이 포함돼 있다. 르클레르 재단은 "앙굴렘과 기타 개인 수집가들과 함께, 프랑스에서 가장 풍부한 만화 컬렉션을 보유"하고 있다고, MEL 출판사의 대표인 뤼카 위로는 자랑스럽게 말했다. 미셸 에두아르가 4년 전에 설립한 이 출판사는 니콜라 드 크레시부터 제라르 가루스트까지 다양한 만화가와 현대미술가의 작품을 복제(판화, 석판화 등)한다. 어떤 목적에서일까? "제가 좋아하는 예술과 예술가들을 모두에게 알리고 싶어서"라고 미셸 에두아르는 덧붙였다. 이로써 그는 만화 업계에서 중요한 인물이 됐다.

2024년에 퐁피두 센터는 르클레르 컬렉션의 만화 작품들을 대중에게 전시할 예정이다. "퐁피두 센터에서 이처럼 대규모의 만화 전시회가 열리는 것은 역사상 처음"이라고 위로는 기쁘게 설명했다. 미셸 에두아르는 작품 대여는 물론이고 이번 전시회를 재정적으로도 지원할 계획이다. 2025년부터 5년간 공사를 위해 문을 닫는 퐁피두 센터는 자체 자원을 늘리기 위해 안간힘을 쓰고 있다. 그러나 이는 "공공시설의 민영화 작업"이나 마찬가지라고, 퐁피두 센터의 한 컬렉션 담당관은 이렇게 비난하면서 이름을 밝히지 말아달라고 부탁했다.

버지는 랑데르노의 식료품상으로 불렸습니다. 친근한 별명이었어요. 문화는 우리에게 일종의 사회적 보상이었습니다."

엘렌과 에두아르는 종교적 미술 작품을 수집했고, 이 작품들은 오늘날 FHEL 건물 인근의 교회에 소장돼 있다. "작품마다 편차가 큽니다. 굉장히 흥미로운 작품도 있고, 그렇지 않은 작품도 있어요. 부모님께서는 교회가 재산을 처분하기 시작한 시점부터 종교 관련 작품들을 수집하셨습니다." 르클레르 그룹의 현 회장인 미셸 에두아르는 다른 형태의 미술 작품, 특히 만화 작품에 투자를 집중하고 있다. "만화가 하위 장르로 인식되던 시기에" 엔키 비라르(Enki Bilal)와 자크 타르디(Jacque Tardi)

"기업가 정신을 문화에도 똑같이 적용했어요"

한 가지만은 분명하다. 그와 같은 전시회는 르클레르 컬렉션의 가치를 높일 것이며, 나아가 해당 기업인과 브랜드에 대중적이고, 과감하고, 현대적 문화를 선도하는 이미지를 가져다줄 것이라는 사실이다. "그 명성이 얼마간은 지속되겠지요." 봉두는 이같이 예상했다. "미셸 에두아르가 개인적으로 추진하는 일인지, 그의 브랜드가 주도하는 일인지는 알 수 없습니다. 그 둘은 불가분의 관계니까요." 다만 퐁피두 센터에서 이와 같은 전시회를 기획한 것이 결코 우연이 아니라는 것만은 분명하다. 미셸 에두아르는 퐁피두 센터의 대표인 로랑 르 봉과 잘 아는 사이다. 2019년에 르 봉은 FHEL에서 '호기심의 서재(Cabinet de curiosités)'라는 제목의 전시회를 기획했었다.

르클레르 재단이 설립된 2012년부터 열린 전시회의 목록을 살펴보면 당황스러울 정도로 주제가 제각각이다. 파블로 피카소와 알베르토 자코메티와 같은 현대 미술의 거장뿐만 아니라, 상대적으로 덜 유명한 작가(블라디미르 벨리코비치, 자크 모노리 등), 만화가(만화 잡지 〈메탈 위를랑(Métal Hurlant)〉의 만화가 로렌조 마토티), 어반아트의 대표주자(에른스트 피뇽-에른스트) 등 실로 다양한 작가가 포진해 있다. 처음에 르클레르 재단은 브르타뉴 지방의 예술을 지원하겠다고 선언했지만, 이런 노선은 곧 폐지됐다.

2021년에 르클레르 재단에서 전시회를 열었던 조형 예술가 프랑수아즈 페트로비치는 미셸 에두아르가 자신의 작업실에 방문했던 때를 떠올렸다. "그는 호기심이 많고, 신예 작가의 작품을 좋아했습니다. 현대 미술계에서 종종 볼 수 있는, 유명 인사의 이름을 들먹이는 행동도 하지 않았어요. 그렇지만 자신이 좋아하는 것을 소유한다기보다는 마치 프로젝트를 진행하는 것 같다는 인상을 받았습니다. 기업가의 정신을 문화에도 똑같이 적용하는 것 같았어요."

문화공간에서 예술과 경제의 교묘한 공존

놀라운 점은 또 있다. 대형마트의 선두주자인 르클레르는 좌파로 분류되는 예술가들을 초청하는 일도 주저하지 않는다. 재단의 초대 전시회는 에른스트 피뇽-에른스트와 제라르 프로망제의 작품들로 구성됐다. "저는 그들의 의견에 상당 부분 공감합니다." 미셸 에두아르는 이같이 강조했다. 프랑스인들이 '좋아하는 기업인'으로서 다른 기업인들과 차별화하려는 의도일까?(1) "베르나르 아르노는 평생 두 번 봤을 뿐"이라고 그는 과거에 홀리듯이 말했었다. 그렇다면 미셸 에두아르는 프랑수아 피노나 이브 로셰와 같은 "프랑스 서부 출신의 기업인들"과 더 가까운 것일까? 여하튼 그는 블로그에서 "흙에 발을 파묻고 있는", "집단 정신이나 계급 정신과 크게 관련이 없는"과 같이 호의적인 표현을 쓰긴 했다.(2)

FHEL 재단의 재원은 르클레르 그룹에 소속된 상점 상인들의 기부금으로 충당된다.(3) 일부 상인은 이사회의 위원으로 활동하면서 FHEL의 재정 상태를 감시하고(각 전시회의 예산은 120만~200만 유로) 전시회의 관람객을 조사한다. 재단이 출범한 이래로 총 150만 명이 전시회를 다녀갔으며 그중 70%는 브르타뉴 지역의 거주민이었다.

르클레르는 자사의 문화공간에서 예술

(1) Yves Derai, 'Exclusif : les 20 patrons préférés des Français 독점 : 프랑스인들이 좋아하는 20인의 기업인', 2021년 12월 26일, www.forbes.fr

(2) Yannick Le Bourdonnec 인터뷰, 'La Bretagne 브르타뉴 지방', 2016년 5월 30일, De quoi je me M.E.L 내가 미셸 에두아르 르클레르를 좋아하는 이유(미셸에두아르 르클레르의 홍보용 블로그), www.michel-edouard-leclerc.com

(3) Mathilde Goanec, 'Fondations "d'utilité publique", vraiment? 메세나의 진실은 납세 회피 수단?', <르몽드 디플로마티크> 프랑스어판·한국어판, 2014년 3월호.

적 열정과 경제적 전략이 혼합된 활동을 펼치고 있다. 이제 르클레르 브랜드는 식료품점뿐만 아니라 약국, 여행사 등으로까지 영역을 확대했다. "가구 지출의 85%는 식료품 외의 품목에서 이뤄집니다." 미셸 에두아르 르클레르는 설명을 이어갔다. "그리고 문화에 투자하는 것은 우리 기업만의 차별점입니다." 사실 르클레르의 경쟁사 대부분은 문화 분야에는 관심이 없고, 오샹(Auchan)의 모기업인 뮐리에즈(Mulliez) 그룹만이 퀼튀라(Cultura)를 운영 중이다.

오늘날 225개의 문화공간을 관리하는 르클레르는 프낙-다르티(Fnac-Darty)에 이어 두 번째로 큰 문화 제품 유통 업체다. "사실 프낙-다르티는 프낙보다는 다르티에 가깝지요." 미셸 에두아르는 이렇게 비판했다. "문화공간은 식료품 코너와 분리돼 있고, 카트도 들어갈 수가 없어요." 르클레르의 구매 센터인 갈레크(Galec)의 문화공간 책임자 마리-조제 스카라는 이같이 설명했다. "현재 매출의 절반은 도서 분야에서 나오고 있지만, 제품군이 점점 더 다양해지고 있습니다. 지금은 보드게임, 스마트폰, 모니터 등도 판매합니다." 그렇다면 르클레르에서 문화란 어떤 의미일까? "우리는 콘텐츠뿐만 아니라 콘텐츠의 전달 수단도 함께 판매합니다."

문학 분야 '랑데르노상'을 만든 이유는?

르클레르의 문화공간은 특히 중형 도시에 집중돼 있어서, 인구 2만 명 이하의 코뮌이 40%를 차지한다. 대도시 이외 지역의 거주민들도 얼마든지 문화를 즐길 수 있게 하는 것, 그것이 르클레르의 신조이기 때문이다. 그러나 문화를 즐기려면 거리만큼이나 가격도 중요하다. 르클레르는 식료품을 언제

나 가장 저렴하게 제공하려고 노력하지만, 수많은 논란을 불러일으킨 랑법(Loi Lang)에 따라 도서정가제가 시행돼 책의 가격은 마음대로 낮출 수가 없다.(4) 랑법이 제정되고 이미 40년이나 지났지만 미셸 에두아르는 여전히 희망의 끈을 놓지 않고 있다. "이 법은 대형서점 체인인 프낙에 맞서 파리 서점 운영자 조합의 이익을 보호하기 위해 고안됐습니다. 책은 대형 유통업체가 가장 많은 이윤을 남기는 분야입니다."

그러나 실상은, 랑법 덕분에 프랑스 전역의 독립 서점들이 폐점 위기를 면할 수 있었고, 2021년에는 책이 판매되는 여러 경로 중에서 독립 서점이 1위를 차지했다(프랑스 시장의 40%). 그렇다면 자타공인 문화 예찬론자인 미셸 에두아르 르클레르는 독립 서점을 전혀 위협하고 있지 않을까? "시장이 확대된 덕분에 독립 서점들이 살아남을 수 있었습니다." 스카라는 이같이 설명했다. 올해에 르클레르는 타르브의 중심가에 두 번째 문화공간을 열었다. 근처에서 독립 서점인 'Les beaux jours'를 운영하고 있는 플로랑스 앙드리외는 이렇게 말했다. "우리의 단골손님들은 전혀 영향을 받지 않습니다. 르클레르의 독점이 싫어서 우리 서점을 찾아오는 분들이기 때문이지요. 하지만 그렇지 않은 경우가 문제입니다. 그저 아멜리 노통브의 최신작이 궁금한 분들은 아무 생각 없이 르클레르를 방문하곤 하니까요."

아나 공칼브는 르클레르의 문화공간에서 일하다가 랑데르노의 독립 서점인 'Les passagers du livre'로 이직했다. "두 곳의 일은 완전히 다릅니다. 여기서는 손님들에게 책과 관련된 조언을 건넵니다. 하지만 르클레르에서 제 업무의 대부분은 박스에서 책을 꺼내 매대에 진열해 놓는 일이었습니다." 르

(4) Patricia Sorel, Prix unique du livre, péripéties d'un combat 제정 40년 된 랑법 (Loi Lang)의 투쟁사, <르몽드 디플로마티크> 프랑스어판·한국어판, 2021년 7월호.

클레르는 책의 판매량에 따라 책을 선택한다. 르클레르가 말하는 '문화에 대한 접근성'이란 결국 잘 팔리는 책들에 대한 접근성을 의미하는 셈이다.

르클레르는 '랑데르노상'이라는 문학상까지 만들었다. 올해에 소설 부문에서는 토마 B. 르베르디의『위대한 구원(Grand Secours)』(Flammarion), 만화 부문에서는 기욤 생줄랭의『경계(Frontier)』(Rue de Sèvres)가 랑데르노상을 수상했다. 이 뛰어난 작품들은 소설가 세실 쿨롱과 만화가 리아드 사투프, 그리고 미셸 에두아르 르클레르로 구성된 심사위원단이 선정했다. 이쯤 되면 문학적으로도 정당성을 갖춘 셈이다. 기업의 이미지에도 당연히 긍정적인 영향을 미칠 것이다.

공공문화계 거물들과 손잡은 르클레르

문화는 르클레르가 사익과 공익의 중간에 서 있게 만들기도 한다. 르클레르가 가장 많은 직원을 고용하고 있는 타르브에서, 파르비스(Parvis) 국립극장은 시내 쇼핑몰 안에 위치해 있다. 본래 파르비스는 르클레르 소속 상점 주인의 남편인 마르크 벨리가 설립한 극장이었는데, 문화부에서 이 극장을 국립극장으로 만들었다. 미셸 에두아르가 문화를 이용해 정치계 진출을 노리는 것일까? 사실 그는 공권력과 양면적 관계를 유지하고 있다. 르클레르의 문화공간은 배우들의 무료 낭독회로 구성되는 '퀼튀리시모(Culturissimo) 축제'와 같은 고유의 문화 행사를 매년 기획하면서, 정부 지원금으로 운영되는 다른 곳들과 경쟁하고 있다. 그리고 교묘하게도, 이런 행사들은 문화부가 제공하는 혜택에서 다소 소외된 중형 도시를 중심으로 열린다.

르클레르는 재단 운영 외에도 각종 지역 축제들도 지원한다. 생-말로의 '놀라운 여행가들(Etonnants voyageurs)', '낭트의 크레이지 데이(La Folle Journée de Nantes)', '오래된 쟁기들(Les Vieilles Charrues)' 등이다. 프낙에 자리를 내주기 전까지, 르클레르는 1990년부터 2006년까지 앙굴렘 국제 만화 축제(FIBDA)의 주요 스폰서였다. "우리 축제가 위기에 빠져 있었을 때 미셸 에두아르가 나타나 우리를 도와주었습니다. 그러나 현지의 르클레르 상점들은 약속을 제대로 지키지 않았어요. 파트너쉽 관계에서는 열정만큼이나 약속도 중요합니다. 르클레르 상점들은 오샹(Auchan) 상점들보다도 덜 협조적이었어요. 그래서 우리는 스폰서를 교체할 수밖에 없었습니다." 봉두는 변명하는 듯이 설명했다.

미셸 에두아르는 이렇게 말한 적이 있다. "우리의 일이 반드시 우리의 소망과 일치하지는 않습니다. 저는 원래 화가가 되고 싶었어요." 그의 말대로, 미셸 에두아르는 2023년 7월부터 또 하나의 직책을 맡게 됐다. 바로 국제관계전략연구소(IRIS)의 대표직이다. '식료품상'이라는 별명으로 불리기 좋아하던 그는 이제 두 명의 부대표, 전 문화부 장관인 로즐린 바슐로와 LVMH의 사무총장인 마르크-앙투안 자매와 함께 일하고 있다.

참고로, LVMH의 회장인 베르나르 아르노는 공공문화 활동을 지원하는 큰손 중 하나다. 이 모든 것이 과연 우연일까? ID

글·앙투안 페쾨르 Antoine Pecqueur
기자

번역·김소연
번역위원

부자들의 새로운 금광, 프랑스 와이너리

쥘리 뢰▮기자

지중해의 뜨거운 태양 아래, 비즈니스의 향연이 펼쳐진다. 2022년은 프랑스 프로방스 역사상 포도밭 매매가 가장 많은 해였다. 세계적인 유명 인사들이 이곳의 포도밭과 와이너리(와인 양조장)를 사들이러 몰려들었다. 이에 대해, 현지 포도 생산자들은 상상조차 해본 적 없는 일이라는 반응을 보였다.

선지자의 간택을 받은 포도밭

니콜라 사르코지 전 프랑스 대통령과 부인 카를라 브루니, 할리우드 스타들(브래드 피트, 조지 클루니, 조지 루카스 등), 개인 자산가부터 무명의 일반인들, 그리고 크고 작은 각종 기업의 전 대표들. 이런 이들이 포도밭을 찾았다. 그들에게 포도밭과 와이너리는 세금 폭탄의 도피처이자, 화사한 빛깔의 로제 와인과 따사로운 햇빛까지 안겨주는 향기로운 투자처. 프로방스의 생트 빅투아르산 아래 위치한 포도밭 주인은 뿌듯한 미소를 지으며 "LVMH(Louis Vuitton, Moët & Chandon, Hennessy)의 베르나르 아르노 회장은 선견지명이 있다. 그가 이곳에 투자를 결정했다는 것은 그만한 가치가 있다는 것"이라고 말했다.

2019년부터 2022년까지 LVMH는 생트로페시에서 북쪽으로 약 45km 떨어진 에스클랑 계곡의 포도밭을 인수했다. 이는 10여 년 전 시작된 '골드러시'가 정점을 찍었다는 것을 보여준다. 럭셔리 브랜드이자 샴페인·코냑 부문에서도 선두를 차지하는 LVMH는 코로나 시기를 포함해 5년도 되지 않아 총 5개의 와이너리를 전체 혹은 부분 인수했다. 그중에는 총 면적이 400ha에 달하는 '크뤼 클라세'급 와이너리 3개와, 프로방스의 대표적인 로제 와인 브랜드들도 포함돼 있다.

이런 변화에 대한 공식적인 반응은, 대부분 긍정적이었다. 이는 로제 와인이 갖은 노력 끝에 마침내 고급 와인 대열에 들었다는 증거이기 때문이다. 게다가, 인기 지역의 포도와 포도밭 가격이 2배 가까이 치솟았다. 이는 LVMH 같은 소유주들에게 포도를 판매하는 농가들에게도 이익으로 돌아오고 있다.

하지만 에스클랑 계곡에서 '테르 데스클랑(Terres d'Esclans)'이란 이름의 와이너리를 운영하는 파브리스 레몽은 "다들 기뻐하며 비싼 대형 트럭들을 사들였다"라며 냉소적인 반응을 보였다. 그가 속한 프랑스농민연맹(CP)은 2022년 8월 LVMH가 소유한 샤토 데스클랑의 포도밭에서 '야생 수확 운동'을 벌이기도 했다. 대기업들의 토지 독점에 대한 항의였다.

현재 레몽의 포도밭은 그야말로 LVMH 소유의 포도밭들 사이에 '끼어' 있는 상태다. 그는 "과거 에스클랑 계곡에는 와이너리가 5~6개 있었다. 생산하는 와인은 각각 달랐지만 그건 중요하지 않았다. 사람 사는 맛이 있었기 때문"이라고 설명했다. 그리고는 "지금은 포도밭을 기계와 로봇들이 점령하고 있다. 포도 재배방식이 달라진 건 말할 것도 없다. 대기업들이 포도밭을 사들일수록, 포도밭을 파는 사람들의 정신은 점점 피폐해지고 있다"라고 지적했다.

프로방스의 젊은 포도 생산자이자, 농지 보호를 목적으로 하는 민관협력기구인 농촌건설토지정비기구(SAFER)에서 프랑스농민연맹의 대표자 역할을 하고 있는 그웬나엘 르바르는 이런 현상들에 대해 "어떻게 흘러갈지 뻔한 일"이라고 단언했다.(1) "LVMH 등은 포도값을 비싸게 쳐주니, 생산자들 모두 그들에게 포도를 판다.

장기간 농민연맹활동을 해온 생산자들도 마찬가지다. 당장 어렵기 때문이다. 그런데, 어느 날 갑자기 그들이 포도 가격을 낮춰도 돌이킬 수 없다. 농민연맹의 존재 이유는 이런 거대 구매자들의 지배력을 억제하는 데 있다. 그 사실을 모두 잊어버린 것이다."

포도밭 가격 상승, 그 혜택은 누구에게?

한편 토지 가격 상승이 가져올 결과를 염려하는 목소리도 점점 커지고 있다. 많은 이들이 일각의 예견대로 이 거품이 터지기를 기다리는 이유다. 레몽은 "자녀들에게 땅을 물려주고 싶어도, 상속세가 문제다. 병당 8유로

짜리 와인을 팔아서 그 큰 상속세를 감당할 수가 없다. 포도 재배자들은 기업들에 포도를 판매하는 것이 자신들의 자산 가치를 부풀리는 일이라는 사실을 잘 알지 못한다. 그러다가 포도밭을 양도할 때가 돼서야 뒤늦게 그 사실을 깨닫게 되는 것"이라면서 전문가들의 얘기처럼 "게다가 우리 자녀들이 공증인에게서 400만 유로였던 포도밭이 1,000만 유로가 됐다는 말을 듣게 된다면 곧바로 포도밭을 팔아넘기는 계약서에 서명을 하게 될지도 모를 일"이라고 말했다.

프로방스 지역의 '포도밭 투자 붐'이 시작된 것은 약 십 년 전부터지만, 사실 이는 더 오래전부터 존재해온 금융화의 흐름을 반영하는 것이기도 하다. 포도 생산자

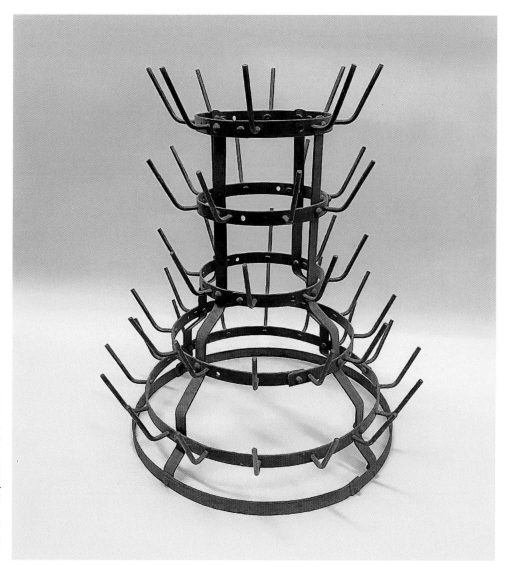

<마상-콜튼르상>, 2023 - 디디더크로스

가 자작농으로든 소작농으로든 직접 포도를 경작하면서 운영 자본의 전부 혹은 일부를 소유하기까지 한다면 결국은 그 포도나무들을 점차 잃게 된다는 이야기다.

SAFER는 2022년 발표한 한 보고서를 통해 "이 시장은 법인들에 의해 주도되고 있다"고 명확히 밝힌 바 있다. 실제로 2022년 한 해 동안 매매된 포도 생산지 중 전체 면적 대비 약 40%가 개인이 아닌 기업에 매각된 것으로 나타났다. 또한 프랑스 전국 농지면적 중 농업에 종사하지 않는 투자자가 소유한 경우는 7.1%로, 그 범위를 포도 생산지로 한정 짓는다면 비율은 더 높아질 것이다. 프랑스의 사회학자 프랑수아 퓌르세글은 포도 농업 분야에 대해 "수년 전부터 토지 자본 및 운영 자본의 소유와 실제 농업 활동 간의 분리 현상이 두드러지고 있다"고 지적했다.(2)

포도 생산지 거래 전문 업체인 비네아 트랑작시옹(Vinea Transaction)은 관련 거래 중 실제 와인 관련 종사자가 매수한 경우는 전체의 절반 정도에 그치며, 그나마도 카스텔(Castel)이나 제라르 베르트랑(Gérard Bertrand)과 같은 와인 대기업들이 자사 와인 생산에 필요한 포도 혹은 포도즙 공급을 안정화하고 적법성을 확보하며 와인 관광 부문을 개발하고자 거래에 뛰어드는 경우가 대부분이었다. 반면 '젊은 포도 생산자'의 비중은 2022년 전체 매매 건수에서 3%에 그쳤다. 포도밭을 매입한 '와인 업계 비종사자'(71%, 거래가 기준) 중에서는 '해외 투자자'가 2%를 기록한 반면 '유럽 내 투자자'는 28%로 가장 높게 나타났으며, '신규 생산자'(21%)와 절세를 추구하는 '일시적 은퇴자'(20%)가 그 뒤를 이었다.

물론 이런 통계만으로는 양조장 유무, 재배자 및 생산지의 이름, 포도나무 혹은 설비 포함 여부 등 모든 법적 세부 사항을 확인할 수는 없다. 또한 여러 소유주들이 하나의 토지회사를 설립하는 경우도 있다. 특히 농업조합들이 분할 매입에 뛰어들기도 하는데, 이렇게 거래된 면적이 연간 20만 헥타르에 달할 정도다. 물론 이는 이른바 '상파투스 법'이라고도 불리는, 유사한 현상을 저지하기 위해 2021년 제정된 SAFER의 규제 기준을 크게 웃도는 숫자다.

이런 변화는 상징적인 차원에서 그치지 않고 실제로 포도 생산 자체에도 영향을 미친다. 레몽은 "이는 농업계의 엄청난 출혈"이라고 강조했다. 이제는 포도밭의 소유주가 직접 트랙터의 운전대를 잡지 않는 게 당연해졌을 뿐만 아니라, 점차 그것이 임금 노동자의 몫, 나아가 농작업 대행 용역업체의 몫이 돼가고 있기 때문이다. 오늘날의 농업계(특히 포도 생산 분야)는 아웃소싱 천국이 되고 말았다. 2002~2016년 농업 분야 아웃소싱 비율은 2배 이상으로 증가했으며, 오늘날 관련 시장 규모는 40억 유로에 달한다.

프랑스 내 포도 생산지 중 약 5%는 용역업체에 전적으로 위임하는 형태로 운영되고 있다.(3) 르바르는 "LVMH와 같은 기업들은 직원을 두는 것조차 원하지 않는다. 차라리 전 과정을 전문용역에 맡긴다. 와인 양조학자와 농업경영 컨설턴트를 통해 포도 재배 플랜을 세우고, 트랙터 작업은 한두 명의 전문 운전사에게 연 단위로 맡기며, 수작업으로 해야 하는 모든 생산 과정은 외부 업체가 도맡는 식"이라고 설명했다.

아웃소싱 외의 다른 선택지로는 '통합 방식'이 있다. 르바르는 이에 대해 "예를 들어 포도밭 대부분을 현지 농가에 맡겨두고 이후 그들에게서 수확한 포도를 사들이는 방식으로 운영하는 것"이라면서 "이 경우 농민들은 와인 생산체인에 통합된다. 하지만 이상 기후 등의 리스크는 고스란히 농민이 떠안게 된다"라고 덧붙였다. 결국 아웃소싱과 통합 방식 모두 생산 활동 자체에 대해 보수를 주기보다는, '재산 경영'을 통해 협력노동자에게 수익을 안겨주는 형태로 운영된다. 포도 농업의 '3차 산업화'는 이미 진행 중인 셈이다.

"가난하게 살다 부유하게 죽는다"

하지만 많은 전문가들은 "문제가 되지는 않는다"는 반응이다. 보르도 출신의 경제학자 장마리 카르드바는 이런 현상이 전반적으로는 이롭다고 봤다. 그는 "이 새롭게 등장한 주체들은 더욱 체계적이고, 재정적으로도 건전하며, 농민들이 고전을 면치 못하던 그 시장에서 수익성을 창출하는 능력도 갖추고 있다. 얼마나 건강한 변화인가!"라고 설명했다.

그는 특히 이미 포도나무의 10~30%가 자취를 감춘 보르도의 위기를 예로 들면서 "한정적인 경쟁력 탓에 쉬지 않고 일하면서도 최저임금도 벌지 못하는 포도 생산자가 6,000명이 넘는다. 그럴 바에야 기업에 고용되는 편이 낫지 않겠는가"라고 강조했다. "리스크가 있다면, 기업집중이 심화돼 독점 체계가 구축되는 경우다. 하지만 아직 요원한 일"이라고 선을 그은 그는 "현재 보르도의 와인 브랜드만도 무려 5,000개에 달한다. 너무 많다. 2035년에는 200여 개로 줄어들 것으로 예상되는데, 그 편이 나을 것"이라고 덧붙였다.

반면 20여 년 전부터 농지 보호 활동을 벌여온 시민단체 테르 드 리엥(Terre de liens)의 책임자 탕기 마르탱은 "기업의 집중 현상은 일자리 감소를 가져온다"라며 반박했다. 그는 "급여를 받는 포도 생산자들의 생활이 독립 생산자들보다 낫다고 볼 수는 없다. 지역의 중산층들은 현장 책임자를 맡게 되겠지만, 나머지는 그렇지 않다"라고 지적했다.

프랑스 농업통계청(AGRESTE)의 2020년 발표 자료에 따르면 임금을 받는 농업노동자의 80%가 불안정한 고용 상태(비정규직, 계절근로직, 수습직 등)이며, 여성노동자의 경우 더욱 심각한 것으로 나타났다. 또한 가지치기와 같은 일회성 작업에 투입되는 파견 노동자의 비중이 건설업계보다도 더 높은 것(2017년 기준 계약 건수 7만 건 수준)으로 확인됐다. 마르탱은 "환경 문제에 대해서는 언급할 필요도 없다"라고 덧붙였다.

'농부는 가난하게 살다가 부유하게 죽는다'는 말이 있다. 프로방스의 한 전문가는 "포도 생산자들이 죽을 때라도 부유해진다면 참 다행일 것이다. 이 말은 그들에게 환상을 준다. 하지만 이대로라면 한 세대가 지나도 그렇게 되지 않을 것"이라고 탄식했다. **ⅬⅮ**

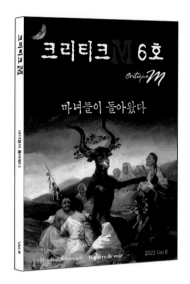

크리티크M 6호
『마녀들이
돌아왔다』
권 당 정가 16,500원

글·쥘리 뢰 Julie Reux
기자, 와인의 미래를 다루는 독립 매거진 <Vinofutur 비노퓌튀르>의 창립자. www.vinofutur.fr

번역·김보희
번역위원

(1) Lucile Leclair, 'L'agro-industrie avale la terre(한국어판 제목: 농지를 휩쓰는 무자비한 기업들)', <르몽드 디플로마티크> 프랑스어판·한국어판, 2022년 2월호.
(2) Bertrand Hervieu & François Purseigle, 『Une agriculture sans agriculteurs 농민 없는 농업』, Les Presses de Sciences Po, Paris, 2022.
(3) Geneviève Nguyen, François Purseigle, Julien Braily, Bruno Legagneux, 'Sous-traitance et délégation du travail : marqueurs des mutations de l'organisation de la production agricole 아웃소싱 및 노동 위임 : 농업 생산 조직의 변화를 드러내다', 『Notes et études socio-économiques』, Ministère de l'agriculture et de l'alimentation, centre d'études et de prospective, Service de la statistique et de la prévision, no. 47, 2020년 7월.

<툴루즈의 옥시타니 지역의회 앞에서 카롤 델가 의장의 마스크를 쓴 운동가>, 2022 - 파트리시아 위쇼부아시에 _ 관련기사 62면

MONDIAL

지구촌

사회당의 입지가 좁아지는 옥시타니의 현주소

"좌파가 아니어야 살기 편한 세상"

번득이는 아이디어가 없는 정치인들은 대개 지역연고주의만을 앞세워, '변두리 프랑스'의 변호인을 자처하려 한다. 하지만 지역 현실을 잘 안다고 과연 민주주의에 대한 시민들의 관심을 되살릴 수 있을까? 그것이 좌파가 인기를 회복할 묘안이 돼줄 수 있을까? 사회당 소속의 카롤 델가가 의장직을 맡고 있는 옥시타니의 사례를 보자.

그레고리 르젭스키 ▮〈르몽드 디플로마티크〉 부편집장

대형 스크린에 비친 장 조레스가 말했다. "이상으로 나아가고, 현실을 이해하라." 스피커에서는 알랭 수송의 노래가 흘러나왔다. "감상적인 군중, 우리는 이상에 목말라 있네." 이날 현장의 분위기는 흡사 여름 전당대회라고 해도 믿을 만큼 뜨겁기만 했다. 2023년 10월 1일 브람 공원(옥시타니 지방(레지옹)의 오드 데파르트망(도)에 있는 공원)에는 청바지 차림의 남성 정치인들과 그보다 조금 적은 수의 여성 정치인들이 자리를 함께 했다. 곳곳에 기자들이 보였고, 랑그독의 전통 요리인 카술레 스튜가 담긴 거대한 냄비도 눈에 띄었다. 〈리베라시옹〉의 전 발행인 로랑 조프랭은 스튜를 먹기 위해 테이블에 착석했다.

폐막식 연설이 끝난 지 한참이 지났지만, 안주인은 좀처럼 연단에서 내려올 생각을 하지 않았다. 주말을 맞이해 그녀의 주변에 모인 인파는 모두 2,500명에 달했다. 참석자들은 중년 이상으로 보였다. 더러 청년들이 보였지만, 자원봉사자 배지를 달고 의원 보좌진 특유의 진지한 표정을 짓고 있었다. 사회당 소속의 니콜라 마이에르 로시뇰 루앙 시장과 공산당 소속의 이앙 브로사 상원의원 같은 인사들도 이날 '좌파의 만남'을 위해 자리를 같이 했다. 마침내 옥시타니 지방의회(레지옹의회) 의장이 장내로 입장했다. 카롤 델가의 세계에 오신 걸 환영한다.

야심 찬 좌파, 역사의 상속자

2021년 지방선거에서, 유권자 대다수는 전임자의 연임을 선택했다. 당시 기록적인 기권율에도 불구하고, 델가 의장은 당당히 58%의 득표율을 획득하며, 프랑스에서 가장 높은 지지를 얻은 의장이라는 타이틀을 거머쥐었다. 이후 그녀는 이 타이틀을 훈장처럼 과시하며, 자신이 추구하는 야심 찬 좌파상을 피력했다. "현재 우리 지자체들이 보여주는 것처럼, 해법을 찾기 위해 고심"하고, '기업과 진정한 파트너십'을 맺기 위해 노력하는 '철저히 유럽적인' 좌파, '깽깽 악을 쓰는' 대신 '사람들과도 잘 어울리는 대중적인 좌파', 특히 '치안 문제'를 위해 '열심히 연구하고 뛰어다니는' 좌파가 되겠다고 목소리를 높였다.(1)

(1) <TMC>, 2022년 11월 8일, <France Info>, 2023년 9월 16일, 브람 연설, 2023년 10월 1일.

같은 해 일간지 〈르몽드〉는 그녀를 집중 조명한 기사 두 편을 게재했다. 얼마 지나지 않아 프란츠 올리비에 지스베르도 그해 10월 27일 자 〈르 피가로 마가진〉에서 그녀의 대담함을 칭송했다. 9월, 〈파리 마치〉에는 사상 처음으로 그녀의 이름이 인기 정치인 순위에 올랐다. 차기 대선 후보감을 운운하는 등 최근의 보도 전쟁은 현 정치 저널리즘의 궁핍함을 여실히 보여준다.

하지만 그것이 전부라고 말할 수는 없다. 마뉘엘 발스 전 사회당 총리, 그의 뒤를 이어 총리에 올랐던 베르나르 카즈뇌브, 팔레스타인 지지 운동에 반대하는 정치단체 '공화당의 봄'(2) 등과도 가까운 사이로 잘 알려진 카롤 델가는 현시대의 흐름을 고스란히 대변하는 인물이다. 가령 권위주의 문제, 파리 엘리트층을 향한 불신, 현대 정치 술수를 정겨운 선술집 분위기로 덧칠하려는 지역주의 유혹 등이 복잡하게 뒤얽힌 현실을 반영한다.

(2) <Sud Radio>, 2023년 10월 12일.

"혹 그녀라면?" 이 질문은 2005년 12월 15일, 〈누벨 옵세르바퇴르〉의 1면을 장식했다. 당시 발행인 조프랭은 2004년 지방선거에서 푸아투샤랑트의 승리를 이끈 세골렌 루아얄을 대선 후보로 만드는 데 지대한 공을 세웠다. 하지만 오늘날의 그녀, '카롤'은 자신을 세골렌 루아얄과 비교하는 것을 못마땅하게 여긴다. "세골렌은 국립행정학교(ENA) 출신이다. 파리 엘리트 코스를 밟은 인물이다. 반면 나는 아무런 유산도 물려받지 못했다."

옥시타니 지방의회 의장인 카롤 델가는 피레네 산자락에 위치한 코맹주에서부터 시작해, 마뉘엘 발스 총리 내각의 무역부 담당 국무장관(차관급)까지, 자신이 밟아온 이력을 자랑하는 것을 꽤나 좋아한다. 특히 브람의 연단에서도 그녀는 자신의 어린 시절, '페

르낭드 할머니', 비서 출신에서 가정주부가 된 어머니, 노동은 반드시 결실을 맺는다는 신념과 '일상에서의 소확행'을 이야기하며 울컥했다. 그녀는 '국가귀족'을 비판하거나, 중앙-지방간의 관계를 거론하거나, 자신이 구사하는 사투리가 자신을 상징하는 '깃발'이라고 주장하고자, 유명한 사회학자 피에르 부르디외를 즐겨 인용했다. 베아른 출신의 이 사회학자는 자신의 출신에 대한 수치심을 이야기했었다.

하지만 정권의 진정한 대항자를 자처한 공화당(LR) 소속의 오렐리앙 프라디에 하원의원은 "의원들의 사회적 다양성이야말로 프랑스 국민을 정치로 이끄는 요인"이라고 항변했다. LR의 후보자 명부에 1순위로 이름을 올리고 지방의회에 입성한 프라디에 의원은 취재진에게 자기 경쟁자의 가식을 알리고 싶어 했다. 선거유세 직전 고향 마르트 톨로산에서 만든 인조 보석을 착용한다거나, 연단에 오르기 전 평소 즐겨 신는 라부탱 구두를 벗어놓는다고 말이다.

여하튼 델가가 '상속자'에 불과하다는 프라디에 의원의 설명은 그럴싸했다. 델가는 역사의 상속자(오래전부터 좌파는 남서부 지역을 장악해왔다)이자, 사회당(PS) 지도부에 반기를 들 만큼 충분한 의원 인맥을 보유한 인물이다. 또한, 현 직책의 후원 수혜자이기도 하다. 델가 의원은 2014년 미디피레네와 랑그독루시옹의 통합으로 탄생한 지자체에서 사령탑을 맡았는데, 그것이 모두 과거 미디피레네 지방의회 의장이었던 마르탱 말비가 그녀를 차기 후보로 밀어준 덕분이었다. 게다가 애당초 프랑수아 올랑드가 국민전선(FN)의 2차 결선행을 막기 위해 두 지역을 통합하기로 결정도 큰 역할을 했다.

말비는 1998년 미디피레네의 수장에 올

라, 2015년 퇴임할 때까지, 툴루즈 항공산업의 수혜를 톡톡히 누렸다. 국가 차원의 결정(전략 산업 개발, 독일 국경과 멀리 떨어진 곳에 산업 기반 구축)은 그가 도 단위 지역이나 소도시에 보조금을 지원하는 등 지역 정책 실행에 중요한 재정원이 돼줬다. 한편 조르주 프레슈는 2004년 랑그독루시옹을 장악했다. 1977년 이후 몽펠리에 시장을 할 때와 마찬가지로, 랑그독루시옹 지역의 수장으로 지내는 동안, 그는 도시 개발에 매진하며, 지역의 작은 왕 노릇을 했다. 2010년 세상을 떠나기 전까지 그는 포도 재배업계나 알제리 출신의 모국송환자들과 돈독한 후견주의 관계를 맺었고, 프랑스와 해외에서 간부급 노동자나 투자자들을 끌어들이기 위해 홍보전에 매진했다.

경영자 스타일 의원들의 당

취재진이 마침내 몽펠리에 도착했다. 벽기둥, 분수대, 물에 젖은 미소년 조각상에 이르기까지, 1978년 리카르도 보필이 설계한 안티고네 거리는 세월의 무게가 한층 짙게 느껴졌다. 특히 레즈 강변에 자리한 지방의회 건물이 더욱 그러했다. 랑그독루시옹과 미디피레네 지역이 통합된 이후로 공간이 협소하다는 이유로 이곳에서는 더 이상 회의가 열리지 않았다. 델가 의장은 비록 툴루즈에 대부분의 지방 서비스 시설이 모여 있음에도, 여전히 이 아치형 콘크리트 건물 안에 있는 사무실을 이용했다.

그녀가 50여 미터 아래 강변이 내려다보이는 테라스에서 취재진을 반갑게 맞이했다. 근사한 풍광과 커피와 초콜릿 빵, 그리고 공보관 한 명과 비서실장 한 명이 자리를 함께 했다. 의장은 자신에 대해, 그리고 옥시타니 지방에 관해 이야기했다. 하지만 특히 자신의 이야기를 더 많이 했다. 비록 지금은 사회당 내에서 평범한 위치를 차지하고 있지만, 그녀의 이력이 얼마나 출중한지 늘어놓았다.

델가 의장은 대학에서 경제학을 공부한 뒤 리모주 시청에서 사회생활을 시작했다. 그곳은 1912~2014년까지 사회당이 장악한 곳이었다. 2005년 미디피레네 지방에서 간부로 일하던 그녀는 사회당에 입당하게 되고, 그로부터 얼마 지나지 않은 2009년 마르트 톨로산의 시장이 됐다. 그리고 말비의 도움에 힘입어 지방의회 의원직을 꿰찼다. 정치학자 레미 르페브르는 이런 그녀의 이력을 나탈리 아프레나 조안나 롤랑 등과 비교한다. 그들도 지자체 간부를 거쳐 렌느와 낭트의 사회당 소속 시장이 된 인물들이었다. 말비가 델가에게 그랬듯, 지역정치의 황태자이자 전직 시장인 에드몽 에르베와 장 마르크 에로는 각기 이들 지역 관료들을 새 시대의 인물로 밀어줬다.

아프레나 롤랑처럼 의원의 조력자이자 지역 간부에서 시작해 시장이 된 경우는 1983년 인구 3만 명 이상 규모의 코뮌(시,읍,면)을 책임지는 시장들 중 1%에 불과했지만, 2014년 25%로 증가했다.(3) 옥시타니의 경우에도, 지방의회 의장과 부의장을 비롯한 지방의회 행정부 구성원의 40%가 동일한 이력의 소유자였다. "종종 사회당은 지역 의원들의 정당으로 불린다. 하지만 이제는 무상 정책을 비롯해, 거의 우파와 동일한 정책을 추구하는 경영자 스타일 의원들의 당이라고 말해야 할 것이다." 르페브르가 지적했다.

옥시타니 지방의회 의장은 청소년 무료 승차나 수백만 명을 대상으로 한 1유로 티켓 혜택, 배차 간격 확대 등 그녀가 추진했던 철도 정책들을 세세하게 소개했다. 한편 그녀

(3) Luc Rouban, 'Le nouveau pouvoir urbain en 2014 : les maires de villes de plus de 30,000 habitants 2014년 신흥 도시 권력 : 인구 30만 이상 규모 도시의 시장들, <Les enjeux>, 제11호, 2014년 5월 20일, www.cevipof.com.

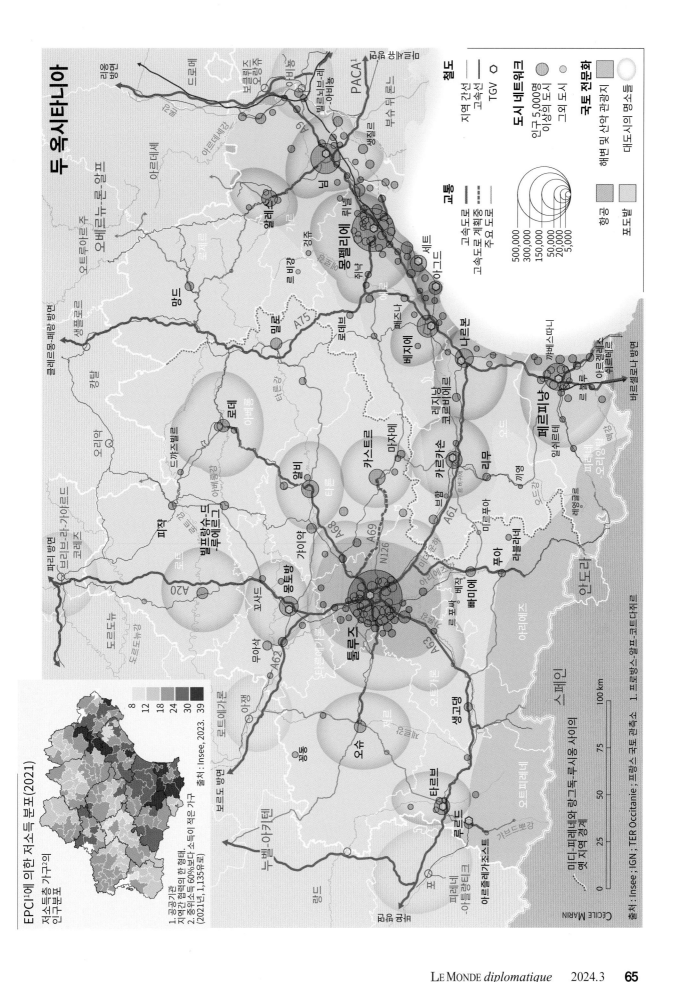

두 옥시타니아

교통
- 고속도로
- 고속도로 계획중
- 주요 도로

철도
- 지역 간선
- 고속선
- TGV

도시 네트워크
- 인구 5,000명 이상의 도시
- 그외 도시

500,000
300,000
150,000
50,000
20,000
5,000

국토 전문화
- 해변 및 산악 관광지
- 대도시의 명소들
- 항공
- 포도밭

EPCI¹에 의한 저소득 가구²의
저소득층 가구
인구분포(2021)

8　12　18　24　30　39

1. 공공기관
   지역간 협력의 한 형태.
2. 중위소득 60%보다 소득이 적은 가구
   (2021년, 1,135유로)

출처 : Insee, 2023.

미디-피레네와 랑그독루시용 사이의
옛지역 경계

0　25　50　75　100 km

출처 : Insee ; IGN ; TER Occitanie ; 프랑스 국토 관측소 1. 프로방스-알프-코트다쥐르

CÉCILE MARIN

는 툴루즈나 페르피냥까지 고속철도 노선 확대를 위해서도 투쟁 중이라고도 말했다. "파리에서 4시간 이상 떨어진 곳에 거주하는 프랑스인의 60%가 옥시타니 주민"이라는 게 그녀의 설명이었다.

한편 그녀는 "과도한 대도시 확장을 멈추려 한다"고 했다. 그런 의미에서 군소 열차 노선을 확대할 필요가 있다고 주장했다. 또한, 그녀는 '활기찬 생활권을 만들기 위해' 옥시타니 지자체가 '시골 지역에' 고등학교를 설립하거나 "의사들을 채용"하는 데도 많은 노력을 기울이고 있다고 설명했다. 가령 옥시타니 지자체의 노력에 힘입어 개관한 의료 센터 10여 곳에 2022년 7월 이후로 배속된 의사의 수는 40명이 넘는다고 말했다.

하지만 여전히 높은 수요를 생각하면 상징적인 성과에 불과할 뿐이다. 가령 에로의 강주나 아베롱의 드카즈빌, 생지롱에서는 조산원이 줄이어 폐업하고 있다. 아리에주 군청을 잇는 철도 노선도 사라진 지 오래이며, 상점도 줄이어 폐업했다. 시내 골목길 곳곳에 적십자, 에마우스, 가톨릭구호, 민중구호 등 지역 자선단체들이 우후죽순으로 들어섰다. 생지롱은 빈곤층이 많다고 알려진 옥시타니(프랑스 전체 빈곤인구는 14.6%, 이 지역은 16.8%)(4) 안에서도 가장 많은 빈곤층이 거주하는 코묀(2019년 빈곤인구는 전체 인구의 19%)이었다. 이에 옥시타니 지자체는 지역의 매력도를 향상하고, 기업의 요구에 부응하고자 노력하며, 유용성 논란이 불거진 사업의 추진을 최우선 과제로 삼고 있다.

오랜 대립구도의 부활

카롤 델가 의장은 여전히 신념이 확고했다. 천문학적인 자금을 쏟아 붓고도 5년 동안

일자리 창출은 10만 개 이하에 그친 1,000억 유로 규모의 '경쟁력과 고용을 위한 세액공제 제도(CICE)'에 대한 질문에, 그녀는 "다음 기회에도 CICE를 다시 채택"할 것이라고 당당히 말했다. 그러면서도 2012~2014년 하원의원을 지낸 그녀는 하원의 효율성을 개탄했다. "공허한 구호만 부르짖다 끝나는 경우가 허다하다."(5) 처음에 델가 의장은 시장, 지방의회 의원, 하원의원, 그리고 장관직까지 정해진 이력을 차근차근 밟아나갔다. 그러다 돌연 2015년 장관직에서 물러나고, 하원의원직을 포기하면서, 커리어의 방향을 틀었다. 2014년 겸직 금지안이 통과되면서, 정부직과 지방직 가운데 하나를 선택해야 했던 것이다.

수많은 특권을 누리는 광역지방의 탄생을 지켜본, 그녀는 결국 지방직을 선택했다.(6) 델가 의장은 옥시타니 지방이 사실상 600만 인구를 자랑하는, 프랑스에서 누벨아키텐 다음으로 면적이 넓다는 사실을 즐겨 거론했다. 2017년 그녀는 진정한 정권의 대항자가 되기를 희망했다. 그녀는 오베르뉴론알프 지역의 로랑 보키에나 오드프랑스 지역의 그자비에 베르트랑과 똑같은 계산을 했던 것이다. 일단 국가는 정치 경험이나 지방의 지지기반이 없는 기술관료를 수장으로 뽑는다. 다수당의 지위만 믿고 하원을 찬밥 취급한다. 그러면 각 광역지방의 의원들이 지원군으로 나선다. 하지만 이런 시나리오의 상당수는 결국 현실화되지 않았다. 이런 오판의 역사는 꽤 유서가 깊다.

우리는 이미 중앙정부에 맞섰던 남서부 지역의 역사, 반정부 전통과 지역 투쟁의 역사에 대해서라면 익히 잘 알고 있다. 1907년 나르본에서는 포도재배업자 7명이 진압군에 의해 목숨을 잃었다(민생고를 외면하는 정

(4) 프랑스국립통계청(INSEE)

(5) <France Culture>, 2022년 10월 15일.

(6) Benoît Bréville, 'Vos régions, on n'en veut pas(한국어판 제목: 당신들의 지역, 우리는 원치 않아!)', <르몽드 디플로마티크> 프랑스어판 2021년 7월호·한국어판 8월호.

부에 대항해, 포도재배업자들이 일으킨 폭동에 정부가 무력 진압하면서 사망자가 발생했다-역주). 당시 저명한 사회주의 정치가 장 조레스는 반란자들의 편에 섰다. 그보다 15년 전 이미 자신의 선거구, 타른 카르모의 광부들을 비호했을 때처럼 말이다. 이때부터 사회주의 세력은 선거기반을 단단히 다져나갔다. 1906년 툴루즈, 1908년 님을 장악했다.

소규모 농경지와 산업이 곳곳에 포진한 지역적 구조는 사회주의 세력에 유리하게 작용했다. 오랫동안 이런 지역적 특성이 급진좌파에 유익한 도움을 줬다. 비록 오늘날 '붉은 남부'(Midi Rouge, 역사적으로 사회주의, 급진주의, 공산주의 세력의 텃밭이었던 남프랑스 지역을 의미-역주), 심지어 프랑스공산당(PCF)이 님이나 베지에를 장악했던 시대로부터 남아 있는 것은 거의 아무것도 없지만 말이다(물론 아직까지 '카술레 좌파'는 존재한다).

델가 의장은 이런 역사를 되살리기를 바라는 듯, 2002년 5월 신민중생태사회연합(NUPES)(2002년 총선을 앞두고 장뤽 멜랑숑의 주도로 결성된 범좌파 정당연합-역주)에 대립한 후보자들을 지지했다. 범좌파 연대를 거부한 사회당의 분파세력을 지지한 것이다. 이로써 그녀는 오랜 대립구도를 부활시켰다. 한편으로는 조직의 약화된 틈을 이용하려는 지역의 황태자들이 자리했다. 이는 1920년 투르 정당대회 이후 당원의 2/3가 공산당으로 넘어가, 사회당 지도부가 그들에게 의존할 수밖에 없었던 때를 떠올리게 했다. 다른 한편으로는 1970년대 프랑수아 미테랑이 추진했듯(7) '유력인사들을 재장악하는 과정을 통해' 재건된 당이 자리했다.

하지만 지난 시대, 델가 의장이나 올랑드 전 대통령이 구현했던 수구좌파의 입지는

아주 좁아졌다. 올리비에 포르 역시 대선 패배 이후 이런 현실을 인정했다. 그는 당을 살리기 위해, 극좌 세력인 '굴복하지 않는 프랑스'(LFI)와의 연대가 불가피하다고 생각했다. 하지만 이런 방식은 지역 차원에서 문제를 야기한다.

입지를 잃어가는 사회당

"아리에주는 사회당의 텃밭이다. 사회주의 세력이 아니면, 아주 불가능한 것은 아니지만 여하튼 많은 어려움을 겪을 수밖에 없다." 2020년 인구 500명 규모의 베자크 주민들은 장폴 샤베를 시장으로 선출했다. 이 '피레네를 마주한 베드타운'에는 어느새 파미에에서 일하는 야금공 몇 명과 농민 한 명만 남았다. 샤베는 소속 정당이 없다. 하지만 그는 이렇게 설명했다. "데파르트망(도) 단위에서 어려운 점이 많다. 어떻게든 단일성을 유지해야 득이 된다. 2017년 LFI 하원의원 두 명이 선출됐을 때 상당히 기대가 컸다. 하지만 기대는 물거품으로 돌아갔다. 이 지역 출신인 미셸 라리브 의원은 자신의 임무는 의회라며, 지역에는 얼굴 한 번 내비치지 않았다."

현재 역경에 처한 샤베 시장은 사실 지금보다 더 많은 지원을 기대했다. "사업을 벌일 때면, 지방이나 국가 차원에서 80%의 지원금을 받아내려고 노력한다. 단위별로 정치 성향이 비슷하면 일하기가 수월해진다." 그래서 2022년 지난 총선 때 샤베 시장은 주민들에게 옥시타니 지방의회 의장과 도의회 의장, 아리에주 사회당 의원과 노선을 같이하겠다는 뜻을 밝히고, 사회당 소속의 포사(베자크에서 20킬로미터 거리) 시장이자 아리즈레즈 코뮌 공동체의 의장인 로랑 파니푸

(7) Frédéric Sawicki, 'La force du localisme 지역주의의 힘', <Esprit>, 제397호, Paris, 2013년 8/9월호.

후보, 즉 사회당 분파세력을 지지했다.

LFI 소속의 르네 르볼 몽펠리에 메트로폴 부의장에 따르면, 미카엘 들라포스도 거의 동일한 이유에서 델가 의장과 손을 잡았다. 비록 그가 2022년 대선에서 좌파 당의 멜랑숑 후보에게 가장 많은 표를 던진(40%) 대도 시의 사령탑을 맡고 있었지만, 여하튼 메트로폴(2015년 설립) 운영을 위해서는 사회당 계열의 에로 도의회와 원활한 협력이 필요했기 때문이다. 또한, 2014년 이후 각 지방이 관할 중인 유럽결속기금을 지원받는 데도 차질이 빚어지길 원치 않았다.

지역 통합, 지방분산화, 광역도시화 등 각종 개혁은 지역 의원들의 봉건적 주종관계를 더욱 강화했다. 델가 의장이 지역의 유력인사들에 직·간접적으로 미치는 영향력은 그녀가 국가 차원의 야망을 충족시키는데 밑거름을 제공했다. 하지만 그것은 어디까지 한정적이거나, 혹은 일시적인 현상에 불과하다. 물론 옥시타니 지방에 속한 대부분의 지자체는 여전히 사회당의 영향력 아래 놓여 있다. 하지만 사회당의 입지는 점차 축소되고 있는 게 사실이다. 지난 총선에서 델가 의장은 NUPES에 반기를 들고, 그녀와 연대할 많은 의원들을 동원할 수 있었다.

하지만 옥시타니 지역 내 선거구 26개 중 무려 24 개에서, 그녀가 밀던 후보는 1차 투표에서 낙선했다. 2022년 사상 초유의 낙선 사태(옥시타니 지방 출신 하원의원 총 36명 중 5명만 당선)가 발생하기 이전에도, 사회당은 중소도시 일부만 점령하는 데 그쳤다. 게다가 2008년 이후 오트가론느에서만 그동안 사회당의 차지였던 인구 3,500명 규모의 코뮌의 절반을 잃었다.

한편 LFI도 지역 기반을 다지는 데 많은 어려움을 겪고 있다. 2021년 LFI와 녹색당의 결별은 델가 의장이 지방의회 내에 범좌파연대 세력의 진출을 저지하게 해 줬다. 반면 국민연합(RN)은 의석을 유지했다. 사회당과 공화당은 지난 대선에서 합계 득표율 6%에 그쳐 지방에서 겨우 생존했다. 반면, 마린 르펜은 국가 단위 선거와 유럽연합 단위 선거에서 계속 선전하며, 그녀의 당도 지역의 정치적 영향력을 점차 확대해나가고 있다.

옥시타니 지방 산하 여러 시의회 의원들 사이에 정

파 이동 현상이 나타나고 있다. 2023년 9월 상원선거에서, RN을 선택한 피레네의 대의원 수는 무려 5배 증가했다. 여러 데파르트망(도)에서 나타나는 이런 '약화 신호'를 지켜보면서, 헌법학자 벤자맹 모렐은 '지역 차원에서 정당패권이 무너지고' 있음을 여실히 보여주는 새로운 징표라고 해석했다. 이제는 "시의회 의원들이 르펜의 정당에 투표하는 것이 더 이상 수치스럽거나 상상할 수 없는 일로 치부되지 않는"(〈로피니옹〉, 2023년 9월 25일) 시대인 것이다.

이런 경향은 비단 대의원 차원만이 아니라 모든 유권자 차원에서 똑같이 나타나고 있다. 델가 의장은 2021년 지방선거에서 2015년에 견줘 RN이 후퇴했다고 자찬했다. 하지만 정작 그녀는 2020년 시의회 선거 1차 투표에서부터 극우가 62%의 득표율로 베지에를, 59.5%로 가르의 보케르를 사수한 사실에 대해서는 일절 언급하지 않았다. 또한 2022년 6월 오드의 3개 선거구, 피레네오리앙탈의 4개 선거구, 가르의 총 6개 중 4개 선거구, 그리고 타른에가론의 무아삭 선거구를 쟁취한 사실에도 침묵을 지켰다.

"좌파가 아니어야 살기 편해"

어느 토요일, 익명을 요구한 두 은퇴생활자 노엘과 다니엘을 에스파네트 수문 근처 운하 강변에서 만났다. 노엘은 지난 선거에서 극우 RN에 투표했다고 말했다. 다니엘은 "무아삭의 모든 주민들이 그렇듯, 과거에는 아랍인이 주된 관심사였다. 하지만 이제는 불가리아인이나 롬인을 잘 관리해야 한다"고 설명했다. 2000년대 말부터, 불가리아 파자르지크의 계절노동자들이 이곳으로 사과나 딸기, 백포도를 따러 온다. 불가리아인 1,800명이 년 중 한때 타른에가론(인구 1만 3000명 규모의, 빈곤가정 비율이 26%에 달하는, 우선지구로 지정된 지역으로, 2020년 이후 RN 소속의 로맹 로페즈가 시장직을 맡고 있다)에 체류하는 것이다.(8)

예전에 '없어서 못 파는 낡은 영국식 주택'을 리모델링하는 일을 했다는 노엘은 지금도 "꾸준히 목공 일

(8) Stéphan Altasserre, 'La communauté bulgare de Moissac face à une hos-tilité croissante, à la crise sanitaire, mais aussi face à ses responsabilités 점증하는 적대감, 보건위기에 더해, 책임까지 무거워진 무아삭의 '불가리아 공동체', 발칸지역 정보연구센터, Blaganc, 2021년 1월 3일.

(9) Benoît Coquard, 『Ceux qui restent. Faire sa vie dans les campagnes en déclin 남아 있는 사람들. 퇴락하는 시골에서 생활하기』, La Découverte, Paris, 2019.

을 하고 있다"고 말했다. 아직 노인기초연금을 수령할 연령이 되지 않은 그는 "어떤 지원도 받을 수 없다"고 현실을 개탄했다. "내 아내는 병원에서 청소를 했다. 하루는 아내와 함께 발랑스 다장에서 사람을 한 명 만났다. 그는 정규직 일자리를 얻었다." 노엘에 따르면, 그가 정규직 일자리를 얻은 비결은 우파정당의 벽보 붙이는 일을 했기 때문이다. 그의 맏아들도 RN 소속 인사가 시장으로 있는 무아삭 시에 채용됐다. 다니엘에 의하면, 이 시골 마을에서는 좌파가 아니어야만, 동네 유력자들과 우호적인 관계를 유지할 수 있다.(9)

르펜은 과거 우파 유권자들의 지지에 힘입어 대선 1차 투표에서 무아삭 표의 30%를 획득했다. 게다가 1세기 넘게 공산당의 텃밭으로 군림해온 캉플롱 도드에서도 27%가 넘는 득표율을 올렸다. 전통적인 지지기반도 그대로였다. 피레네오리앙탈이 대표적인 예다. 이 지역에서는 1986년 이미 비밀군사조직(OAS)의 전 책임자 피에르 세르장이 국민전선 소속 하원의원으로 당선된 적이 있다. 과거 구치소 자리에 설립된 페르피냥 소재 알제리프랑스인자료센터를 방문한 취재진은 이 지역에서 알제리 출신의 모국 송환자들이 얼마나 중요한지 이해할 수 있었다. 방명록에는 "프랑스령 알제리 만세! 식민지 만세!"라는 글귀가 적혀 있었다.

최근 CSA 연구소가 실시한 여론조사에 따르면, 페르피냥 주민의 67%는 인구 규모 10만 명 이상의 코뮌에서 사상 처음으로 배출된 RN 소속의 시장, 루이 알리오에 대해 상당한 만족감을 표시했다. 2020년 시장에 당선된 이후, 그는 '빛나는 페르피냥'이란 문구를 이 도시를 상징하는 캐치프레이즈로 선정했다. 마치 빛나는 유력인사를 활용한 자신의 선거전술을 상징하기라도 하는 듯이 말이다. 그는 자신의 전술이 다른 곳에서도 당의 승리를 이끌어낼 방도라고 평가했다. 그것이 국가 단위 선거이든, 지방 단위 선거이든 말이다. 알리오는 취재진에게 "2028년 지방 선거는 충분히 해볼 만하다"라고 힘주어 말했다.

"2028년이면 델가 의장이 한 번 연임을 한 이후다. 분명 차기 선거는 지금과는 전혀 판세가 다를 것이다. 내 말을 믿어도 좋다." ⓛⅅ

글·그레고리 르젭스키 Grégory Rzéepski
사회학 박사출신으로 프랑스 정치와 경제, 사회 문제, 그리고 영국문제를 담당하고 있다.

번역·허보미
번역위원

이스라엘의 경제적 유혹에 흔들리는 아프리카

알하지 부바 누후 ▮대학 연구원

2023년 10월 7일 하마스 공격에 대한 보복으로 이스라엘 군대는 가자지구를 폭격했다. 이에 대해 아프리카 54개국 대사관들은 대부분 침묵을 지켰다. 이스라엘과 안보 및 경제 파트너를 맺고 있는 토고, 케냐, 콩고민주공화국, 세네갈 4개국은 X(구 트위터)에 하마스와 동맹국들이 저지른 학살을 비난하는 글을 올렸다.

차드는 자국 대사 소환, 남아공은 이스라엘 제소

가나는 이스라엘에 대해 굳건한 지지를 표명했고(2023년 10월 12일), 카메룬은 공식적으로 위로 공문을 이스라엘에 보냈다.(10월 8일) 이스라엘을 인정하지 않는 아프리카 국가들, 지부티, 코모로, 소말리아, 말리, 니제르, 알제리, 튀니지, 모리타니는 팔레스타인의 대의에 대한 지지를 재차 표명했다. 가자지구의 인도주의적 상황이 악화되어가자, 2019년 이스라엘과 외교를 정상화한 차드는 아프리카 국가 중 처음으로 2023년 11월 4일 이스라엘 주재 자국 대사를 소환하며 항의했다. '이스라엘과 외교 재개와 (...) 점령당한 아랍 영토 및 팔레스타인 문제에 대한 차드의 입장은 별개의 문제이다.'(1)라고 2020년 마하마트 진 체리프 외무부 장관은 분명히 밝혔다. 남아프리카공화국은 국제형사재판소와 국제사법재판소에 이스라엘을 제소했다.(안세실 로베르 기사 참조)

<종이 행렬> 시리즈, 2023 - 윌리엄 켄트리지

이처럼 상이한 반응들을 보면, 전통적으로 팔레스타인의 대의를 지지했던 아프리카 대륙이 국교 정상화 쪽으로 선회했음을 알 수 있다. 아프리카 6개국(이집트, 가나, 에티오피아, 라이베리아, 소말리아, 수단)은 1955년 인도네시아에서 열린 반둥회의에 참석했었다. 반둥회의에서 이스라엘은 배제되었다. 당시 반둥회의는 식민지 해방, 아파르트헤이트(남아공의 인종차별정책)에 대한 투쟁, 팔레스타인 아랍민족의 권리에 대한 지지에 중점을 두었다. 오랜 기간 이 세 가지 대의가 아프리카의 외교적 입장으로 굳어졌었다.

1960년대 초 아프리카 국가들이 독립하자, 이스라엘은 새로운 파트너국의 가능성을 보았다. 이스라엘 외교는 '고통에 대한 공감'을 내세우며, 특히 사하라 이남 아프리카 국가들에게 다가갔다. 1960년대 초, 이스라엘은 에티오피아, 우간다, 자이르(후에 콩고민주공화국), 케냐, 르완다, 차드, 중앙아프리카공화국과 여러 협력 조약을 체결했다. 이들 국가에서는 자국민들을 이스라엘 농업공동체 키부츠로 농업 연수를 보냈다.

시간이 흘러 팔레스타인의 대의는 아프리카통일기구(OAU)와 아프리카연합(AU)의 정상회의 불청객이 되었다. 1967년 6일간의 아랍-이스라엘 전쟁 이후, 전쟁을 통해 점령한 영토는 인정될 수 없다는 내용의 유엔 안보리 결의안 242호가 1967년 11월 22일에 결의되었다. 이 결의안을 토대로 중동 분쟁을 평화롭게 해결하기 위해 군나르 야링 UN 중동특사가 파견되었지만 중재는 실패했다. 1971년, 세네갈의 다카르 정상회의에서 아프리카 국가들은 UN 특사의 중재 실패를 개탄했다. 두 국가 해법을 추진하기 위해 레오폴 세다르 상고르 세네갈 대통령의 주도

로 10개국(카메룬, 에티오피아, 코트디부아르, 케냐, 라이베리아, 모리타니, 나이지리아, 세네갈, 탄자니아, 자이르)의 수장들이 모인 위원회가 결성되었다. 1971년 11월 12일, 이스라엘의 골다 메이어 총리는 자이르(미래의 콩고민주공화국)의 모부투 세세 세코 대통령에게 경고의 편지를 보냈다. "핵심은 상대방의 입장을 받아들이라고 누구도 강요하지 말아야 한다는 점이다."(2)

1973년 10월 전쟁 이후(말라위, 보츠와나, 스와질란드, 레소토, 아파르트헤이트를 하고 있는 남아공을 제외한) 거의 대부분의 아프리카 국가들은 이스라엘과 외교 관계를 단절했다. 튀니지의 하비브 부르기바 대통령은 단계적 접근 전략의 지지자였고, 레바논에서 피신 온 팔레스타인해방기구(PLO)의 본부를 함만 쇼트에 받아들였다.(1983~1994) 1985년 이스라엘이 팔레스타인해방기구(PLO)의 거주지를 폭격하고, 팔레스타인해방기구(PLO)의 2인자인 아부 이야드를 살해하자, 주민들 사이에서 팔레스타인을 지지하는 마음이 더욱 커졌다. 오늘날에도 여전히 튀니지의 카이스 사이에드 대통령은 이스라엘과의 국교 정상화는 크나큰 배신이라고 여긴다.(3)

이스라엘 분쟁에 엇갈리는 아프리카 국가들

아프리카 연합의 공식적인 입장은 UN을 따르는 것이다. 2023년 10월 7일 범아프리카조직위원회의 무사 파키 마하마 위원장은 나란히 공존하는 두 국가 해법의 협상 테이블로 돌아오라고 촉구했다. 2023년 10월 27일, 아프리카 국가들은 즉각적인 휴전을 위한 UN 결의안에 대거 찬성표를 던졌다.(튀

(1) Mathieu Olivier, 'Guerre Israël-Hamas : le Tchad rappelle son chargé d'affaires de Tel-Aviv 이스라엘-하마스 전쟁, 이스라엘 주재 대사를 소환한 차드', Jeune Afrique, 2023년 11월 6일

(2) Hanan S. Aynor, 『Relations Between Israel and States in Asia and Africa : A Guide to Selected Documentation』, The Hebrew University of Jerusalem, Jerusalem, 1994년

(3) 2021년 5월 24일~25일, <France24>와의 인터뷰

니지, 에티오피아, 남수단, 잠비아, 카메룬은 기권했다.)

2021년 7월 파키 위원장은 외교적인 사고를 일으켰다. 그는 대화를 촉진시키려는 생각에서, 팔레스타인처럼 이스라엘에 아프리카연합 옵저버 회원국 자격을 부여하고 싶다는 발언을 했다. 팔레스타인은 2013년부터 아프리카연합 옵저버 회원국이 되었다. 그러나 합당한 심의를 거치지 않았기 때문에 이는 불공정하고, 옳지 못한 결정이라고 남아공, 이집트, 알제리, 모리셔스, 코모로, 튀니지, 지부티, 모리타니, 리비아, 나이지리아가 주장하여, 초반부터 가능성을 차단해버렸다.

따라서 에티오피아의 수도 아디스아바바에서 열린 아프리카연합 정상회담에 참석하러 온 이스라엘의 대표는 황급히 떠나야만 했다. 파키 위원장의 서투른 시도는 아마도 이스라엘이 지난 10년 전부터 공들여온 외교적 유혹의 결실일 것이다.(4) 물론 이스라엘과 아프리카의 무역량은 이스라엘 대외무역의 1.5%에 불과하고(약 13억 달러), 그중 남아공이 가장 큰 비중을 차지한다(2023년 9달 동안, 대남아공 이스라엘의 수출액은 24,100만 달러였다).

그러나 이스라엘 경제계는 잠재적인 무역 성장 가능성을 상당히 높이 평가했고, 특히 기술과 디지털 분야(사이버안보, e-의료, 통신 등)의 가능성을 높게 평가했다. 게다가 여러 국가(카메룬, 토고, 세네갈, 가나, 케냐)와 안보와 경제 분야 양자 협정을 맺자 이스라엘에 대한 적의가 확실히 감소되었다. 그러나 일부 이스라엘의 안보, 경제 파트너 국가들(우간다, 르완다, 모로코, 이집트)은 여전히 신중한 입장을 보이거나 아프리카연합의 입장을 지지한다.

네타냐후가 참석한 서아프리카 경제 정상회담

지역적인 배경에 대한 언급 없이 하마스가 저지른 대량학살에 대해 세네갈이 비난을 퍼붓자 세네갈의 입장이 변화되었음이 드러났다. 1967년 세네갈의 상고르 대통령은 팔레스타인해방기구(PLO)의 야세르 아라파트 의장에게 외교 여권을 부여했다. 게다가 세네갈은 1975년부터 팔레스타인 민족의 침해할 수 없는 권리 행사를 위한 UN 위원회를 주재했다.(5) 2016년 12월, 뉴질랜드, 베네수엘라와 함께 세네갈은 안보리 결의안 2334호를 발의했다. 당시 미국은 기권했다. 결의안은 팔레스타인 영토의 이스라엘 식민지화를 비판하는 내용이다.(6) 이스라엘은 결의안에 대해 반발하며 세네갈 주재 자국 대사를 소환하여 항의했고, 협력 프로그램을 취소하고, 세네갈 대표의 이스라엘 방문을 중단시켰다. 그러나 2017년 6월 라이베리아에서 열린 서아프리카 국가 경제 공동체 정상회담에서 두 나라는 외교 관계를 재개했다. 이 회담에는 이스라엘 베냐민 네타냐후 총리도 참석했다.

수단의 경우, 아프리카 여러 국가들의 망설임을 잘 보여준다. 이스라엘은 시나이 반도를 거쳐 하마스에게 이란 무기를 공급하는 경로를 제공해주는 수단을 오랫동안 비난했다. 수단은 자국 영토에서 일어난 폭격을 이스라엘 탓으로 돌렸다(2009년 1월, 2011년 4월, 2012년 10월). 2019년 4월 수단에서 군사 쿠데타가 일어나, 압델 파타 알부르한 장군이 과도주권위원회의 위원장이 되었다. 쿠데타는 이스라엘로서는 예기치 못한 진전으로 이어졌다. 2020년 2월 3일, 우간다의 엔테베에서 알부르한 위원장은 네타냐후

(4) 'Lente progression d'Israël en Afrique 아프리카에서 이스라엘의 더딘 진전', <르몽드 디플로마티크> 프랑스어판, 2017년 12월

(5) 위원회의 25개 국가 중 9개국이 아프리카 국가이다.(기니, 말리, 나미비아, 나이지리아, 세네갈, 시에라리온, 남아프리카공화국, 마다가스카르, 튀니지)

(6) John Kerry, 'Un danger pour la solution à deux États 두 국가 해법의 위험', <르몽드 디플로마티크> 프랑스어판, 2017년 2월

(7) L'Orient-Le Jour, 'Khartoum défend la normalisation avec Israël 수단은 이스라엘과의 국교 정상화를 옹호한다', Beyrouth, 2021년 5월 17일

이스라엘 총리를 만났다. "이스라엘과 수단은 국교 정상화를 위한 논의를 시작했다."라고 네타냐후 총리는 서둘러 트위터에 올렸다. 이러한 화해는 "팔레스타인 민족의 등에 칼을 꽂는 행위이며, 팔레스타인의 정당한 대의에 대한 배신이며, 아랍의 평화와의 단절"이라고 PLO 집행위원회 소속 와젤 아부 유세프는 평가했다. 수단 정부는 그들의 선의에 대해 항변했고, "이번 외교 정상화는 팔레스타인의 국가를 세울 권리와 아무런 관계가 없다."고 알부르한 위원장은 확언했다. 그는 "이는 이스라엘을 포함한 국제 사회와의 화해"에 관한 일이라고 말했다.(7)

모로코, 이스라엘과
안보협력조약 체결

이스라엘의 외교적 승리의 절정은 모로코이다. 1974년 10월 25~29일 아랍 정상회담을 개최한 모로코는 팔레스타인해방기구(PLO)를 '합법적이며 유일한 팔레스타인 민족의 대표'로 인정했다. 모로코는 오슬로 협정에 따라 1994년 이스라엘과 국교를 정상화했다. 그리고 두 번째 인티파다 이후 2000년도에 이스라엘과 국교를 단절했다. 2016년 10월, 모로코는 알쿠드스 위원회(이슬람협력기구의 상임위원회 중 하나로, 이스라엘-팔레스타인 분쟁으로 인해 발생한 예루살렘의 문화, 정치, 사회, 종교 및 인권 문제를 다룬다-역주) 회장으로서 (알제리,

이집트, 레바논, 카타르, 오만, 수단과 함께) 유네스코 결의안을 발의했다. 이 결의안은 이스라엘을 예루살렘의 점령국으로 평가하고, 유서 깊은 도시에서 지속 중인 고고학 발굴을 비판하는 내용이다.

그러나 미국의 압력과 서사하라에 대한 주권을 인정해 주는 대가로, 모로코는 이스라엘과 2020년 12월 다시 외교 관계를 수립했다. 2023년 7월, 모로코는 서사하라에 대한 모로코의 주권을 공식적으로

인정하는 이스라엘 총리의 편지를 받았음을 알렸다. 두 나라는 연간 5억 달러가 넘는 교역과 다수의 분야에서 협력을 강화할 것을 검토하고 있다. 디지털 혁신, 자동차, 농산물 가공업, 항공, 재생에너지, 제약 산업 분야에서 협력이 강화될 것이다.

2021년 11월 24일 이스라엘과 모로코는 안보협력 조약을 맺었다. "서로 의견을 교환하고 공동 프로젝트를 개시하며, 이 조약은 이스라엘의 수출에까지 크게 도움이 될 것이

늙음, 질병, 돌봄, 죽음과 함께하는 한 가족의 삶
어쩌면 늙어 가는 우리 모두의 이야기

"아무도 원망하지 않는다.
우리는 너무 오래 살았다.
그것이 잘못이다."

돌봄
살인

자기 소원은 죽음이라고 말하는 할머니,
그 소원을 자기 손으로 이루어 주겠노라 선언한 할아버지,
시어머니 수발을 가장 가까이에서 들고 있는 며느리,
부모가 죽으면 가족의 평화를 되찾을 수 있다고 믿는 아들,
누가 그리고 무엇이 할머니를 죽였는가?

『돌봄살인』
사에 슈이치佐江衆 지음
안지나 옮김
264쪽

17,000원

(8) Olivier Pironet, 'Israël, source de déstabilisation régionale 지역 분쟁의 원인, 이스라엘', 마니에르 드 부아르, n°181, 'Le Maghreb en danger...위험에 빠진 마그레브', 2022년 2~3월호

다.”라고 이스라엘의 베니 간츠 국방부 장관이 강조했다. 알제리는 이 조약을 비난하며, 2021년 8월 이웃 국가인 모로코와 외교 관계를 단절했다.(8)

그러나 하마스가 공격하고 친팔레스타인 시위가 일어나자, 2023년 10월 8일 모로코는 '위험한 에스컬레이션(단계적 확대)'과 '아랍연맹 외무부 장관급 긴급회의'를 종결했다. '팔레스타인을 지지하고, 국교 정상화에 반대하는 모로코 전선'은 2023년 10월 20일 가자지구를 지지하는 집회를 개최했고, 모로코 정부의 입장이 너무 온건하다고 비난하며, 이스라엘과의 국교 정상화 조약의 취소를 요구했다.

콩고, 가자 주민들의 강제 이주 후보지로 떠올라

2024년 초, 팔레스타인 문제는 예기치 못한 형태로 다시 떠올랐다. 2024년 1월 3일 〈The Times of Israel〉은 이스라엘의 안보부는 가자지구의 팔레스타인 시민들을 콩고, 르완다, 차드로 강제 이주시킬 계획이라고 보도했다. 리쿠드 당(이스라엘의 우파정당)의 대니 대논 의원의 질문에 네타냐후 총리는 “가자 주민들을 받아들일 용의가 있는 나라를 찾는 것이 관건이며, 이를 위해 협상하고 있다.”라고 대답했다. 아프리카의 지도자들은 이스라엘과 강제 이주 문제로 협상한 적이 없다며 부인했다. “콩고와 이스라엘 정부는 가자지구 출신 이주민의 환영에 대해 논의한 것뿐이며, 다른 어떤 상세한 논의는 없었다.”라고 콩고의 티에리 문갈리아 대변인은 트위터에 밝혔다.(2024년 1월 4일). 그리고 “콩고 정부는 강제 이주에 대한 이스라엘 정부와의 모든 연락을 부인한다.”라고 덧붙였다.

세네갈, 나이지리아, 남아프리카공화국에서 막대한 군중들이 몰려나와 팔레스타인과의 연대를 표명하고 있다. 국민과 지도자 사이의 이러한 간극이 어떤 정치적 결과물로 나타날지는 미지수이다. 그러나 확실한 것은, 아프리카 국가들과 국교를 정상화하려는 이스라엘의 전략은 팔레스타인 문제로 계속해서 발목 잡힐 거라는 점이다. ⓑ

글·알하지 부바 누후 Alhadji Bouba Nouhou
보르도 몽테뉴 대학 몽테스키외 정치교육 연구소 객원연구원

번역·김영란
번역위원

컴퓨터가 판사의 판결을 돕는다면

알고리즘은 판사의 면죄부인가?

구속시킬 것인가? 어떤 형량을 선고할 것인가? 이 질문의 답을 찾기 위해 미국의 일부 판사들은 알고리즘을 이용한다. 알고리즘은 수천 건의 과거 사건을 토대로 피의자의 재범 가능성을 계산한다. 공식적으로 알고리즘 덕분에 보석 석방이 줄고, 교도소 과밀 수용 문제가 해결됐다. 그러나 알고리즘은 완벽한 해결책이 될 수 있을까?

라파엘 켐프 ▮프랑스 변호사

10여 분의 논쟁 끝에 리처드 버크 교수는 "나의 알고리즘은 대부분의 판사들보다 정확하고 공평하다"라며 화를 냈다. 그는 두 번이나 이 말을 반복했다. 리처드 버크는 펜실베이니아 대학의 통계학 교수이자, 범죄학 명예교수다. 그는 보호관찰관과 판사의 결정에 도움을 줄 수 있는 수학적 공식을 20년 동안 연구했다. "한마디로 나의 알고리즘은 앞으로 중범죄를 저지를 사람과 저지르지 않을 사람을 예측한다. 일례로, 이 알고리즘의 결과는 다른 정보들과 함께 보호관찰 지속 여부를 결정하는 데 쓰일 것"이라고 그는 설명했다.

얼마나 위험한 사람인가? 재범 가능성은?

버크 교수는 30만 건의 케이스를 바탕으로, 보호관찰 기간 동안 개개인의 행동을 관찰하고, 여러 전기적 자료들(나이, 성별, 전과 등)을 적용해 이런 레시피를 만들었다. 그는 이 알고리즘으로 법정 출두 여부, 재범을 저지를 위험성과 같은 개인의 행동을 예측할 수 있다고 단언했다. 이 분야의 선두주자인 필라델피아 보호관찰소는 버크 교수의 수식으로 관할 지역의 거의 모든 범죄자들의 위험성을 평가하고 있다. 10년 동안 알고리즘을 사용한 후에 어떤 결과를 얻었을까? 교수의 권고에 따라 관련 기관은 우리의 인터뷰 요청을 거절했다. 그러나 버크

교수의 연구들은 위험성의 평가 도구로 쓰였고, 그 결과는 긍정적으로 평가된다. 알고리즘은 몇 년 동안 펜실베이니아와 필라델피아에서 보호관찰뿐 아니라 형량을 결정하는 데 사용됐다.

2010년, 주 법령에 따라 펜실베이니아 범죄 위원회는 '사회질서에 위협이 될 위험성과 재범을 저지를 위험성을 평가하는데 도움이 되는 도구' 개발에 착수했다.(1) 5년에 걸친 작업 끝에, 버크 교수가 이끈 알고리즘의 첫 버전이 공개됐다. 유죄판결을 받은 범죄자의 형량 결정을 돕기 위해서 '나이, 성별, 거주 구역, 과거 체포 횟수, 사법기관의 소환에 성실히 응했는지 등' 9개의 리스크 요인들이 고려됐다. '인종'은 리스트 안에는 보이지 않지만, 인종과 긴밀한 상관관계에 있는 사회경제적 지표가 있다. '거주 구역'은 경찰이 수시로 순찰하고, 소수민족이 많이 거주하는 구역의 거주민에게 불리하게 작용한다. 과거의 체포 횟수는 특정 그룹들을 상대로 한 경찰의 심문이 빈번한 만큼, 객관적인 범죄 행동을 증명하기에는 부족하다.

이런 차별을 비판하기 위해 운동가들, 변호사들, 전직 전과자들이 즉각 행동에 나섰다. 반대자들의 의견을 청취한 후에 범죄 위원회는 사본을 재검토하고, 2019년 새로운 알고리즘을 공개했다. 2020년 7월 1일부터 사용된 새 알고리즘은 거주 구역이나 체포 이력을 적용하지

않는다. 대신 조금 더 객관적인 기준인 선고받은 횟수를 적용했다. 2004~2006년 유죄 판결을 받은 13만 1,055명의 자료를 적용하고, 각 위험 요인을 점수로 수치화해 피고인별 재범 가능성을 평가했다.(2)

돈으로 자유를 사는 보석금 제도

필라델피아시 재판부는 버크 교수의 협력으로 임시 구속 결정을 도울 새로운 알고리즘의 제작을 시작했다. 피고인은 구속 상태로 재판을 받아야 하는가? 구속 석방에 적절한 보석금은 얼마인가? 현행 보석금 제도는 피고인의 부유함에 따라 석방 여부가 달라지기 때문에 많은 비판을 받고 있다. 이처럼 불공평한 제도는 미국의 교도소 과밀 수용에 기인한다.(3) 따라서 필라델피아시는 알고리즘으로 보석금 제도를 대신할 생각이다. "위험성 분석 프로그램은 보석 석방의 결정에 객관성을 실어주며, 감옥 수감자 수를 줄여 줄 것이다. 그러면서 동시에 인종별, 민족별 소득별 격차를 줄여 줄 것"이라고 필라델피아시는 2016년 맥아더 재단에 기부금을 요청하며 이렇게 기대했다.(4)

그러나 알고리즘 프로세서에는 투명성이 부족하다. 2019년에 필라델피아 지방 검사 래리 크라스너와 국선변호사회 회장 키어 브래드포드 그레이는 이 프로젝트에서 손을 떼기로 결정했다. "차별적 제도 속에 뿌리내린 자료들을 토대로 만든 프로그램은, 인종별 격차를 공고히 할 뿐이며, 피의자의 인간성과 고유의 특성을 말살시킨다"라고 비판했다.(5) 결국 알고리즘은 폐기됐다.

보석금 공판 후, 보석금을 지불할 능력이 없는 필라델피아의 피고인들은 변호인석 뒷자리에 앉아야 한다. 재판소의 지하에 있는 방에서 판사, 검사, 국선변호사는 얼굴을 마주하고, 기소된 피고인은 수감된 감옥에서 화면에 등장한다. 몇 분 동안 신분과 죄목을 밝히는 절차를 거친다. 검사는 기계적으로 높은 금액의 보석금을 요구하고, 변호사는 합리적 보석금액을 위해 변론을 한다. 그리고 판사가 결정을 내린다. 4월의 월요일 아침, 법정에서는 1시간 30분 안에 8명의 석방을 알렸다. 2명은 보석

금 없이 석방됐고, 남은 6명에게는 보석금이 부과될 것이다.

2017년 크라스너가 필라델피아 검찰의 검사장으로 당선된 이후, 필라델피아의 수감자 수는 크게 감소했다. 2016~2023년 사이에 40%가 감소했다.(6) 전직 형사 변호사인 크라스너는 누구보다 교도소 수감자 수 감축에 열성적이며 특히 경범죄자의 보석 석방을 주장한다.(7) 사법 분야에서 정치적인 결정은 항상 디지털 도구보다 훨씬 효과적이다.

필라델피아시와 캠던시를 가로지르는 강의 다른 편에 위치한 뉴저지주는 알고리즘으로 보석금을 대체하는 큰 전진을 이뤘다. 2014년 주민투표로 채택된 사법 개혁의 일환이다. 공화당 주지사인 크리스 크리스티는 과도한 수감자 수를 줄여서 재정을 절약하고자 주민투표를 실시했다. 미국시민자유연맹(ACLU) 소속 변호사 알렉산더 샬롬은 "이 알고리즘의 도입은 일종의 딜이다. 알고리즘으로 인해 제도의 중심은 돈에서 위험성으로 바뀌었다"라고 우리에게 설명했다.

보석금 제도를 없애고 알고리즘을 도입하자 임시구속 공판이 근본적으로 달라졌다. 샬롬 변호사는 우리에게 공판 참석을 권했고, 뉴저지 재판소의 인터넷 사이트 주소를 링크해줬다. 우리는 직접 참석하고 싶어서 캠던 재판소로 갔지만 헛고생이었다. 코로나19 팬데믹의 여파로 첫 공판은 화상회의로만 열렸기 때문이다. 전통적인 절차에서는 예외였던 것이 일상이 됐다.

화요일 오후, 쿠르트 크레이머 판사의 주재로 열린 이 온라인 공판은 누구나 접속할 수 있었다. 4분할 된 화면의 구석에는 노란 유니폼을 입은 한 수감자가 보였고, 검사와 변호사는 사무실에 참석했다. 변호사와 검사는 45분가량 말을 주고받았다. 크랙마약 소지 혐의로 기소된 피고인의 마약 재판매 의도 혐의가 논쟁을 불러일으켰고, 유명한 공공안전평가(PSA) 알고리즘의 결론에 대한 긴 토론으로 이어졌다.

임시구속 여부를 결정하기 위해서, 9개의 위험 요인을 적용해 분석한 후 알고리즘은 몇 페이지의 결론을 내놓았다. 9개의 위험요인은 나이(젊을수록 범죄를 저

지를 위험이 높아진다), 재판 중인 사건의 수(현행 사건은 무죄 추정을 원칙으로 한다), 법정 출석률 등이다. 알고리즘은 3종류로 결론을 내린다. 재판장에 출두하지 않을 위험성 1~6. 재범을 저지를 위험성 1~6. 피고인이 폭력적인 범죄를 저지를 가능성이 있다고 판단되면 작은 깃발이 나타난다. 이 세 가지 요소가 합쳐져 전체 권고안이 결정되며, 결론은 대문자로 써 있다. '재판소에 권고함 - 석방 불허(위험성이 높음)'

화요일 오후 알고리즘의 평가서를 받아든 검사에게 결론은 명확했다. 피고인은 구속된 채 재판받아야 한다. "판사님, 피고인은 재판에 출석하지 않을 확률이 매우 높고, 재범을 저지를 확률도 높다는 것을 PSA의 평가서에서 확인하실 수 있을 겁니다"라고 검사는 말했다. 그리고 그는 PSA의 평가서를 정당화라도 하듯이 피고인의 위험성과 전과 기록의 세부사항을 강조했다. 변호사는 이 평가서는 자신의 고객에 대한 어떤 증거도 증명하지 못하며, 견고하지 못하다고 주장하며 기본원칙에 대해 변론했다. 이 평가서가 취약하다고 생각한 크레이머 판사는 가석방을 허용했다. 판사는 PSA의 평가서와 다른 선택에 대해 길게 설명했다. 그리고 사법계 당사자들은 컴퓨터 프로그램이 만든 평가에 대해 논쟁을 벌였다. 그들은 이것을 참조하고, 비판하고, 책임을 지거나 떠났다.(8) 알고리즘은 문장을 규정하지는 않지만 논쟁 방향을 이끌고 수렴시킨다.

<모든 인간은 검색 엔진의 변형이다>, 2022 - 로널드 포브스

알고리즘은 인종차별을 하지 않는다?

PSA는 아놀드 벤쳐스(Arnold Ventures) LCC 재단의 기부로 개발됐다. 텍사스의 석유와 금융 억만장자 부부가 설립한 재단이다. 재단에 연락하자 홍보부는 우리에게 알고리즘을 칭송하는 자료를 잔뜩 보냈다. 판사가 프로그램보다 더욱 인종차별적일 수 있다는 논리와 함께, 알고리즘이 인종 차별적이라는 생각을 퇴치하기 위해서였다.(9)

"미래 행동을 예측할 때, 특히 폭력적 범죄를 예측할 때, 인간이 혼자 판단하는 것은 통계적 예측보다 불확실하다. (...) 판사보다 알고리즘의 우월한 점은 투명성이다. (...) 무엇보다 우리는 알고리즘이 어떻게 각각의 변수를 다루는지 시험하고 지켜볼 수 있다. 그러나 우리는 판사의 재판에 대한 판단 과정을 눈으로 확인할 수 없다."라고 우리가 받은 기사 중 하나는 이렇게 표현했다.(10)

캠든의 임시구속 국선변호사회 회장 메그 버틀러 변호사도 PSA를 두둔한다. 물론 알고리즘은 인종적인 잣대를 폐지하지는 않았지만, 이는 일종의 '필요악'인 것이다. 알고리즘 없이는 보석금 제도는 폐지되지 못 할 것이다. 뉴저지주 퍼세이익카운티 상급법원의 어니스트 M. 케이포슬라 법원장은 맨해튼의 마천루가 보이는 사무실에서 우리를 맞이했다. 그 또한 알고리즘을 찬성한다. 그는 보안상의 성과는 물론이거니와 수감자 수를 감소시키고, 막대한 예산 절감에 기여하는 알고리즘을 칭찬했다. 이전에는 위험한 범죄자들은 보석금을 지불할 능력이 있으면 석방됐고, 사소한 경범죄자들은 돈이 없어서 감옥에 갇혀있었다. 알고리즘 덕분에 이런 비정상이 끝났다. 게다가 케이포슬라 법원장은 알고리즘은 보조 역할에 불과하며, 본인의 판결을 유지했다고 단언했다. "우리는 알고리즘에 얽매인 게 아니다. 컴퓨터와 사람은 함께 좋은 판단을 내릴 수 있다."

뉴저지에서 PSA에 대한 비판의 목소리를 듣기는 힘들었다. 우리가 만난 사람들은 모두 알고리즘 덕분에 수감자 수가 대폭 감소했음을 언급했다. 2016~2023년에 수감자 수가 30%가 감소한 것은 사실이다.(11) 그러나 알고리즘을 사용하지 않고서는 보석금 제도를 없앨 수 없었던 걸까?

이 시스템이 이전 제도보다 공평하다면, 사법부의 기본적인 원칙들은 덜 훼손될 것이다. 공정성과 과학성을 무기로 삼는 리스크 평가 알고리즘은 이전의 심증을 확정하는 도구로서, 사실 분석과 인간의 상관관계를 근거로 사법적 판단이 이루어진다. 중요도가 상대적인 여러 기준을 바꿀 기회와 수학적 수식에 대한 정치적인 논의가 바뀌었다. 다시 한번 설명하자면, 이는 다소 억압적인 방향으로 결과를 이끌어내기 위해서다. "최근 알고리즘에 변화가 있었다. 석방 불허를 권하는 확률이 높아졌다"라고 버틀러가 말했다. 2022년 8월, 사법 개혁에 반대하는 의회의 압력에 떠밀려 뉴저지의 민주당 밀 머피 주지사는 법안에 서명했다. 총기 소지와 같은 엄중한 범죄로 기소된 사람들의(알고리즘을 토대로) 임시구속을 유지하는 법안이다.

과학적이라는 명목 아래…
불투명한 알고리즘

여러 도시와 여러 주에서 이런 디지털 도구를 도입하자, 사기업들이 대거 뛰어들면서 새로운 거대 시장이 형성됐다. 위스콘신주에서는 Equivant기업의 COMPAS 프로그램이 재판소에 도입됐다. "중대한 판정을 내릴 때 당신을 돕는 프로그램을 개발했습니다"라는 스타트업의 슬로건이 캘리포니아와 플로리다에 등장했다. PSA와는 달리, 우리는 COMPAS의 가동 프로세나 적용 기준들을 전혀 알 수 없다. 다른 사기업이 개발한 알고리즘처럼 거주지, 학력, 직업을 적용하는 것일까? Equivant기업은 '지적 재산권'과 '영업 비밀'을 이유로 우리의 인터뷰 요청을 거부했다.

이런 불투명성의 피해자인 에릭 루미스는 불투명성을 깨트리려 시도했다. 에릭 루미스는 2013년 위스콘신에서 총격으로 기소됐다. 알고리즘이 재범을 저지를 확률이 매우 높다고 판정하여, 그는 6개월 징역형을 선고

받았다. 그는 알고리즘 프로세서의 세부사항에도 접근할 수 없고, 공정한 재판을 받을 권리가 훼손당했다고 연방 대법원에 소를 제기했다.

"재판소는 알고리즘이 어떤 준거 집단을 기준으로 피의자를 평가하는지 알 수 없다. 알고리즘의 준거 집단이 위스콘신인지 뉴욕인지 캘리포니아인지 알 수가 없는 것이다. 재판소에는 없는 많은 정보를 알고리즘은 갖고 있고, 이를 토대로 그래프를 제시한다. 형량을 결정하는데 이를 사용하면 결국 잘못된 결정을 내릴 수 있다"라고 그의 변호사가 증인으로 내세운 전문가가 말했다. 그러나 앤 월시 브래들리 판사는 제소를 기각했다. 알고리즘에 적용된 여러 요소들을 알지 못하더라도, 에릭 루미스는 알고리즘의 평가에 대해 토론 할 수 있다는 것이다. 재판은 공정했으며, 판사 고유의 판결 권한을 유지한 채 여러 다양한 요소들을 고려해 형량을 결정했다고 판사는 주장했다.(12) 연방대법원은 유죄판결을 받은 사람이 제기한 알고리즘 검토 요청을 거부했다.

그런데 판사가 알고리즘을 근거로 삼지 않는다면 왜 알고리즘의 도움이 필요한가? 알고리즘은 주요 판결 옆에서 함께 작업하는 작은 재판과 판사의 변형인가?(13) 판사들이 과학과 통계라는 병풍 뒤에 숨기 위한 목적으로? 재판 판정을 돕는 프로그램들은 형법 재판소의 역할이 무엇인지 보여준다. 미래의 범죄를 예측하고, 과거의 행위에 따라 개인의 행동을 예측하는 것이 형법 재판소의 역할이다. 미국의 사법부는 오래전부터 자칭 과학적이라는 도구를 이용해 범죄자의 위험성을 평가하려고 시도했다고 버나드 하코트 법학 교수는 지적했다.(14)

알고리즘은 수십만 명의 사람들의 전기적 자료를 이용해 개인의 미래에 대한 결론을 내린다. 그런데 "과거의 범죄 이력은 인종을 숨긴다. 지하철에서 사기행위가 일어나면 경찰은 누구를 주목하고, 불심 검문하고, 심문할까? 과거 이력은 범죄를 저지른 이력이 아니라, 체포당한 이력"이라고 하코트 교수는 말했다.

알고리즘은 교도소 과밀 수용과 인종 차별에 대한 대책일까? 미래 행동을 판단하는 매우 강력한 도구일

까? 둘 다 아니다. 알고리즘은 사법부의 예측 역할에 대한 책임을 합법적으로 면제시켜주는 도구일 뿐이다. **LD**

글·라파엘 켐프 Raphaël Kempf
프랑스 변호사, 저서로 『Violences Judiciaires. La justice et la répression de l'action politique 사법적인 폭력들. 정치 활동의 억압과 재판』, La Découverte, Paris, 2022년

번역·김영란
번역위원

(1) 펜실베이니아주 법령 n° 95-2010에는 n° 2154.7 항 <Adoption of risk assessment instrument>이 포함돼 있다.
(2) Pennsylvania Code, Chapter 305. Sentence Risk Assessment Instrument, Commission on Sentencing.
(3) Charlotte Recoquillon, 'Aux États-Unis, la liberté à but lucratif (한국어판 제목) 미국 보석제, 돈으로 자유를 사는 사람들)', <르몽드 디플로마티크> 프랑스어판 2023년 7월호, 한국어판 2023년 9월호.
(4) City of Philadelphia, MacArthur Foundation Safety and Justice Challenge : implementation proposal overview.
(5) <Will controversy over risk assessments break Philly's touted criminal-justice reform collaboration?>, The Philadelphia Inquirer, 2019년 5월 8일
(6) <Philadelphia, PA>, Safety and Justice Challenge, 2013년 10월 27일, http://safetyandjusticechallenge.org
(7) Larry Krasner, For the People : Ad Story of Justice and Power, One World, Newyork, 2022년
(8) Angèle Christin, <Les méthodes ethnographiques nuancent l'idée d'une justice prédictive et entièrement automatisée 민족지학적 방법론은 기계적이며, 예측인 재판이라는 생각에 뉘앙스를 준다>, Laboratoire d'innovation numérique de la CNIL, 2020년 7월 9일, http://linc.cnil.fr
(9) Julia Angwin, Jeff Larson, Surya Mattu, Lauren Kirchner, <Machine Bias – There's software used across the country to predict future criminals. And it's biased against blacks>, ProPublica, 2016년 5월 23일. www.propublica.org
(10) Caroline Davidson, <Risk Assessment Instruments as a Part of Bail Reform : Do they help or hurt?>, Chicago Policy Review, 2023년 1월 31일.
(11) 자료 출처: 뉴저지주 교도소
http://www.state.nj.us/corrections/pages/OffenderINformation.html
(12) State of Wisconsin v. Eric L. Loomis, No. 2015AP157-CR, Supreme Court of Wisconsin.
(13) Michel Foucault, 『Surveiller et Punir』, Gallimard, Paris, 1975년
(14) Bernard E. Harcourt, 『Against Prediction : Profiling, Policing, and Punishing in an Actuarial Age』, The University of Chicago Press, 2006년

우버, 플랫폼 노동자를 인정 않는 정부의 배후

안 뒤프레슨 ▮브뤼셀 대안경제전략연구소(Gresea) 연구원

2023년 12월 22일 오전 브뤼셀, 27명의 대사가 모인 정기 회의에서 한차례 소동이 일었다. 2,600만 명에 달하는 플랫폼 노동자에 관한 유럽 법안을 승인하는 자리에서였다. 이미 9일 전에 유럽의회, 유럽연합집행위, 회원국들 사이에 정치적인 합의가 이루어졌던 사안이라 사실 이날의 회의는 형식적인 절차에 불과했다. 일정대로라면 이 법안은 2024년 1월 말에 채택되어, 우버(Uber) 택시 기사와 딜리버루(deliveroo) 배달 기사 약 500만 명에게 특정 조건을 만족시킨 경우에 한해 임금과 소속 등에 관한 지위와 권리(의료보험과 실업보험 포함)를 부여할 예정이었다.

그런데 갑자기 프랑스가 다른 12개국과 함께 이 법안이 디지털 플랫폼 업계의 현실과 동떨어져 있다며 제동을 걸었다. 현재 프랑스에서 우버 택시를 운전하는 자영업자는 최소 14시간을 일해야 최저 임금에 도달할 수 있고, 우버 이츠(Uber Eats)의 사설 보험은 장애 보상금과 사망 보상금을 지급하지 않는다는 사실을 고려했을 때, 당시 노동부 장관이었던 올리비에 뒤소는 우버 택시 기사의 지위를 '가짜 자영업자'에서 임금 노동자의 수준으로 올리는 이 "대대적인 상향" 계획이 다소 무리라고 생각했을 것이다.(1)

저절로 생겨난 것이 아니라 당사자들의 분명한 요구에 따라 시작된 플랫폼 노동자들의 권리 상향 법안은, 최소한의 합의를 거쳐 완성되기는 했지만 사실 지금까지는 무법지대나 마찬가지였던 이 분야에 아주 약간의 규제만을 추가하는 수준이다. 최근에 벌어진 이 불상사는 약 10년 전부터 대립해 온 두 세력 간의 불균형을 단적으로 보여준다. 바로 거대한 집단행동에 맞서기 위해 법원에 도움을 요청해 소정의 성과를 거둔 분열되고 차별받던 노동자들과, 고용 관계 회피에 기반한 경제 모델을 제도화하려 안달이 난 플랫폼 회사와 압력 단체들 간의 대립이다.

'제안 22' 통과 이후에도
개선되지 않는 노동 유연성

이 모든 것은 플랫폼 회사들과 고객과 식사를 운반하는 사람들 간에 어떤 성질의 관계가 성립되어 있는지와 관련되어 있다. 만약에 이들이 회사로부터 임금을 받는 관계라면, 노동법에 따라 최저 임금, 최대 근무시간, 사회보장 분담금, 유급 휴가, 파업권, 단체교섭권 등 다수의 권리가 보장되어야 한다.

반면에 독립 계약자라면, 플랫폼 회사들은 일하지 않는 시간에는 보수나 급여를 받지 않는데 동의한 수많은 택시 기사와 배달 기사를 기반으로 사업을 꾸려갈 것이다. 후자의 경우는 캘리포니아주에서 이미 현실화되었는데, 플랫폼 회사에 의해 일자리가 좌우되는 노동자는 임금 노동자로 간주한다는 '고용 관계 추정 원칙'을 담은 2019년 법안이 우버의 주도로 폐지됐기 때문이다.

당시에 우버는, 2018년 캘리포니아주 대법원이 우버와 우버 택시 운전자 간의 관계가 고용주와 직원 간의 관계라고 규정함에 따라 우버의 택시 운전자들을 모두 고용해야 하는 절체절명의 상황에 놓여 있었다. 이러한 위기에서 벗어나기 위해 플랫폼 회사들은 '제안 22(proposition 22)'를 주민투표에 부쳤다. 우버 택시 기사를 위해 '개선'된 독립 계약자의 지위를 만들자는 것이었다. 교통 노조가 들인 금액의 10배에 달하는 무려 2억 달러를 로비 활동과 주민 설득에 쏟아부은 결과, 미대통령 선거가 치러진 2020년 11월 3일에 '제안 22'는 캘리포니아 주민 58%의 찬성을 받아 통과됐다. 그러나

독립 계약자의 지위는 여전히 '개선'될 조짐이 보이지 않는다. '제안 22'가 통과된 직후에 다라 코스로샤히 우버 CEO는 이렇게 말했다. "앞으로 우리는 '제안 22'와 같은 법이 계속해서 만들어지도록 더욱더 노력할 것입니다. 택시 기사들이 그토록 바라는 노동의 유연성을 보존하는 동시에, 플랫폼 노동자에게도 임금 노동자가 누리는 각종 혜택을 보장해 줄 방법을 찾고 있습니다. 이것을 현실화하기 위해 미국뿐만 아니라 전 세계의 정부들과 협력하는 것이 현재 우리의 최우선 과제입니다."(2)

우버가 어떻게 '정부들과 협력'했는지는 2022년 7월, 2013년부터 2017년까지 작성된 124,000건 이상의 내부 문서가 공개되면서 만천하에 드러났다. 로비 활동을 담당한 우버의 전직 임원 마크 맥건이 영국의 일간지 〈더 가디언〉에 유출한 문서였다.(3) 유럽연합 집행위와 유럽의회에서 일했던 공무원들을 우버 이사회에 영입하고, 주요 결정권자들을 매수해 편향된 연구 결과, 수치, 분석을 내놓게 하고, 변호사, 홍보회사, 연구소, 유럽 내 각종 기업 협회들로 구성된 광범위한 네트워크를 관리하는 식이었다.

플랫폼 회사들의 강력한 로비에 맞선 유럽 노동자들

2019년에 당시 유럽연합 집행위원장이었던 우르줄라 폰 데어 라이엔이 플랫폼 노동자 문제를 정치적인 안건으로 제시하고 2021년에 지침 초안까지 마련하자, 우버와 딜리버루를 비롯해 볼트(Bolt), 월트(Wolt), 프리나우(Free Now), 딜리버리 히어로(Delivery Hero), 글로보(Glovo)는 브뤼셀에서 로비 활동을 벌이며 정치적인 영향력을 확장해 나갔다. 법안이 작성되는 동안 유럽

연합 집행위의 고용부와 플랫폼 회사 대표들은 100여 차례 회의를 가졌다. 2014년과 2022년 사이에 우버의 로비 활동 관련 지출은 무려 14배나 증가한 것으로 나타났다.(4) 처음에는 공격적이었던 우버는 나중에는 전략을 바꾸어, 정치인들에게 신뢰할 수 있고 협력적인 파트너라는 인식을 심어주기 위해 노력했다. 우버에게 유리한 법안이 제정되도록 유럽연합을 설득하는 일은 너무나도 쉬웠다. 왜냐하면 유럽연합에서 일하는 공무원이 32,000명이었고 우버의 로비스트가 25,000명이었기 때문이다.

플랫폼 회사들의 강력한 로비 활동에 맞서, 2010년대 중반부터는 관련 노동자들의 항의 운동이 본격적으로 시작됐다. 당시에 VTC(운전기사가 딸린 자동차) 분야에서 발생한 소란스러운 논쟁은 언론에서 주기적으로 다루어졌지만, 플랫폼 노동자들의 입장은 대중에게 거의 알려지지 않고 있었다.(5) 가장 원시적인 착취의 대상이면서, 불법 이민자 대부분에 가진 것이라고는 몸뚱이가 전부인 플랫폼 노동자들이 투쟁을 주도했다.

대규모 항의 운동의 시작은 2016년 8월 영국, 배달 기사의 임금이 시급에서 건당으로 바뀌면서부터였다. 그 결과 런던의 딜리버루 배달 기사들은 이전에는 시간당 7파운드(8.20유로)와 추가로 배달 한 건당 1파운드(1.17유로)를 받았지만, 이제는 무조건 건당 3.75파운드(4.40유로)만을 받게 되었다.

이들이 벌인 대규모 시위가 성공을 거두자 영국 외에서 활동하는 배달 기사들도 목소리를 내기 시작했다. 그 이듬해에 유럽에서는 약 15개 도시에서 40회 이상의 시위가 일어났다. 그러나 이 시위들은 공통적으로 다음과 같은 약점을 보였는데, 바로 낮은 밀집도, 노조와의 연결성 부족, 비조직적이고 충동적인 행동(통행 제한, 플랫폼 회사 본사 앞에서의 시위) 등이었다.(6)

2018년 10월, 영국독립노동자연합(IWGB) 소속의 한 배달 노동자가 브뤼셀에서 첫 유럽 배달 기사 총회를 개최했다. "우리는 동질감과 소속감을 느끼기 위해 이곳에 왔습니다. 공동체의 일원임을 느낄 때 우리는 힘이 납니다."(7) 유럽 전역에서 온 단체들의 요구 사항은 개인

정보 보호와 알고리즘의 투명성, 그리고 '시간당 최저 임금 보장'으로 압축됐다. 사실 임금 문제가 핵심인데, 배달 기사들은 자신들이 시급이 아닌 건당으로 돈을 받는 이유가 바로 독립 계약자라는 지위 때문이라는 것을 여전히 잘 이해하지 못한다. 그러나 시급제에 대한 요구는 결국에는 임금 노동자 지위에 대한 요구로 이어지므로, 레일라 샤이비(프랑스 앵수미즈 정당 소속)와 같이 노동법에 호의적이고 관련 지침도 작성할 수 있는 정치인과 노조와 협력할 수밖에 없다.

2019년에 노동 조건과 근로 조건이 또다시 하향되면서 노동계는 다시 한번 변화를 맞았다. 불법 이민자의 수는 증가했고, 노동자들은 더욱더 불리한 상황에 놓였으며, 생존 문제가 급해지면서 시위는 줄어들었다. 그러나 노동자들이 주도하는 집단행동은 줄었지만 노조를 등에 업은 법적 소송은 전보다 더 많아졌다. 2014년부터 일부 국가의 플랫폼 노동자들은 독립 계약자 지위를 임금 노동자의 지위로 바꾸어달라며 소송을 제기했다. 2018년 6월에 유럽에서는 최초로 스페인 발렌시아의 노동 법원이 "계약의 이행 여부가 당사자 간에 합의된 노동 형태에 우선한다"는 이유로 딜리버루와 배달 기사 간의 관계는 임금 노동의 관계로 보아야 한다는 판결을 내렸다.(8)

다시 말해, 플랫폼 회사가 공식적으로는 중재의 역할만 한다고 해도, 종속 관계를 보여주는 여러 지표로 미루어 보았을 때 플랫폼 회사는 배달 기사를 실질적으로 통제하고 있다는 것이다. GPS 추적, 배달 가격대와 배달 가능 범위의 설정, 플랫폼 회사들이 생산 수단을 소유하고 있다는 사실이 인터넷 사이트와 애플리케이션에서 확인된다는 점, 오토바이에 부착되는 기업 로고 등이다.

이러한 판례는 다른 국가에도 영향을 미쳐, 2018년 11월 프랑스의 파기원도 플랫폼 회사 테이크 잇 이지(Take Eat Easy)와 배달 기사 간에 임금을 주고받는 종속 관계가 성립한다는 판결을 내렸다. 스페인에서는 2020년 대법원이 플랫폼 회사 글로보(Glovo)와 배달 기사 간의 '고용 관계'를 인정한 뒤로 정부도 배달 기사들의 법적 지위를 검토하기 시작했다. 그 결과 이른바 '라

이더 법'이 2021년 8월 12일에 발효되어, 이제는 플랫폼 회사와 일하는 모든 배달 기사는 자동으로 임금 노동자로 분류된다. 이 법이 발효되기까지 엄청난 논쟁이 있었고 발효된 후에도 플랫폼 회사들의 꼼수 탓에 현장에서는 그다지 법적 효력을 발하지 못하고 있지만, 그럼에도 불구하고 플랫폼 노동자의 권익 향상에 한 걸음 다가갔다는 점에서 중요한 성과로 꼽힌다.

EU 내 쟁점,
임금 노동자로 지위를 향상시키는 방안

이번에 프랑스와 'start-up Europe' 동맹국들의 반대로 부결된 플랫폼 노동자 관련 법안의 시초는 몇 년 전으로 거슬러 올라간다. 2019년 7월에 유럽연합 집행위원장은 EU 최저 임금의 도입을 추진했다. 그 기저에는 플랫폼 노동자를 위한 특별법을 만들어 임금 노동자 권리의 하위 범주를 제도화하려는 의도가 포함되어 있었다. 플랫폼 회사, 플랫폼 회사의 로비스트, 플랫폼 회사를 지지하는 유럽연합과 회원국의 정치인들뿐만 아니라, 프랑스 대통령도 노사관계를 담당하는 유럽연합 의원인 실비 브뤼네가 이 문제를 맡았으면 좋겠다면서 이에 동의했다.

그러나 2020년 가을에 몇몇 국가의 법원이 배달 기사들의 손을 들어주고, 유럽연합좌파(GUE) 내에서 샤이비가 적극적인 활동을 벌이고 거기에 유럽노조연맹까지 힘을 보태면서, 2021년 12월 9일에 제안된 첫 번째 초안은 플랫폼 노동자의 지위를 아예 임금 노동자의 지위로 상향하는 쪽으로 바뀌게 됐다. 이 초안의 쟁점은 알고리즘의 투명성 보장과, 일부 조건하에서 플랫폼 노동자를 임금 노동자로 인정하는 문제였다. 이를 확인하기 위해 법안에는 플랫폼 회사가 노동자를 통제하고 있는지를 판단하는 5개의 기준이 포함되어 있었다. 임금의 수준 또는 상한선이 정해져 있는지, 애플리케이션이 서비스 이행 여부를 감시하는지, 노동자가 일하는 시간대를 선택할 자유가 있는지, 고객 노출, 고객에게 가는 이동 경로, 서비스 이행 여부와 관련된 규칙이 있는지, 제3자를 위

해 일할 가능성을 제한하는지 등이었다. 이 중 2개 이상에 해당할 경우 플랫폼 회사는 고용주로 간주됐다.

이 법안이 법적 효력을 가지려면 유럽의회와 유럽이사회 회원국 대표들의 지지를 얻어야 했다. 그런데 전자인 유럽의회는 고용 관계 추정 원칙에 적용되는 모든 조건을 삭제하고 플랫폼 노동자를 무조건 임금 노동자로 인정해야 한다고 주장하면서, 이를 거부하는 플랫폼 회사에는 책임을 물어야 한다는 좌파 성향의 요소를 법안에 첨가했다. 후자는 법적 절차를 통해 노동자의 지위를 변경할 수 없게 하는 기준을 추가하고, 고용 관계 추정 원칙에 예외를 허용하면서, 우파의 요소를 넣었다. 이렇게 12월 13일에 완성된 임시 협약은 유럽이사회가 보기에 여전히 좌파적이었고, 결국 크리스마스 3일 전에 최종 결정 연기를 발표했다. 덕분에 우버는 시간을 벌 수 있게 됐다. 오는 6월 초로 예정된 유럽의회 선거로 인해, 정치 책임자들은 2월 전에는 결정을 내려야 한다. **ld**

글·**안 뒤프레슨 Anne Dufresne**
브뤼셀 대안경제전략연구소(Gresea) 연구원

번역·김소연
번역위원

(1) <Les Échos>, Paris, 2023년 12월 22일.

(2) Jeremy B. White, California ballot initiative as a model for other states, www.politico.com, 2020년 11월 5일.

(3) <The Guardian>, London, 2022년 7월 11일.

(4) Lora Verheecke, Uberfiles 2 à Bruxelles. Les coursiers du lobbying 브뤼셀의 우버 파일(Uber files) 2. 로비 활동의 기사들, <Observatoire des multinationales>, 2022년 10월.

(5) Sophie Bernard. 『UberUsés, Le capitalisme racial de plateforme à Paris 우버 택시 기사들, 파리의 인종차별적인 플랫폼 자본주의』, PUF, Paris, 2023.

(6) 런던 시위에 관한 더 자세한 내용은 Callum Cant, 『Riding for Deliveroo. Resistance in the new Economy』, Polity Press, 2020 참조.

(7) 2018년 배달 기사들이 유럽의회에서 벌인 투쟁의 주체와 형태에 관해서는 Anne Dufresne, Coursiers de tous les pays, unissez-vous! 모든 국가의 배달 기사여, 연합하라!, <Gresea Échos>, Brussels, n° 98, 2019년 4월-6월 참조.

(8) Marco Rocca, 'Perspective internationale : les juges face aux plateformes. La liberté d'allumer l'app et celle d'éteindre le droit du travail 국제적인 관점 : 플랫폼 앞의 심판자들. 앱을 켤 자유와 노동법을 끌 자유', Auriane Lamine & Céline Wattecamps, 『Quel droit social pour les travailleurs de plateformes? 플랫폼 노동자들을 위한 사회법은?』, Arthémis, Brussels, 2020.

<변장한 지나 롤로브리지다> - 지나 롤로브리지다 _ 관련기사 91면

CULTURE

문화

대기업의 손아귀에 들어간 좌파 출판사의 슬픈 운명

라 데쿠베르트는 마르크스주의적 유산을 살려낼 수 있을까?

티에리 디세폴로 ▮ 출판사 대표

반세기 동안 시련과 위기에 부딪히면서 여러 가지 역할을 도맡아 수행했던 프랑스 출판계의 거장 프랑수아 게즈가 사망했다. 1970년대 초 프랑스 국립고등광업학교를 졸업한 엔지니어였던 프랑수아 게즈는 통합사회당(PSU)의 당원이었으며 파리의 제3세계주의자들과 친분이 두터웠다. 그는 1977년 마스페로(Maspero) 출판사에 입사하여 '국제연대 연구와 이니셔티브 센터'(CEDETIM)가 기획한 전집의 출판을 담당했다. 당시 좌파 아방가르드 인사들을 지원했던 마스페로는 마르크스주의 이론가들의 전담 출판사 역할을 했으며 반제국주의와 민족해방 운동의 상징이었다.(1)

출판사 상호변경으로 경영난 탈출 시도

1983년 경영난에 처한 프랑수아 마스페로는 출판사 상호를 라 데쿠베르트(La Découverte)로 변경하고 상징적 차원에서 1프랑만 받고 양도하기로 한다. 이후 프랑수아 게즈가 라 데쿠베르트의 대표직을 맡았는데 그는 "마스페로의 유산은 아무 가치가 없었다"고 종종 말했다. 40여 년이 지난 2022년, 프랑스 대형 출판그룹 에디티스(Editis)에 소속된 58개 출판사가 달성한 매출 7억 8천 9백만 유로 중에서 라 데쿠베르트가 차지하는 비중은 당연히 과거 상징적으로 청구되었던 1프랑의 가치보다 훨씬 높았다. 물론 이 엄청난 매출액이 억만장자 기업가 뱅상 볼로레가 2023년 아쉐트(Hachette) 출판사를 인수하게 된 계기였지만, 액수를 떠나서 마스페로의 유산이 반동주의 카톨릭 우파의 부흥을 상징하는 기업의 손에 넘어갔다는 사실이 실망스럽다. 어떻게 이런 지경에 이르렀을까?

라 데쿠베르트는 프랑수아 미테랑 집권 2년 차에 처음 도서를 출간했는데 당시는 프랑스 정부가 경제 정책의 근본적 변화를 꾀했던 '긴축으로의 전환'의 해이자 사회당이 신자유주의를 공식적으로 받아들이던 때였다. 이제 노동자들의 시위, 알제리 전쟁 반대 운동, 1968년 5월에 일어난 68혁명을 통해 물려받은 정치 사회적 저항의 공간이 완전히 폐쇄되었음을 의심하는 사람은 없었다. 언론인 세르주 알리미(전 〈르몽드 디플로마티크〉 프랑스어판 발행인)는 좌파는 더 이상 아무런 노력도 하지 않는다고 비난했다. 그리고 작가이자 철학가 기 오케겜은 좌파 리더들이 '노동자 계급에서 상류층으로 이동'했기 때문이라고 분석했다. 미국 역사학자 마이클 크리스토퍼슨은 프랑스에서 '반(反)전체주의 이데올로기'가 출현한 직후 이 '좌파에 반대하는 지성인들' 사이에 번진 동요를 분석하기도 했다. 영국 역사학자 페리 앤더슨은 프랑스가 '미지근한 사상'에 빠졌다고 한탄했다. 그는 마스페로에서 주요 작가로 활동했으나 라 데쿠베르트에서는 단 한 권의 저서도 출간하지 못했다.(2)

**미테랑 장기집권이
좌파 출판사에게 오히려 혹독**

<삶과 죽음>, 1908~1915 - 구스타프 클림트

1981년에서 1995년까지 미테랑이 장기 집권했다. 이 기간 동안 평등을 추구하는 이상과 마르크스주의적 분석에 대한 관심이 꺾이자 프랑스 공산당도 거대 정당으로서 지위를 완전히 잃었다. 오케겜은 '출세지향주의, 폭탄, 국가이성, 기업, 돈-술책-언론-거짓말을 숭배'하던 시대였다고 평했다. 마스페로의 유산을 계승해야 하는 출판사에게 혹독한 시절이었다.

1970년대부터 프랑수아 마스페로는 소속 작가 중 학계 인물의 비중을 높이고 '세계는 지금(L'Etat du monde)' 같은 지정학 연간지 시리즈를 출간하면서 출판사의 정체성과 논조를 고수했다. 그리고 프랑수아 게즈는 이 연간지 시리즈를 라 데쿠베르트의 핵심 출간지로 만들었다. 하지만 실리를 추구했던 프랑수아 게즈는 (논란의 여지가 덜하고 더 많은 대중에게 팔 수 있는) 사회인문학 분야에 집중했고 이목을 끌기 좋은 사회 문제에 대한 탐사보도 취재기를 출간했다.

현재 연간 출판물이 130종을 넘는 라 데쿠베르트의 정체성이 그동안 어떻게 변했는지 보여주는 두 가지 경향이 있다. 먼저 마스페로의 반식민주의 혁명 운동을 교양 있는 프티 부르주아지의 취향에 맞추어 정체성과 관련된 주제로 변질시켰다. 가장 대표적인 예가 바로 제3 세계주의를 탈식민주의 비즈니스로 탈바꿈시킨 것이다. 파스칼 블랑샤르의 최근 저서『성, 인종, 식민지(Sex, race et colonie)』(2018)는 '비유럽인의 육체 지배'를 에로티시즘의 관점에서 왜곡했다는 평가를 받았다.(3) 또한 인문학을 오락거리로 전락시키려 했다는 비판도 받았다. 펭송 샤를로의

『부자들의 대통령(Le président des riches)』(2010)은 적어도 상류층에 대한 사회학을 대중에게 알려주는 표본서 같다고 말할 수 있겠지만, 이후에 출간된 유사 저서들은 아카데믹한 면이 없다고 할 수는 없으나 사회현상을 통찰한다기보다 관음증을 유발한다.『부자들 시중들기(Servir les riches)』(2022).『VIP(very important people)』(2023)가 대표적인 예다. 물론 사회학자들의 훌륭한 저서가 없지는 않다. 예를 들어 베르나르 라이흐의 학술 도서,

스테판 보의 현장 조사 연구(『벨우미 가족의 프랑스(La France des Belhoumi)』, 2018) 그리고 알제리 전쟁에 대한 라파엘 블랑쉬와 실비 테노의 역사서가 출간되었다.

1981년에서 1995년, 위그 잘롱만큼 극좌 출판사 마스페로에서 68 혁명 사상이 얼마나 퇴색되었는지 명확히 보여주는 사람은 없다. 1997년 프랑수아 게즈가 영입했던 잘롱은 마스페로에서 출간했던 말콤X의『검은 권력(Le pouvoir noir)』과 에르네스토 체 게바라의 정책서를 "완전히 지나간 과거"의 유물이며 내용이 "후지고 이해되지 않는다. 말 그대로 끔찍하다!"라고 폄하했다.(4)

1995년 라 데쿠베르트는 우브리에르(Editions ouvrières), 시로스(Syros) 출판사와 합병하면서 지주회사로 전환되고 이 출판사들의 최대 주주는 프랑스민주노총연맹(CFDT)이 되었다. 그리고 3년 후 치열한 경쟁 끝에 선정된 라 데쿠베르트는 아바스(Havas) 그룹에 매각되었다. 당시 아바스는 또 다른 출판사 그룹 드 라 시테(Groupe de la Cité)를 인수한 직후였다. 그리고 얼마 지나지 않아 프랑스 생수 기업 제네랄데조(Générale des eaux)가 아바스 그룹을 인수합병했고, 이후 이 기업이 프랑스 최대 미디어 그룹 비방디 유니버설 퍼블리싱(Vivendi Universal Publishing)이 된다.(2000) 마스페로가 남긴 출판사는 이런 복잡한 과정을 거쳐 프랑스 출판업계의 독점 게임에 합류하

게 된 것이다. 그리고 이 시점부터 프랑수아 게즈의 행보가 본격적으로 시작된다.

잦은 소유권 변경 속에
독립출판사의 간판으로 연명

자신의 시대를 만난 듯 프랑수아 게즈는 성공한 기업가의 면모를 띄었다. 그리고 독자들을 사회자유주의로 이끌도록 전환을 꾀했는데 1995에는 신자유주의 좌파 지식인들과 함께 연금과 사회보장제도 개혁을 위한 우파 총리 알랭 쥐페의 계획을 지지하기 위해 프랑스 잡지 〈에스프리〉와 CFDT가 주도했던 '아르카이즘 반대' 탄원서에 서명하기도 했다. 그러나 프랑수아 게즈에게 1990년대는 무엇보다 알제리 정부에 대한 투쟁의 시대였다. 당시 알제리는 군부가 장악하여 테러 분위기를 조장하면서 이슬람주의자를 비롯해 민중의 저항을 전면 차단했다. 정부 좌파와 주요 언론은 정교를 분리하는 '세속적인 프랑스'를 옹호했지만 프랑수아 게즈는 자신의 신념에 따라 '식민지 문화'를 비판하면서 종교적 정체성과 관련된 주제들에 관심을 가지고 '사회적 좌익주의'의 등장에 기여한다.

2004년 충격적인 비방디 파산 소식이 들린 지 2년이 지난 후 프랑스 거대 출판회사 아쉐트가 라 데쿠베르트와 다른 몇몇 출판사들을 에디티스라는 상호로 투자회사 벤델(Vendel) 그룹에 매각했다. 회전의자와 롤러코스터를 이어서 타고 있는 듯하다. 2005년, 이제 라 데쿠베르트는 프랑스 기업인들의 제왕 에른스트 안투안느 세이에르가 이끄는 그룹에 속하게 되었다. 하지만 라 데쿠베르트의 CEO 프랑수아 게즈는 변한 것은 없다면서 "예전과 똑같은 책들을 출간할 것이며 아무도 나의 선택권한을 침범하지 못할 것"이라고 단언했다. 그리고 "대기업에서 규모의 경제를 누릴 수 있게 된 덕분에 드디어 정신적 안정감을 찾았다. 이전에 나는 소속 작가들보다 은행과 일을 하는 데 더 많은 시간을 소비했다"고 털어놓기도 했다.(5)

이 발행인을 위해서는 잘된 일이라고 해야겠다. 프랑수아 게즈는 라 데쿠베르트의 소유주가 막강한 재력을 소유한 기업들로 빈번하게 바뀌는 상황에서도 마스페로 출판사의 혁신적인 '참여 정신'을 고수할 수 있다고 생각했다. 그는 "중요한 것은 오로지 출판사의 출간 서적들이다"라고 했다. 정말 그런가? 반세계주의 운동을 이끌었던 조제 보베와 다국적 기업과 세계화를 비난했던 마이클 무어의 사상 그리고 '부자들의 지배구조'에 대한 서적들이 출판되었을 때 프랑스산업연맹(MEDEF)의 기업인들은 아무런 타격 없이 코웃음 쳤다는 사실을 잘 알고 있다.(6) 2007년 위그 잘롱이 시도한 출판 전략을 보면 중요한 것은 단지 출판사의 출간 서적이 아님을 보여준다. 그는 '존(Zones)'이라는 독립출판 레이블을 만들어서 '빈국 문제'와 관련된 서적들을 출간하여 '마스페로의 제 3세계주의의 명맥을 다시 이으면서' 라 데쿠베르트의 '투쟁 방식을 쇄신'하려 했다.(7) 다분히 정치적인 의도가 보인다. 왜 대기업 이름 대신 독립 출판사의 간판을 내걸겠는가? 아마 자본 집약적 대기업에서 독립적으로 '출판 저항의 공간'을 건립하는 것이 정치적으로 일관성이 있게 보이기 때문일 것이다. 특히 '반문화, 행동주의, 새로운 논쟁 방식'의 추종자들에게 새로운 공격 방식을 시도할 수 있는 신무기를 단련하고 억압에 저항하라고 요청할 수 있는 공간이 필요했을 것이다.(8)

프랑수아 게즈 은퇴후 라 데쿠베르트의 운명은?

위그 잘롱이 라 데쿠베르트의 문학부 부장에서 편집장으로 승진하면서 CEO의 업무를 익히는 동안 프랑수아 게즈는 기술 분야에서 자신의 능력을 한껏 발휘하고 있었다. 출판 (경영인)노조(SNE), 문화부, 국립도서센터(CNL)의 협업에 필요한 거의 모든 주요 사업을 담당했는데 특히 출판 '디지털 전환'을 지원했다. 서점창업 개발협회(Adelc), 프랑스 출판 지원청(뉴욕), 표절관리청(CFC), 출판업계 업종연계위원회(CLIL) 그리고 국립도서관과 웹포털 Cairn(도서관용 서적, 정기간행물, 학술지 등을 디지털화했다)을 설립하는 성과를 거두었고 ReLire(종이책이든 전자책으로 판매가 되지 못한 서적

들의 디지털화)를 구축하기도 했다.(9)

2014년 프랑수아 게즈가 은퇴하자 최대 주주의 동의하에 위그 잘롱이 자연스럽게 후임자가 되었다. 그러나 그 기간이 길지 않았다. 4년 후 이 젊은 CEO는 미디어 회사 메디아 파르티시파시옹(Média-Participations)을 인수했던 뱅상 몽타뉴의 제안을 결국 받아들여 쇠유(Seuil)와 그 자회사의 경영을 맡게 된다. 위그 잘롱의 동료들은 이를 축하했으나 사실 '온화하고 교양있는 우파의 대표' 사장이 '골수 좌파'를 고용한 점을 미심쩍어했다. 그러나 뱅상 몽타뉴는 이런 우려를 잠재우기 위해 '교활하게 예상치 못한 인사'를 단행한 것이었다.(10)

프랑수아 게즈는 주주에게 위그 잘롱의 후임으로 스테파니 슈브리에를 추천했다. 그녀는 아쉐트 그룹과 프라마리옹 출판사에서 경력을 쌓기 시작하여, 이후 마르티니에르 그룹에서도 근무했다. 2008년 스테파니 슈브리에는 돈키오테(Don Quichotte)라는 '독립' 레이블을 창설하면서 능력을 입증했다. 라 데쿠베르트의 존(Zones)처럼 대기업 지붕 아래 있는 좌파 출판사에서 재력가를 구두 수선공으로 분장하는 일을 하게 된 것이다. 스테파니 슈브리에가 라 데쿠베르트에 입사한 지 1년 뒤 뱅상 볼로레는 플라네타(Planeta)에서 에디티스(Editis)를 인수했다.(플라네타는 2008년 벤델에서 에디티스를 인수했다.) 그리고 2021년 라 데쿠베르트의 경영을 맡은 지 4년이 되었을 때 슈브리에의 상사는 그녀의 성과에 너무 만족한 나머지 쥐야흐(Juillard)의 경영도 맡겼다.

2015년 10월 19일 프랑수아 마스페로의 측근들이 파리 오데옹 극장에서 추도식을 거행했을 때 프랑수아 게즈는 참석하지 않았으며 라 데쿠베르트도 어떤 관련 언급도 하지 않았다. 30년 전에 두 발행인 간 승계 과정에서 잡음이 있었음을 짐작할 수 있는 대목이다.(11) 그러나 프랑수아 사망 후 위그 잘롱과 라 데쿠베르트는 그에게 애도를 표하며 "동료이자 친구였으며 동반자"라고 칭송했다.(12) 이번에는 성공적으로 유산을 물려준 것이 틀림없다. ᴵᴰ

글·티에리 디세폴로 Thierry Discepolo
이 기사는 그레이 안데르슨이 번역하여 2023년 10월 31일 '마스페로의 유산(Maspero's Legacy)'이라는 제목으로 사이드카(SideCar)에 게재되었다. 아곤느 출판사의 대표이자 『출판사의 배신』(아곤느, 2023)의 저자 티에리 디세폴로는 이 글에서 라 데쿠베르트의 사례를 들어 대기업 산하 출판사가 좌익 사상의 전파에 어떠한 영향력을 미치고 어떤 역할을 할 수 있는지 질문을 던졌다.

번역·정수임
번역위원

(1) 마스페로에서 출간된 쥘리앙 아지(Julien Hage), 알랭 레제르(Alin Léger), 브뤼노 기샤르(Bruno Guichard)(dir.), 『François Maspero et les paysages humains 프랑수아 마스페로와 인간 풍경』, 라 포스 오 주흐, 2009; Juilin Hage 'Feltrinelli, Maspero, Wagenbach, une nouvelle génération d'éditeur politiques d'extrême gauche en Europe occidentale, 1955-1982 펠트리넬리, 마스페로 바겐바흐, 서유럽의 신세대 극좌 출판사, 1955~1982', 사학 논문, 2010.

(2) 마스페로에서 출간된 페리 안데르슨(Perry Anderson) 서적, 『Le Marxisme occidental, 서구 마르크시즘』(1977), 『Sur Gramsi 그람시에 관하여』 (1987); 『La Pensée tiède. Un regard critique sur la culture française 미지근한 사상, 프랑스 문화에 대한 비판적 시각』은 2005년 역사학자 피에르 노라의 평을 첨부해서 쇠유(Seuil) 출판사에서 출간했다.

(3) 파스칼 블랑샤르의 이력은 로랑스 드 콕(Laurence De Cock)의 논문, 『L'Achac et la transmission du passé colonial : stratégies entrepreneuriales et culturalisation de la question immigrée dans la mémoire nationale 식민 과거의 전승 : 기업 전략과 국민 기억 내 이민 문제의 문화화』를 참조한다, Culture & Conflits, 2017/3, n° 107, p.105-121.

(4) Camille Joseph 인용, 'Les éditions la Découverte. La gestion d'un héritage éditorial 라 데쿠베르트의 서적들. 출판 유산 관리', 사회학 논문, EHESS, 2010년 6월 p.312부터.

(5) François Gèze 'Edition et démocratie 출판과 민주주의', 렌느 대학 주최 토론회, '꺾이지 않는 펜', 2005년 2월.

(6) André Schiffrin 『Le Contrôle de la parole 말의 통제』, La Fabrique, 2005년 p.20.

(7) Catherine Andreucci가 Huges Jallo, Grégoire Chamayou의 말을 인용, 'Zones d'expérimentation 실험 존(구역)', Livres Hebdo, 2007년 5월 25일, no691

(8) Ibid. 몇 년 전부터 라 데쿠베르트 홈페이지의 '존(Zones)'에서 강력한 성명서가 사라졌다는 것을 확인할 수 있다.

(9) 'Numérisation des lives indisponibles: le droit français contraire au droit européen 판매되지 않은 서적들의 디지털화 : 유럽법에 반하는 프랑스인의 권리', Scam.fr, 2017년 6월.

(10) Antoine Perraud, 'Séisme dans l'édition : Le Seuil et la Martinière vont être vendus 출판계의 지진 : 르 쇠유와 마르티니에르의 매각', Mediapart, 2017년 9월 21일.

(11) Juilien Hage, 'Hommage à Fançois Maspero : un libraire-éditeur protagoniste 프랑수아 마스페로에 대한 애도 : 진정한 편집장이자 발행인', Le Club de Médiapart, 2015년 10월 28일.

(12) Hugues Jallon, 'François Gèze, un grand éditeur, un camarade et un ami 프랑수아 게즈, 성공한 발행인, 동료이자 친구', Le Club de Médiapart, 2023년 9월 1일; 'La Découverte rend hommage à son fondateur et compagne de route... par toute l'équipe des Editions la Découverte 라 데쿠베르트의 모든 출판 부서는 창립자이자 동반자에게 애도를 표했다', editions.la.decouverte.fr.

지나 롤로브리지다, 사진 예술가가 된 여배우

로마시는 지난해 1월 95세를 일기로 세상을 떠난 지나 롤로브리지다에 대한 추모전을 트레비 분수 앞에 자리한 건물 '팔라초 폴리'에서 진행했다. 〈지나의 세계(I mondi di Gina)〉(1)라고 명명한 추모전에서는 고인의 발자취를 따라, 영화배우가 아닌 예술가로서의 열정을 기록한 1980년 파리 카르나발레 박물관의 전시회를 소개한다.

파스칼 코라자 ▮〈르몽드 디플로마티크〉기자

"스타 여배우는 좋은 사진작가가 되지 말라는 법이 있나요?"

작가 에르베 기베르는 1980년 10월 카르나발레 박물관에서 열렸던 전시회에 대한 소감을 〈르몽드〉에 이렇게 전했다.(2) 〈팡팡 튤립〉(1952), 〈빵과 사랑과 꿈〉(1953), 〈세상에서 가장 아름다운 여인〉(1955), 〈노트르담의 꼽추〉(1956), 〈9월이 오면〉(1961) 등 영화배우로서 성공 가도를 달리던 지나 롤로브리지다는 1970년대 초부터 사진에 열정을 쏟기 시작했다. 그녀는 배우라는 직업 덕택에 오드리 헵번, 폴 뉴먼, 그레이스 켈리, 숀 코너리 등 유명 배우들의 사진을 어렵지 않게 찍을 수 있었다.

그녀는 첫 사진집 『나의 이탈리아(Italia Mia)』 첫 페이지에 수비아코 주민들의 사진을 실었다. 수비아코는 1927년 지나가 태어난 도시다. 지나와 어린시절부터 친구였던 조르조 오를란디는 그녀의 상황에 대해 이렇게 회상했다. "1943년 폭격으로 지나의 가족이 일했던 목공소가 파괴됐다. 그래서 가족들은 떠날 수밖에 없었다. 로마에 온 후, 지나는 아버지의 반대에도 불구하고 예술학교에 등록했다. 거리에서 영화 출연 제의를 받은 것도 그 무렵이다." 지나가 미스 이탈리아 대회에서 3위에 그쳤을 때, 당시 심사위원장이었던 배우 아나 마냐니는 지나에게 말했다. "당신은 비록 여기에서 우승하지 못했지만, 곧 성공할거에요."

"그녀는 길을 걷는 여신이었다"

가정 형편에 도움이 되고자 몇몇 이야기 사진집(des romans-photos, 만화와 비슷하나 그림 대신 사진들이 이야기를 이끌어가는 장르 - 역주)과 영화에 출연했던 그녀는 금세 영화 제작자 하워드 휴즈와 영화감독 비토리오 데시카의 눈에 띄었다. '파파라치의 왕'이라 불리는 리노 바릴라리는 이렇게 기억했다.

"지나가 거리를 걷고 있을 때, 우리 눈에는 그녀밖에 안 보였다. 살아있는 여신이었다. 지나가 사진 촬영에 관해 내게 조언을 부탁했을 때 나는 일단 사람들 몰래 사진부터 찍고, 허락은 그 다음에 받으라고 말해줬다."

하지만 숨어서 일할 수는 없는 노릇이었다. 지나는 시사 화보 잡지 〈라이프〉의 의뢰로 제작한 사진집 『나의 이탈리아』에서 다음과 같이 회상했다. "카메라 렌즈를 들이댈 때 포즈를 취하지 않은 사람들을 찍는다는 것은 어려운 일이었다. 게다가 카메라를 들이댄 사람이 지나 롤로브리지다임을 알게 되면 촬영은 더욱 어려워졌다." 결국, 그녀는 변장을 했다. 히피 스타일의 곱슬머리 가발을 쓰고, 구겨진 청바지와 커다란 셔츠를 입은 다음 두꺼운 안경을 썼다. 또한, 너무 유명한 콧날을 감추려고 윗입술 밑에 자두 씨앗까지 넣었다. 1971년 여름, 지나 롤로브리지다는 그렇게 시칠리아 남쪽 펠라지아 제도의 작은 섬, 리노사로 향했다.

한편, 리노사에는 두 달 전부터 마피아 조직원 18명

이 추방돼 있었다. 팔레르모 검찰총장 살인사건이 벌어진 후였다. 시사 일간지 〈일몬도〉의 특파원이었던 데즈먼드 오그레이디는 섬의 상황을 이렇게 묘사했다. "리노사는 면적이 5㎢ 정도에 불과한 작은 섬으로, 사화산들의 작은 분화구들이 여러 개 있었다. 당시 주민은 약 400명이었다. 선인장이 많았으며 풍접초와 포도밭, 양 몇 마리가 있었다. 물만 있었다면 아주 비옥한 땅이 됐을 것이다. 섬에서 비구름은 아주 큰 소식이었고, 식수는 배를 통해 공급됐다. 우편선은 일주일에 세 번씩 도착했고, 호텔이 없어서 나와 마피아들은 섬 주민들의 집에서 지냈다."

〈BBC〉 시사 다큐 프로그램 '파노라마' 제작에 참여했던 데이비드 톤지는 "마피아들은 부동산부터 딸기밭까지 모든 것을 관리했다. 그중 안젤로 라바르베라라는 사람은 우리를 경계하며 거리를 뒀다"고 설명했다. 오그레이디와 함께 일했던 사진 기자 엔초 브라이도 "라바르베라는 절대로 사진에 찍히고 싶어 하지 않았다"고 말했다. 하지만 라바르베라는 사진집 『나의 이탈리아』에 세 번이나 등장한다. 어린 여자아이에게 말을 거는 듯한 모습, 경찰에게 담뱃불을 붙여주는 모습 그리고 환히 웃고 있는 미디엄 샷의 사진이다.

"지나는 사람에게 관심이 있었다"

일 년 뒤, 이멜다 마르코스(페르디난드 마르코스 전 필리핀 대통령의 부인)의 요청에 따라 지나는 필리핀에 관한 아름다운 사진집 두 권을 만들기로 한다. 세계적 명성의 잡지 〈내셔널지오그래픽〉이 1972년 발표한 32페이지짜리 특집 기사가 관심을 불러일으켰기 때문이다. 기사에서는 필리핀 남부 민다나오섬의 타사다이 부족에 대한 믿을 수 없는 이야기를 소개했다. 사진 기자 존 낸스와 비행기 조종사 출신 찰스 린드버그도 이 원주민 부족을 만나러 필리핀을 방문했다.

1971년 이 부족을 처음 발견한 것으로 알려진 마르코스 대통령의 측근 마누엘 엘리살데 주니어는 이 부족이 석기시대의 생활방식에 머물러 있고, "이들의 언어에는 적대심이나 무기, 전쟁을 뜻하는 단어가 없다"고 주장했다. 그러나 사진집의 서문을 맡았던 기자이자 수필가 카르멘 게레로 나크필은 이 주장에 의문을 품었다. 약 4,500만 명에 달하는 대부분의 필리핀 사람들은 동굴이 아닌 건물에 살고 있다. 그런데, 책의 교정본에 등장하는 사람들은 모두 벌거벗은 채 동굴에서 생활하고 있었기 때문이다. 이 사건은 결국 변호사들의 손으로 넘어갔고, 이후 타사다이족 이야기는 모두 조작된 가짜였다는 사실이 밝혀졌다.

지나와 함께 일했던 파올라 코민은 "지나는 정치가 아니라 사람에게 관심이 있었던 것이다"라고 말한다. 실제로, 반공 탄압이라는 명목으로 계엄령이 선포됐던 필리핀에서의 생활 후 지나는 이듬해 소비에트 연방으로 건너가 시인 예브게니 옙투셴코의 사진을 찍었다. 그곳에서는 피델 카스트로에게 편지를 써서 주 모스크바 쿠바 대사관을 통해 쿠바로 전달했다. 지나는 해당 취재 기사를 실은 시사 잡지 〈젠테(Gente)〉에 털어놓았다. "위험하지 않을까 고민했다. 하지만 놓칠 수 없는 기회였다. 피델 카스트로는 최근에 인터뷰를 하거나 사진에 찍힌 적이 없었기 때문이다."

지나는 "카메라 8대, 필름 200통, 새 청바지 10벌, 음향 전문가 1명, 카메라맨 1명, 미국인 여자 친구 한 명"과 함께 쿠바로 향했다. 카스트로는 지프차를 직접 운전하며, 혁명의 끝 그리고 혁명가 카밀로 시엔푸에고스와 체 게바라의 죽음 같은 어두운 시절이 끝난 뒤 찾아온 행복한 시기에 대해 이야기했다. 지나는 사진과 영상을 직접 촬영했다. 1960년대 말, 지나와 함께 전 세계 TV쇼에서 지나의 노래를 선보인 프로듀서 아드리아노 아라고치니는 당시 상황을 설명했다. "지나가 미국과 유럽 방송국에 자신의 다큐멘터리 방영을 제안했다. 그러나, 어떤 방송국도 응하지 않았다. 그들은 그 다큐멘터리가 피델에게 너무 호의적이라고 판단했던 것이다."

현재, 이 영상을 볼 수 있는 사람은 (자동차 기업 대표 호라시오 파가니와 함께) 영상에 대한 권리를 보유한 지나의 재택 요양사 안드레아 피아촐라다. 그는 "영상에서는 카스트로가 해변에서, 시장에서, 일상에서 쿠바 사람들에게 이야기하는 장면이 나온다"고 이야기했다. 미국의 배우이자 영화감독이었던 오슨 웰스가 1958년에 촬영했던 지나에 대한 다큐멘터리 역시 미국 〈ABC TV〉에서 거절당한 채 오랫동안 공개되지 않았다.(3)

"꽃과 동물 모형에 둘러싸인 사진들은 다소 유치한 느낌도 들지만, 천진난만함과 기발함이 만난 포토몽타주는 완벽하다"

어린이들, 순수함의 경이로움

다음 해 뭄바이 영화제에 초대받았던 지나는 그곳에서 인도 최초의 여성 총리 인디라 간디를 만나고, 캘커타에서는 테레사 수녀를 만나 어린이들과 가난한 이들에 대한 사랑을 함께 나눴는데, 후에 이 만남을 가장 아름다운 만남으로 기억했다. FAO(유엔식량농업기구)와 유니세프 친선대사이기도 했던 지나는 "나는 전쟁을 겪어 봤고 그래서 가난이 무엇인지를 잘 안다"고 말했다. 그녀의 친구 조르조 오를란디는 "지나는 어린 아이들을 좋아했다. 아이들은 지나를 스타가 아닌 한 사람으로 바라봤기 때문이다"라고 회상했다. 테레사 수녀가 서문을 쓴『The Wonder of Innocence 순수함의 경이로움』(1994)의 주인공도 어린이들이다.

꽃과 동물 모형에 둘러싸인 사진들은 다소 유치한 느낌도 들지만, 천진난만함과 기발함이 만난 포토몽타주는 완벽하다. 안드레아 피아촐

<지나 롤로브리지다> - 조르조 오를란디

라의 설명에 따르면 "지나는 목수에게 부탁해서 나무 받침을 만들었다. 그리고 그 위에 유리판을 여러 장 겹쳐놓았다. 그런 다음 유리판 위에 미리 자른 사진 조각들을 배치한 뒤, 위에서 내려다본 사진을 찍었다." 같은 해(1994) 어도비에서 이런 오버레이 기법을 디지털화해 '포토샵'이라는 프로그램을 출시하기도 했다.

『나의 이탈리아』출간부터『The Wonder of Innocence 순수함의 경이로움』이 세상에 나오기까지 20년간, 지나 롤로브리지다는 영화감독들이 그녀를 촬영하며 가졌던 이미지에서 해방될 수 있었다. 1978년 〈CBC/Radio-Canada〉 방송에서 지나는 "사진을 찍을 때는 내가 제작자

이며 카메라맨이다. 내 마음대로 할 수 있고, 모든 것을 내가 이끌 수 있다"라고 말했다. 그녀를 '베르사글리에라'('빵과 사랑과 꿈'에서 맡았던 당찬 성격의 여자 배역)라 불렀던 측근들은 지나가 현실에서도 홀로 일과 인생을 이끌어 갔다는 사실을 기억했다(소피아 로렌, 실바나 마냐노는 각각 유명 영화제작자인 카를로 폰티, 디노 데라우렌티스와 결혼했었다).

지나 롤로브리지다는 단호한 모습 외에도, 끝없는 호기심을 가진 사람이라는 이미지도 남겼다. 동료인 파올라 코민은 "일단 머릿속에 무엇인가 떠오르면 아무도 지나를 말릴 수 없었다. 그 어떤 것도 두려워

하지 않았다"고 이야기했다. 딱 한 번, 전쟁 중인 아프가니스탄에 가려고 했던 때를 제외하고 말이다. 아라고치니에 따르면 "아프가니스탄 대사관에서 비자 발급을 거부해서 떠날 수 없었다."

"이 사진들은 작가의 자화상"

지나의 사진 작업에 대한 평가 중, 바릴라리는 이렇게 물었다. "지나의 사진들을 어떻게 평가하겠느냐고? 그녀에게는 너무 쉬운 일이었다. 모든 문이 열려있었으니 말이다. 출판사들은 지나 롤로브리지다라는 이름에 큰 기대를 걸고 있었다." 조르자 멜로니 정부의 비토리오 스가르비 문화부 차관은, 『나의 이탈리아』서문에 등장하는 알베르토 모라비아의 생각을 인용해 "가장 비천하고 소외된 이들에게 관심을 기울이는 이 사진들은 작가의 자화상이기도 하다"고 평가했다.

1974년 지나 롤로브리지다는 『나의 이탈리아』로 권위 있는 나다르상을 수상했다. 본 기사의 초반부에 언급한 에르베 기베르가 지나 롤로브리지다와 비교했던 세계적인 사진작가 앙리 카르티에브레송이 『Vive la France 프랑스 만세』로 상을 수상한지 3년 만이었다. "신화에 대한 의문 없이 신화에 골몰하며 진부한 작품들을 만들어내는 이들에게는 미안하지만, 지나 롤로브리지다는 진정한 예술가다." 지나를 아는 이들은 모두 이 의견에 동의한다. 지나는 배우와 사진작가로서의 재능 외에도, 조각가의 면모도 보였는데, 카라라 인근 피에트라산타의 작업실에서 만든 조각품들이 전 세계에서 전시됐다.

세계적인 소프라노 마리아 칼라스의 절친한 친구이기도 했던 지나는 아름다운 소프라노의 목소리를 가졌었다. 〈세상에서 가장 아름다운 여인〉(1955)에서는 28세의 나이로 오페라 토스카의 '노래에 살고 사랑에 살고'를 직접 불렀다. 생을 마감할 무렵에도 부르고 싶었을지 모를 노래다. 아들인 안드레아 밀코 스코픽과 자신의 개인 비서 역할을 한 안드레아 피아촐라가 법정 싸움 끝에 아들에게 부분적 후견인 자격이 주어졌기 때문이다.

"저는 예술로 살았고, 사랑으로 살았으며 살아있는 영혼에게 그 어떤 해악도 끼치지 않았습니다! 감춰진 한 손으로 제게 벌어진 모든 불행을 덜어냈습니다. (…) 성모 마리아의 방패막을 위해 보석을 바쳤고,(4) 제 노래를 별들에, 더 아름답게 빛나는 하늘에 바쳤습니다. 오, 신이시여, 이런 고통의 시간에, 왜, 왜, 왜 제게 이런 보상을 내리십니까?" **ID**

글·파스칼 코라자 Pascal Corazza
<르몽드 디플로마티크> 프랑스어판 기자. 저서로 『Voyage en Italique 이탤릭체 여행』(2012)이 있다.

번역·김자연
번역위원

(1) <I mondi di Gina>, Palazzo Poli, 54 via Poli, Roma, 2023.6.9. ~ 10.83
(2) 'Voir la vie et le monde deux fois. Rendez-vous avec la mort 인생과 세상을 두 번 보다. 죽음과의 만남.', Hervé Guibert, <르몽드>, 1980.10.23.
(3) 'Portrait of Gina-Viva Italia', Orson Welles, 1958, 26분.
(4) 2013년 5월, 지나 롤로브리지다는 줄기세포 연구에 사용하기 위해 제네바 소더비 경매에서 보석 22개를 400만 유로로 판매했다. 그러나 지나의 아들 안드레아 밀코 스코픽이 선임한 변호사에 따르면, 판매 대금은 모나코를 거쳐 소유주가 알려지지 않은 파나마의 한 기업(Bewick International inc., 2014년 설립)으로 흘러 들어갔다.(Gina Lollobrigida, il tesoro nascosto a Panama : milioni di euro nel paradiso fiscale, La Repubblica, 2023.4.10.)

중동 전쟁 보도와 '공화주의 아치'의 재편

언론의 광기, 저널리즘은 공공의 적인가

세르주 알리미 ▎〈르몽드 디플로마티크〉 프랑스어판 고문
피에르 랭베르 ▎기자

2023년 10월 7일부터 주요 언론사들은 프랑스 내 권위주의 집단의 행보를 주시해왔다. 이스라엘을 무조건 지지하는 이 집단은 자신들에게 반대하는 의견을 비방하고, 공공의 자유를 문제 삼으며, 이민자 색출에 나서고 있다. 이 이념 전쟁은 어디까지 가며, 누구를 위한 전쟁인가?

언론의 광기는 정치적 기회주의를 드러냄과 동시에 가속화했다. 2023년 10월 7일 하마스가 자행한 학살 이후 몇 주 동안, 주요 언론과 프랑스 정부는 두 가지 위업을 달성했다. 가자지구에서 이스라엘 정부의 군사 보복을 사전 용인하는 데 반대한 프랑스 앵수미즈(LFI, 굴복하지 않는 프랑스)를 '공화주의 아치(l'arc républicain, 우파 및 좌파 포퓰리스트에 반대하여, 공화주의 정부의 연정을 구성하기 위해 중도, 사회민주주의, 온건 우파가 지지하는 연합의 한 형태-역주)'에서 축출하고, 여기에 국민연합(RN)을 영입한 것이다. 장마리 르펜을 '저지해야' 한다고 촉구한 지도층은 그에게 정치를 할 자격이 없다고 판단했었다. 장마리 르펜이 1972년에 창당한 당은 베냐민 네타냐후가 이끄는 이스라엘 정부의 노선에 합류하며 돌연 오명을 벗고 명예를 회복했다. 〈CNews-유럽 1〉에서 언론인 소냐 마브루크는 마린 르펜을 "프랑스 유대인을 위한 성벽, 방어물, 방패"(2023년 10월 10일)라며 찬양했고, 〈르피가로〉(2023년 11월 5~6일)와 〈BFM-TV〉(2023년 12월 12일)는 각각 국민연합 대표 조르당 바르델라의 격양된 얼굴과 "마티뇽(총리 관저)에 간 바르델라, 프랑스인의 46%를 사로잡다"라는 승리의 문구를 게재했다. 같은 시기 진보 언론은 과거 장마리 르펜에게만 했던 말들로 LFI의 장뤼크 멜랑숑 대표를 질타했다. 그는 "반유대주의적 고정관념에 젖은"(〈메디아파르〉, 2023년 11월 10일) 발언을 일삼으며 "고약한 일탈을 거듭하고 있다"(〈롭스(L'Obs)〉, 2023년 10월 12일)는 것이다. 〈르몽드〉는 "반유대주의, 장뤼크 멜랑숑은 어떻게 모호한 태도를 키우는가"라는 헤드라인으로 장문의 기사를 실었으나(2024년 1월 4일), 반유대주의적 발언은 전혀 찾아볼 수 없었다. 앞으로 3개월 동안 이 일간지는 기사 6건과 몇 건의 사설에서 프랑스 앵수미즈 지도자의 상징적 암살 시도를 다룰 것이다.

친기업 성향의 일간지 〈로피니옹〉에서 니콜라 베이투는 "악마가 편을 바꿨다"(2023년 10월 12일)라고 말했다. "하마스의 공격이 패를 다시 섞고 있다. 프랑스 앵수미즈를 증오하기는 더 쉬워졌고, 국민연합과 싸우기는 더 어려워졌다." 언론에서는 공화주의 아치가 이스라엘 아치와 혼동된다. 지난해 12월 12일 〈프랑스 퀼튀르〉의 언론인 브리스 쿠튀리에는 점차 증가하는 프랑스 엘리트들의 수치스러운 욕망을 트위터에서 폭로했다. "(모든 여론조사가 보여주듯이) 국민연합이라는 단계를 거쳐야 할 텐데, 동거의 맥락에서 보는 게 어떻겠는가? 해산. 엘리제에서 마크롱은 (유럽연합 및 북대서양조약기구와 관계를 단절하지 않은 채) 외교정책에 대한 통제를 유지하고, 2026년 적절한 시기에 해산한다."

10년 전만 해도 상상할 수 없을 만큼 급속하게 극우화된 프랑스의 정치 스펙트럼은 표현, 의견, 집회의 자유를 제한하며 진화했다. 언론은 내무부 장관과 함께 이데올로기적인 의도로나 지적 태만에 의해, (처음에는 금지됐던) 팔레스타인을 지지하는 평범한 시위들을 반유

대주의와 동일시한다. 베르나르 앙리 레비는 〈르푸앵〉에서 이를 "테러리스트를 지지하는 시위"(11월 9일)라고 정정했다. 그를 추종하는 언론인 다리우스 로슈뱅은 〈LCI〉에서 "이슬람주의자의 행정적 구금"(2023년 10월 15일)을 제안했다. 12월 19일에 대통령 다수당, 우파, 국민연합이 통과시킨 '이민법'은 이런 조치들을 최종적으로 마무리했다. 즉 내무부는 국적 우선제를 제도화하고 외국인 탄압을 강화하는 이 법령을 '국가의 근본 이익에 대한 공격'과 '테러 성격의 활동', (반유대주의 포그롬을 시도하려는 '이슬람주의' 무슬림의 폭력을 의미하는) 폭력 도발 행위를 막기 위한 방패로 홍보했다.

유럽에 권위주의적 전환의 징후 나타나

지각변동의 징후가 보였고, 이미 유럽에서는 그런 현상이 나타나고 있었다. 그러나 아이러니하게도 프랑스에서는 민주적 자유의 수호자를 자처하는 언론 기업과, 극우를 저지하기 위해 선출된 정부의 공동 지휘하에 그러한 권위주의적 전환이 일어나고 있다. 또한, 이스라엘이 가자지구 내 전 주민을 추방하거나 강제 이주를 서두르고, 언젠가 이들이 자기 영토에서 주권자가 되는 것을 막기 위해 저지르는 전쟁 범죄가 증가하는 상황에서, 언론과 정부가 '이스라엘의 자위권'을 지지하기 위해 이스라엘의 행동을 정당화한다는 점도 아이러니하다. 가자에서 자행된 학살의 규모, 학살이 촉발한 국제적 지탄, 왜곡된 편견을 지닌 서구 저널리즘을 불신하는 분위기 때문에, 어쩌면 일부 주동자는 자신들의 일탈과 그로 인한 피해가 우리의 기억에서 사라지기를 바랄지도 모르겠다. 그런 만큼 10월 7일에 개시된 정보전의 두 국면을 상세히 재검토하는 것은 당연한 일이다. 첫 번째는 언론에서 하마스의 학살을 공포의 역사적 정점으로 수없이 묘사한다는 점이고, 두 번째는 이스라엘이 팔레스타인을 상대로 벌이는 전면전이 아주 조심스럽고 완곡하게 보도된다는 점이다. 몇 주 동안 프랑스는 표현의 자유만큼이나 논쟁적인 토론을 혐오하는 패거리 저널리즘을 경험했다.

이스라엘-팔레스타인 분쟁은 3단계로 보도된다. 첫 번째는 시간 축으로, 이 축에서 0점(여기서는 10월 7일)에는 항상 이스라엘 사람들이 암살되는 것이 대응한다. 이 사건 전에 발생한 요르단강 서안지구 및 가자지구 주민들이 살해되는 순간은 0점에 대응된 적이 없다. 점령군은 2021년에 329명, 2022년에 291명, 그리고 2023년의 첫 9개월간 227명의 팔레스타인 주민을 살해했다. 미디어 비평 행동 '아크리메드'(10월 23일)는 2023년 1월 1일~10월 1일까지 "〈프랑스 2〉 채널의 '20시'에서 분쟁에 관해 다룬 것이 단 10개 주제에 불과했다. 이 10개월 동안 팔레스타인 사람들의 발언은 33초간 방송됐다"고 지적했다. 이런 시간 구성으로 사건을 일으킨 본질(이스라엘인 학살), 주동자들이 맡은 역할(하마스 테러리스트, 이스라엘인 피해자, 군대의 심판자), 그리고 마지막으로 공포(10월 7~26일) 다음에 '반격'과 '이스라엘의 자위권'(10월 27~12월 10일)으로 이어지는 시나리오 전개가 기계적으로 결정된다.

언론 보도는 공포와 반격 이 두 단계에 집중한다. 세 번째 단계, 즉 잠재적 학살로 번질 수 있는(12월 초 이후) 전쟁과 관련한 국제적 논란은 첫 번째 단계인 공포보다 더 적게 다뤄진다.(1) 시간의 문제가 중요하다는 점은 쉽게 이해할 수 있다. 이스라엘이 점령지에서 저지른 일반적인 범죄나 가자지구의 살인적 봉쇄를 언론에서 중점적으로 보도했다면, '팔레스타인 주민의 자위권' 문제도 당연히 논의돼야 했을 것이다.

일부 언론의 착각,
"이스라엘은 유럽 정신이 숨 쉬는 나라"

이스라엘-팔레스타인 분쟁을 바라보는 언론의 시각은 두 번째 축인 '서구주의'를 중심으로 구성되기 때문에 프랑스와 유럽의 외교정책은 점점 더 범대서양주의를 지향한다. 언론사 편집국은 이런 기조에 동조하여 이스라엘 정부를 동일한 관점에서 세상을 바라보는 동맹으로 생각한다. 또한 자유 사회의 우월한 문명권에 속한다는 동일한 신념과, 동일한 적을 공유하는 동맹으로 본다. 언론인 로랑스 페라리는 철학자 미셸 옹프레에게 한 질의-성명(〈파리 마치〉, 2023년 1월 4일)에서, 중동에서 "급진적 이슬람주의의 반계몽주의에 맞서 서구 민주주의자들의 싸움"이 격렬해지고 있다고 말했다. 도미니크 드 빌팽이 〈BFM TV〉 아나운서 아폴린 드 말레르브에게 "공포스런 일이 일어났다고 해서 다른 쪽에서도 그런 일이 일어나야 합니까?"라고 물었을 때(2023년 10월 27일), 그는 이런 답변을 받았다. "그런데 당신은 인류의 어떤 부분을 생각하는 겁니까?" 계몽된 서구인가 아니면 '거리'에서 테러리스트를 보호하는 인구 밀도가 높은 남반구인가. 풍자 주간지 〈샤를리 에브도〉 전 국장이자, 현재는 뱅상 볼로레의 극우 라디오 방송 〈유럽 1〉(2023년 10월 19일)의 논객인 필리프 발은 이렇게 말했다. "나는 이스라엘을 사랑합니다. (...) 유럽 정신이 숨 쉬는 나라니까요."

1년 반 전 키이우에서 그랬던 것처럼, 언론은 이스라엘 정부와 군대의 이야기 대부분을 객관적으로 검증해보지도 않고 무턱대고 인정한다. 이스라엘 정부 및 군대의 홍보 담당자들은 대부분 영어를 완벽하게 구사하고, 대중을 겨냥한 언론 코드에 정통하다. 반대로 하마스 측에서 나온 모든 정보는 피해자 수를 포함해 의심스러운 구석이 있다. '차할(Tsahal, 이스라엘 방위군)'은 아기 40명이 참수되었다, 어린이 20명이 불에 타 처형되었다, 갓난아기를 오븐에 구웠다, 임산부를 죽여 배를 갈랐다, 알시파 병원이 하마스의 본거지였다는 등 수많은

'가짜 뉴스'를 유포했다. 나중에 이 뉴스들이 사실이 아니라는 반박이 나왔음에도, 파급효과나 영향력은 최초의 선정적인 정보보다 적었다. 그 외에도 프랑스 언론이 보도하는 이스라엘 측의 공식적인 이야기의 핵심은, '중동의 유일한 민주적' 군대가 가자 주민들 속에 녹아든 잔인한 괴물을 파괴할 임무가 있고, 하마스는 분쟁의 모든 피해자에게 일차적 책임이 있다는 것이다.

이스라엘 주장에 검증 없이 동조하는 서방 언론

비슷한 상황에서 흔히 그런 것처럼, 이런 종류의 프로파간다를 해석할 사람으로는 베르나르 앙리 레비를 따라갈 자가 없다. 이 수필가는 2023년 10월 29일 〈LCI〉에서 이렇게 주장했다. "이스라엘은 인도주의 법을 따를 의무가 있다. 이스라엘은 민간인 피해자를 가능한 한 최소화하기 위해 최선을 다하고 있다. 다시 한번 이스라엘은 모든 가자 주민에게 전단을 살포하고 휴대폰에 이런 메시지를 남겼다. "여기에 머물지 마시오! 15년 동안 당신들을 조종하고 있는 이 비열한 놈들의 인질이 되지 말고 떠나시오, 도망치시오." 따라서 인도주의 법은 뉴욕, 파리, 베를린에 거주하는 평온한 시청자들의 머리와 마음속에 있는 것처럼 이스라엘인들의 머리와 마음속에도 있다." 말하자면 12월 31일 네타냐후가 분명히 밝힌 것처럼, 이스라엘은 '유례없는 윤리 전쟁'을 벌이고 있다.

시간이 갈수록 모든 뉴스 채널에서 흘러나오는 이 날조된 이야기는 점점 늘어나는 팔레스타인 피해자 수를 상대적으로 평가하게 한다. 또한, 합법적인 대응으로 위장해 인종 청소를 시도한다. 뱅자맹 뒤아멜은 2023년 10월 13일 〈BFM-RMC〉에서 이렇게 물었다. "거기서 우리를 지켜보고 우리 말을 듣는 사람들이 잘 이해할 수 있도록, 하마스는 이스라엘군이 경고했고 대피 명령을 내렸는데도 민간인들을… 방패 삼아 일종의 프로파간다로 이용하기 위해 가자를 떠나지 말라고 요구했습니다. 이것이… 이것이 테러 조직이 내세우는 프로파간다의 목적이란 말입니까?" 상황을 너무나 분명하게 객관적으로

설명하자 당황한 게스트 조르주 말브뤼노 기자는 이렇게 답한다. "그렇습니다… 대략 거의 그렇다고 봐야죠."

이틀 후 뒤아멜은 조심스럽게 휴전 이야기를 꺼낸 프랑스 앵수미즈 소속의 한 하원의원을 비난했다. "프랑수아 뤼팽, 하마스와 휴전이라니요? 하마스는 테러리스트 조직이에요! 이스라엘이 하마스와 협상을 해야 한다는 말입니까?" 이어서 그는 이렇게 말한다. "당신 말에는 어딘가 끌리는 구석이 있군요. 사실상 당신은 특히 프랑스 앵수미즈 내에서, 10월 7일 테러리스트 공격과 이스라엘의 보복 중 어느 편도 들지 않는 쪽에 속합니까?"

〈프랑스 앵테르〉에서도 같은 이야기가 나왔으나, 한 달 뒤 1만 2,000명이 사망했다(11월 16일). 공영방송이 선호하는 전문가 피에르 세르방은 "이스라엘이 그들의 전쟁 목표를 더 빨리 달성하려면 더 많은 민간인을 죽여야 할 것이다. 하마스가 민간인 뒤에 숨어 자신들을 보호하고 있기 때문"이라고 정당화한다. 이어서 그는 "민주주의 국가의 다른 군대가 어떤 식으로 이보다 더 잘할 수 있을지 모르겠다"면서, "가자 주민에게 경고하고, 인도주의적 통로를 마련하며, 차할이 전쟁 목표를 달성하기 위해 취하는 몇 가지 실질적 예방 조치들"도 강조했다. 그에 따르면, 반대로 하마스는 "가자지구에서 곧 부각될 비극적 사건을 일으키느라" 분주하다. 어쨌든 라디오에서 네타냐후의 대변인 역할을 (치열한 경합 끝에) 거머쥔 것은 〈유럽 1〉이었다. 종종 그의 우상이 당혹스러움에 얼굴을 붉힐 정도였다. 역사가 조르주 방수상은 이스라엘 군인들이 "삶과 생존을 가져왔고, 의료 장비도 가져왔다"고 말했고, 언론인 소냐 마브루크도 이의를 제기하지 않았다(〈유럽 1-CNews〉, 2023년 11월 16일).

네타냐후의 대변인 역할을 한 〈유럽 1〉 라디오 뉴스

이 자비로운 군대는 우리와 비슷하므로, 프랑스 언론인들은 동포들 중 한 명이 이 대열에 합류할 때 동행한다. 2023년 10월 10일 〈프랑스 앵테르〉의 아침 방송에서, 소냐 드빌레르는 '요발'이라는 한 학생을 영웅시했

다. 이스라엘에서 싸우기 위해 프랑스를 떠나는 요발은 하마스와 가자지구 민간인을 구분하지 않는 것 같았다. 언론인 드빌레르는 팔레스타인 영토를 침략할 준비를 하고 있는 군인에게 "고마워요 요발, 잘 다녀와요!"라고 인사하며 방송을 마쳤다. 그녀의 동료 유디트 와인스트로브는 <피가로 마가진>(2023년 11월 24일)에서 또 다른 군인을 찬양했다. "반유대주의를 피해 이주한 프랑스 태생의 쥘리앵 발룰은 TV 채널 <i24News>에서 5년 동안 근무한 뒤 예비군 신분일 때 다시 군복을 입었다. 그는 현재 차할의 대변인으로 활동 중이다."

공영 언론이든 민영 언론이든 언론 편집국은 가자지구로 싸우러 떠난 프랑스인들을 비판적으로 다뤄야 한다는 생각을 강요받지 않는다. 서구 중심으로 편향된 그들의 편견이 현재 거대한 악의 세력(러시아, 중국)과 동맹을 맺은 이슬람주의의 위협을 받는 민주주의와, 나머지 세계 사이에 위계를 가정하기 때문이다. 어떤 언론인도 자신이 이 행성의 일부를 인간 이하로 취급한다는 것을 기꺼이 인정하지 않을 것이다. 그러나 많은 사람이 "신체를 훼손당한 여성들에게 저질러진 학살과 강간을 같은 것으로, 현재 보복의 일환으로 벌어지는 폭격과 절대 용납할 수 없는 죽음을 같은 것으로 보기를" 거부한다면 결국 마찬가지일 것이다.(소냐 마브루크, <유럽 1>, 2023년 11월 26일)

언론인의 키보드가 텔아비브를 묘사하는지 가자를 묘사하는지에 따라, 어휘와 구문은 그 진술을 인간화하기도 하고 비인간화하기도 한다. 하마스는 이스라엘 피해자를 '학살'하거나 '살해한다.' 팔레스타인은 누가 그들을 죽이는지 실체가 정확히 밝혀지지 않은 채 '죽는다.' 하마스 측 공격이 있을 때마다 언론은 이스라엘 피해자 개인의 절절한 사연을 묘사하는 반면, 팔레스타인

위조와 명예훼손

반유대주의자라는 오명을 쓴 사람들이 점점 늘어나는 가운데, 그런 집단에 또 한 명의 새로운 인물이 등장했다. 바로 도미니크 드 빌팽 전 총리다. 2023년 11월 23일 <TMC>의 프로그램 '일상(Quotidien)'은 가자 전쟁에 대해 입장을 표명했다가 미국에서 제재를 받은 예술가들에 대해 보도했다. 이 보도를 본 뒤 드 빌팽은 이렇게 논평했다. "우리는 이 보도에서 언론과 예술 및 음악계에서 재정적 영향력이 얼마나 큰 비중을 차지하는지 암묵적으로 확인했습니다. 그 예술가들은 계약이 중단되기 때문에 자기 생각을 말할 수 없습니다. 안타깝지만 프랑스에서도 그런 일을 볼 수 있죠."

사흘 뒤 <BFM TV> 진행자인 로날 갱트랑주는 프랑스유대인협회(CRIF) 회장 요나탕 아르피에게 드 빌팽의 발언에 대해 반응을 유도했다. 그러나 이 언론인은 전 총리의 발언을 조작했다. 그는 이렇게 주장했다. "처음에 드 빌팽은 미국에 대해 이야기하고, 서구사회에서 유대인 금융의 영향력을 비판했습니다. 그는 이 영향력 때문에 사람들이 끔찍한 인종 청소의 피해자인 팔레스타인인을 직접적으로 지지하지 못한다고 말합니다. 그는 미국의 상황을 이야기한 뒤 '프랑스도 마찬가지죠'라고 말합니다." 그러고 나서 갱트랑주는 이런 논평을 덧붙였다. "이런 표현을 사용해서 미안하지만, 교외 지역에 사는 작은 아랍인이 반유대주의 발언을 하는 상황이라면 문제는 쉽습니다. 여기서 우리는 프랑스 전 총리 이야기를 하고 있는데, 그가 정확히 무슨 뜻으로 그런 말을 했는지 이해하기 어렵습니다."

2023년 11월 28일, 거짓말의 증거가 드러나자 <BFM TV>는 다음과 같은 짧은 사과문을 방송에 내보냈다. "2023년 11월 26일 일요일 '120분' 프로그램에서, 그 주에 나온 도미니크 드 빌팽의 발언에 대해 부정확하고 유감스러운 표현이 사용됐습니다. <BFM TV>는 시청자 여러분께 사과 말씀을 드립니다. 항시 경계를 늦추지 않는 것만이 우리 방송과 시청자 사이의 신뢰를 보장해 줄 것입니다."

더불어 신께서 가짜 뉴스로부터 우리를 보호해주시기를… **ID**

번역·조민영
번역위원

실격 처리된 프랑스

분쟁의 시작부터, 프랑스와 유럽연합은 물론 서구 언론과 관련하여 일부 팔레스타인인들은 어떤 일이 일어날지 알고 있었다. 유네스코 팔레스타인 대사를 지낸 엘리아스 산바르는 씁쓸하고 역설적인 어조로 이렇게 썼다. "프랑스는 주권을 지닌 독립 국가다. 그리고 프랑스는 현재 전쟁의 초기에 쓰러진 민간인, 이스라엘인 혹은 다른 국적자의 운명에 대해 정당하게 분노할 수 있다. 또한, 프랑스는 가자지구 폭격으로 사망한 어린이 수가 증가하는 참상에 대해 침묵을 지킬 수도 있다. 프랑스는 팔레스타인인들과 연대하는 집회를 금지할 수 있고, 이스라엘을 지지하는 열렬한 선언을 계속하고 팔레스타인인의 불행에 대해서는 거의 언급하지 않을 수 있다. 프랑스는… 할 수 있다. 그러나 이것은 이번에 스스로를 실격 처리하고 다음 게임에 나가는 가장 좋은 방법이다.(2023년 10월 13일, 〈르몽드〉에 게재된 인터뷰)

폭격, 미래의 해결책

주간지 〈르푸앵〉의 '세계' 부문 편집장 뤼크 드 바로셰는 지난 1월 18일 가자지구의 휴전 가능성이 가져올 결과를 이렇게 상상했다. "이스라엘군의 결과는 적대 감정을 멈추기에는 비극적이게도 불충분하다. 이스라엘이 무기를 내려놓으면 어떤 일이 벌어지기 때문일까? 하마스는 인질을 수년간 협박 수단으로 이용할 것이다. 하마스는 계속해서 가자지구를 통제할 것이다. 하마스 지도자들은 아랍-무슬림 세계에서 영웅 대접을 받을 것이다. 서구의 이익에 해를 끼친다면 블라디미르 푸틴과 시진핑은 환영할 것이다. 이란과 예멘, 이라크, 시리아, 레바논의 이란 민병대는 날개가 돋아나는 것 같다고 느낄 것이다. 다에시(이슬람국가 IS)가 이끄는 지하디스트 조직은 그들의 적(여기에는 우리도 포함된다)에게 하마스만큼 치명적인 타격을 가할 수 있다는 것을 보여주기만 한다면 공격을 재개할 힘을 얻을 것이다. 우리는 정녕 이런 것을 원했다는 말인가?"

인은 보도에서 대개 잔해더미를 헤매는 불명확한 익명의 존재로 축소된다.(2) 우리가 영화 속 등장인물과 동일시하는 생명 없는 주체이거나, 배경에 숨어 있어 우리의 시선에 잡히지 않고 빠져나가는 생명 없는 대상인 것이다.

분쟁이 발생한 지 거의 4개월이 지났으나, 프랑스 주요 언론 중 이 분쟁을 다룬 언론을 정량적으로 조사한 곳은 한 군데도 없었다. 〈디 인터셉트〉(2024년 1월 9일)는 미국에서 2023년 10월 7일~11월 24일에 나온 〈뉴욕 타임스〉, 〈워싱턴 포스트〉, 〈로스앤젤레스 타임스〉 기사의 광범위한 표본을 분석했다.(3) 프랑스 독자들에게도 그 결과가 낯설지는 않았을 것이다. "이스라엘 피해자의 경우 '유린(carnage)'이라는 표현이 팔레스타인 피해자보다 60배 더 많이 사용됐고, '학살(massacre)'이라는 표현은 이스라엘 피해자에 대해서는 125회, 팔레스타인 피해자에 대해서는 2회 사용됐다. '끔찍한'이란 표현은 이스라엘 피해자에게는 36회, 피해자가 팔레스타인인 경우는 4회 쓰였다." 또한, 저자들은 "어린이 및 언론인이 일반적으로 서구 언론의 공감을 불러일으키는 데 비해, 이 두 집단에서 살해된 전례 없는 수에 대해서는 언론의 관심이 부족하다"고 지적했다. 마지막으로 하마스가 자행한 민간인 암살은 의도적인 전략의 산물로 상세히 묘사되는 반면, 언론인들은 가자 주민들의 죽음을 "수천 번 반복되는 오류의 연속인 것처럼" 묘사한다.

또 다른 서구 미디어인 〈BBC〉의 연구에서도 특정 어휘가 어떤 이들에게는 감동을 주지만 어떤 이들에게는 거리감을 준다는 사실을 확인할 수 있다.(4) 연구자들은 2023년 10월 7일~12월 2일에 제작된 〈BBC〉 온라인 제작물의 90%를 면밀히 조사했다. 이스라엘 피해자와 '학살, 살해, 살육' 같은 단어들이 거의 체계적으로 연관된다는 사실(팔레스타인인은 '죽거나 사망했다'고 표현됨) 외에, 이 연구는 '엄마, 할머니, 딸, 아들, 남편' 등 가족 관계를 나타내는 용어가 팔레스타인인보다 이스라엘인을 묘사하는 데 더 자주 사용되었다고 밝혔다.

이중 잣대의 불균형을 개선하라는 목소리 작아

하마스가 이스라엘을 공격하고 100일 뒤, 이스라엘 정부가 집계한(12월 15일) 사망자 수는 1,139명이었고, 그중 민간인이 766명, 아직 가자에 억류돼있는 인질이 132명이었다. 미국의 장비와 자금을 지원받은 이스라엘군은 팔레스타인인 2만 3,000명을 죽였고(그 외 8,000명 실종), 병원, 학교, 사원, 문화시설, 문서 보관소, 도로, 에너지 기반시설을 폭격했다. 또한, 건물의 60%를 손상시키고 파괴했으며, 주민의 85%를 난민으로 만들었고, 생존자의 40%를 위협하는 대규모 기근은 물론 조직적으로 물과 의약품 부족 사태를 유발했다. 미국 역사가 로버트 페이프는 이것이 시리아의 알레포, 우크라이나의 마리우폴, 그리고 제2차 세계대전 말기 연합군 폭격으로 망가진 독일 도시들의 파괴 규모에 맞먹는, "역사상 가장 강력한 민간인 토벌 작전 중 하나"라고 지적했다.(5) 그러나 그것은 한 번의 일탈로 볼 일이 아니다. 작전은 대학살을 예고하는 듯한 어조로 사전에 공식 선언되었다. 사회주의 성향의 이스라엘 대통령 이츠하크 헤르초그는 "책임은 국가 전체에 있다"고 했고, 국방부 장관 요아브 갈란트는 "가자는 절대 예전으로 돌아가지 않을 것이다. 우리는 모든 것을 제거할 것이다"라고 말했다.

이스라엘 정부 지도자들이 '인간 동물'의 운명으로 점찍어둔 이스라엘의 살육을 분석할 때, 그 원인을 추적하기 위한 강도 높은 조사나 그 의미를 파악하기 위한 고급 기호학 과정은 필요하지 않다. 그러나 그때 언론은 전략을 바꿨다. 팔레스타인의 운명을 '이슬람주의 테러리즘'으로 규정하고 이스라엘의 정책을 이 학살에 대한 일련의 '보복'으로 규정함으로써 앞뒤가 맞지 않는 이야기를 끊임없이 퍼뜨렸다. 또한, 서구의 연대가 동맹을 인간화하고 적을 야만화할 수 있다는 사실을 보여줬다. 그리고 나서 대부분의 프랑스 언론인은 시선을 돌리기로 했다. 그들은 의도적으로 분쟁 보도를 축소해 불쾌한 질문을 피하려고 했다.(6)

그러나 논리적으로나 정의의 측면에서, 10월에 "이스라엘은 스스로 방어할 권리가 있다"고 선언한 다수의

평화, 이 '유치한' 생각

〈르피가로〉에서 언론인 로르 망드빌은, 먼저 '하마스와 싸우기 위한 국제적 동맹'을 제안했던 에마뉘엘 마크롱이 생각을 바꿔 2023년 11월 9일 가자지구에서 폭격을 중단할 것을 촉구한 사실을 인정하지 않았다. 일주일 뒤 망드빌은 공화국 대통령을 이렇게 질타했다. "차알이 실존적 위험을 무릅쓰고 군사작전을 벌이는 와중에 휴전을 요구함으로써, 프랑스는 세력 균형을 피하고 전쟁 시기를 (피할 수 있다고 생각하는 듯) 건너뛰려는 유럽의 경향을 반영합니다."

가자지구 및 그 주민들을 파괴하려는 행동이 중지되었다는 사실에 절망한 기색이 역력한 망드빌은 이렇게 밝힌다. "전쟁을 수행해야 하는 '속도'의 문제는, 여기서도 현재 매우 널리 퍼져 있는 다소 유치한 조바심 같은 태도를 반영하기 때문에 중요하다. 넷플릭스 시리즈에서 볼 수 있듯이 내용 전개가 빨라야 한다." 맙소사! 〈르피가로〉가 보여주는 전쟁은 멋지다….

착각

2023년 12월 12일, 가변기하학 교수이자 전방위적으로 위대한 증인인 베르나르 앙리 레비는 이스라엘 방송 〈i24〉의 프랑스어 채널에서 늘 그렇듯 진심으로 분노를 참을 수 없었다. "이스라엘에 불리한 '이중 잣대'가 정말 존재한다니 놀라울 뿐입니다." 𝕃ⅅ

번역·조민영
번역위원

논평가와 의사 결정자들은 지금까지 발생한 피해자 수와 관련해 이 '권리'의 결과에 의문을 제기했어야 했다. 또한, 그들에게 살해를 막기 위한 조치나 제재를 제안하라고 요구했어야 했다. 팔레스타인의 '테러리즘'에 대해 발설하지 말라고 하는 것은 이 말을 어긴 자들에게 언론이 돌팔매질을 하는 것과 다름없었다. 이번에는 이스라

엘의 전쟁 행위를 주시함으로써 '추방, 인종 청소'는 물론 '대학살 시도' 같은 다른 표현들이 등장하는 듯했다. 언론인들은 이제 이스라엘을 '무조건적으로 지지하는' 일부 사람들 쪽으로 그들의 무기를 돌리고 발언을 쏟아낼까? 언론인들은 이번에는 가자지구에서 민간인 학살이 일어나 자신들의 보호 대상에게 반대하는 목소리를 높여야 할 때, 자신들의 맹목성을 비난하겠는가?

〈프랑스 앵테르〉에 이의를 제기한 방청객 '브리스'

야엘 브라운 피베 하원의장, 제라르 라르셰 상원의장, 에리크 시오티 공화당(LR) 대표, 안 이달고 파리 시장 등, 불과 몇 주 전이었다면 이들은 불복하는 지도자로서 이런 질문을 받을 수도 있었다. "인종 청소에 찬성합니까?", "그것은 오히려 추방에 더 가까운가요?", "대부분이 예비군 신분인 이스라엘 선수들을 올

림픽에 참가하지 못하게 하는 건 어떨까요?", "이스라엘에 대한 제재는 대체 언제쯤 하게 될까요?"

우리는 전혀 그렇지 않을 거라는 사실을 알고 있지만, 실제로는 이미 짐작하고 있었는지도 모른다. 대부분의 다른 신문들보다 더 공평하게 분쟁을 보도하는 것으로 정평이 난 〈르몽드〉 같은 신문조차도, 팔레스타인에서 전쟁 범죄를 저지른 국가가 '국제사회'의 제재를 받아야 한다고 늘 권고하지는 않는다.

신년사에서 마크롱 프랑스 대통령은 가자지구에서 숨진 2만 2,000명을 위해 열다섯 마디를 바쳤다. 2023년 12월 31일, 총 48페이지에 달하는 〈르 주르날 뒤 디망슈〉는 팔레스타인인들의 순교에 대해서는 단 한 건의 기사도 게재하지 않았다. 2주 뒤, 성향이 매우 다른 두 정치인 라파엘 글뤼크스만과 에리크 제무르는 각각 〈프랑스 앵테르〉와 〈유럽 1〉에서 장시간 인터뷰를 했다. 이 두 방송의 유일한 공통점은 인터뷰 시간이 50분이고, 가자지구에 대해서는 일언반구 거론하지 않았다는 점이다. 글뤼크스만은 공격받은 병원과 관련해 많은 이야기를 했다. 그러나 러시아 해커의 공격을 받은 코르베유에손의 병원 이야기뿐이었다 (2022년 8월, 러시아 해커 집단이 코르베유에손의 한 종합병원에 돈을 요구하며 사이버 공격을 단행해 진료가 중단되고 환자들을 다른 병원으로 이송해야 했던 사건-역주).

그 며칠 전인 12월 21일, 프랑

수아 올랑드 전 대통령은 다시 한번 〈프랑스 앵테르〉의 초대를 받았다. 인터뷰를 시작하고 16분이 지났는데도 가자지구 전쟁 얘기가 나오지 않자, '브리스'라는 한 방청객이 대화를 끊고 이렇게 말했다. "팔레스타인에서 수만 명의 희생자가 발생해야 여기에 참여하는 모든 발언자에게 이스라엘 군대의 잔인한 행위를 명백히 비난하는지 물을 겁니까? 처음에는 며칠 동안 당신은 양측의 사망자 수를 각각 알려줬는데, 사망자 수가 1,200명으로 같아지자 니콜라 드모랑(〈프랑스 앵테르〉 아침 방송 진행자) 당신은 거기서 멈췄던 걸로 기억합니다. 현재는 팔레스타인 쪽 사망자 수가 20배나 더 많습니다. 그렇다면 이제 모두에게 이 모든 것을 분명하게 비난하는지 물어야 할 차례입니다." 소용없는 일이었다. 다음 날 〈프랑스 앵테르〉 게스트는 프랑스 앵수미즈의 하원의원 프랑수아 뤼팽이었고, 언론인들은 그에게 가자 관련 질문은 단 한 번도 하지 않았다.

프랑스에 마침내 권위주의적 저널리즘 탄생

하마스 공격 이후 2주간인 10월 8~21일 〈프랑스 앵테르〉 아침 방송에 초대된 게스트 중 2명을 제외하고 모두가 학살 관련 질문을 받거나 스스로 공포를 표현했다. 영화배우 뱅상 랭동은 10월 13일 "오늘 우리가 올바르게 행동하고 싶다면 그것이 우리의 내면에 어떤 영향을 미치는지, 우리가 느끼는 게 무엇인지 말해야 할 의무가 있다"고 설명했다. 두 달 뒤 이 '도덕적 의무'는 사라졌다. 12월 8~21일에 가자지구 내 학살 위험에 관해 유엔 산하기구를 포함해 국제적 논의가 확산할 당시, 〈프랑스 앵테르〉 아침 방송에서 이런 주제로 질문을 받은 게스트는 단 2명에 불과했다. 물론 '브리스'까지 합하면 3명으로 늘어나겠지만 말이다.

2024년 1월 12일 금요일 〈프랑스 앵포〉는 학살 행위 혐의에 대해 이스라엘 정부를 옹호하는 생방송을 내보냈다. 이처럼 저널리즘이 이스라엘에 호의적인 쪽으로 치우쳤다는 증거와, 그 전날 헤이그 국제사법재판소에서 있었던 남아공의 변론은 같은 대우를 받지 못했다는 증

거가 계속해서 쌓일 것이다. 그럼에도 조정이 필요한 불균형을 시사하는 '이중 잣대'를 비판하는 목소리는 아직 부족하다. 이스라엘-팔레스타인 분쟁을 특별 취급하는 것은 보다 광범위한 변화의 일부분이기 때문이다.

4개월 동안 '4대 강국'의 지도자들은 식민 제국 시대처럼 서구를 인류의 정점에 올려놓는 문화주의를 부추기기만 한 게 아니다. 대다수는 이스라엘 극우의 관점을 지지하고, 프랑스에서는 어제까지도 분명했던 연대 표명을 전쟁 반대자들이 하지 못하게 함으로써 그들을 소외시키는 데 동조하거나 지지했다. 이렇게 그들은 러시아의 위협과 이슬람 테러리즘에 맞서 싸운다는 명목으로 프랑스의 군사적·도덕적 재무장을 축하하는 동시에, 국민연합 공화주의의 세례를 촉발했다. '포퓰리스드' 운동과 '반자유주의' 정권에 맞서 자유주의 정부들이 15년간 벌인 전쟁은 여기서 뜻밖의 원군을 만났다. 프랑스에서 권위주의적 저널리즘이 탄생하고 자리 잡은 것이다. ◻

글·세르주 알리미 Serge Halimi
〈르몽드 디플로마티크〉 프랑스어판 고문
피에르 랭베르 Pierre Rimbert
기자

번역·조민영
번역위원

(1) 유로 애그리게이터에서 프랑스 언론 항목에 등재된 기사 및 시청각 자료의 수.
(2) Pauline Perrenot, 'À la Une du Parisien, la caricature du double standard 〈르 파리지앵〉의 1면, 이중 잣대의 캐리커처', Acrimed, 2023년 12월 21일 참고.
(3) 미국 언론의 또 다른 표본에 관한 홀리 잭슨(Holly Jackson)의 연구도 참고. https://github.com/hollyjackson/casualty_mentions_nyt
(4) 이 연구는 잰더 엘리어즈(Xander Elliards)가 요약한 것임, 'Study shows BBC "bias" in reporting on Palestinian and Israeli deaths 팔레스타인과 이스라엘인 사망 보도에서 BBC가 보여주는 '편향성' 연구', 〈The National, Glasgow〉, 2024년 1월 9일. 데이터는 https://github.com/liet-git/bbc-bias#wordbank-analysis에서 찾을 수 있다.
(5) Julia Frankel, 'Israel's military campaign in Gaza seen as among the most destructive in recent history, experts say 이스라엘의 가자지구 군사작전은 최근 역사에서 가장 파괴적이라고 전문가들은 말한다.', Associated Press, 2024년 1월 11일.
(6) Alain Gresh et Sarra Grira, 'Gaza, l'escorte médiatique d'un génocide 가자, 언론이 학살을 호위하다', Orient XXI, 2024년 1월 8일.

비상(飛上)하는 여인들의 만남

캐나다의 유명 작가 마거릿 애트우드는 젠더, 인권, 환경, 자연 등 여러 주제를 천착해 왔다. 지난해 11월 2일 로베르 라퐁 출판사에서 출간된『우리 숲길을 산책해요』에서 이 작가의 발랄한 문체, 예리한 해학이 깃든 15편의 단편 가운데 1편을 발췌해 본지에 게재한다. 언어폭력에 직면한 세 여성 지식인의 현실적인 고뇌와 꺾이지 않는 투쟁정신을 투명하게 관찰할 수 있다.

마거릿 애트우드 ▍맨부커 상, 프란츠 카프카 상 수상작가

크리시의 집 앞에 도착한 머나는 문을 두드렸다. 초인종을 눌렀지만 인기척이 없었다. 그녀는 안으로 들어갔다.

"나 왔어. 세상에, 문을 활짝 열어두다니! 내가 혹 연쇄살인범이면 어쩌려고!" 그녀가 외쳤다. 거의 포효에 가까운 소리였다.

"1분만 기다려. 금방 나갈게."

실내 어디선가 크리시가 대답했다.

분홍빛 타일이 깔린 현관은 서늘했다. 머나가 전신거울을 흘끔 쳐다봤다. 꼭대기에 리본 매듭이 조각된 옥빛 나무틀 속의 기다란 거울은 프랑스풍이었다. 크리시는 골동품이라면 사족을 못 썼다. 아무리 상품이 미심쩍어도 상관없었다. 낯선 이들이 남긴 유물. 예전에 남자를 고르는 취향도 꼭 그랬는데. 정말이지 이 물건은 '침실 장식용으로 딱'이라면서.

"빌어먹을. 무지 덥네."

머나가 밀짚모자를 벗어들고, 어수선하게 헝클어진 요란한 진홍색 머리칼을 쓸어 넘기며 혼자 중얼거렸다. 미용사 안토니오가 제멋대로 가위를 놀리도록 두지 말았어야 했다. 완성된 머리를 본 안토니오는 에둘러 미안함을 표시했다. 다음에 꼭 머리 색상을 다시 손봐주겠다고 단단히 약속했다. 여하튼 지금 그녀의 모습은 상당히 파격적이었고, 그녀는 다시 오지 않을 이 기회를 온전히 누리기로 마음먹었다.

이 민소매 원피스도 절대 입지 말았어야 했다. 강한 자외선과 늘어진 팔뚝 살 때문이다. 덤벨로 해결될 문제가 아니었다. 물론 그녀가 덤벨을 장식품으로 두지만 않았어도 달랐을 테지만. 게다가 초록색 계열은 좀처럼 그녀에게 어울리지 않았다. 특히 이 라임색은 그녀의 얼굴색을 더 칙칙하게 만들었다.

"뭐가 이리 요란하담?"

그녀가 거울에 비친 모습을 보고 중얼거렸다.

"이런 차림을 하기에는 늦었어. 이제 아무도 내 외모에 관심이 없다고. 아무도…"

머나는 크리시의 응접실로 발걸음을 향했다. 그녀의 발밑에서는 습기를 머금은 이끼처럼 베이지색 양탄자가 질퍽거렸다. 토론토는 늪지대였다. 지금도 늪지대처럼 습했다. 응접실은 평소 그대로였다. 연보라빛과 청록빛, 금빛의 건조화가 꽂혀있는 멕시코풍 화병, 방글라데시의 한 여성단체가 직접 수를 놓은 쿠션, 출판사에서 퇴짜를 맞았던 크리시의 유일한 베스트셀러『창공의 소녀들, 비상하는 여인들』의 표지 시안이 큼지막하게 장식된 액자. 사실 그것은 크리시가 꿈꾸던 표지였다. 하지만 정작 편집자들이 그녀에게 강요한 건 훨씬 더 표준적인 표지였다. 초경량 복엽기가 그려진 주황색 표지. 그들에 따르면, 표지 사진이란 자고로 눈에 확 들어와야 했다. 사람들이 휴대폰 화면을 넘기다가 멈칫할 만큼.

『창공의 소녀들』은 학제 간 페미니즘 연구에 대한

급습이라 할 수 있었다. 적어도 크리시는 그렇게 주장했으나, 머나는 그것이 사이비 전문용어라고 평했다. 그녀는 자신이 크리시보다 엄격하다고 자처했다. 크리시는 토론토 명문대에서 신화학과 민속학을 가르쳤다. 그녀가 쓴 책은 중력의 법칙을 거스른 여러 허구 속 여인들을 다룬 학술논문 형식으로 시작됐다.

하지만 여기서 '창공의 소녀들'이란 비단 오색 무지개 빛깔을 띤 신의 전령사 이리스나 날카로운 발톱에 새의 날개를 단 하르퓌아만을 의미하지 않았다. 전래동요에 등장하는 '바구니 속에 던져진 노파', 시슬리 바커가 그린 '꽃의 요정들', 요술 우산을 쓰고 구름 위에서 내려오는 메리 포핀스, 『피터팬』에 나오는 반짝이는 작은 요정 팅커벨만 의미하는 것도 아니었다. 수확물을 지키기 위해 하늘을 날아다니며 사악한 마녀들에 맞서 싸우는 이탈리아의 선량한 베난다티도, 오즈의 왕국을 방문한 도로시나 그의 강아지 토토도 아니었다. 비록 도로시와 토토가 연신 하늘을 날아다니는 것은 사실이었지만 말이다.

사실상 크리시는 픽션과 신화에 머무르지 않고, 실제 삶의 영역으로까지 탐구를 확장했다. 인간 대포알이 된 여성들, 치명적인 추락사로 세상을 뜬 여성 공중 그네 곡예사들, 어느 날 홀연히 수수께끼만 남긴 채 세상에서 사라진 여성비행사 아멜리아 에어하트. 그리고 제2차 세계대전 내내 합판 복엽기에 몸을 싣고 야음을

<월리스 서커스 포스터(세부 묘사)>, 1898 - 미국 의회도서관

틈타 죽음의 씨앗을 뿌리고 다니던 소련의 여성 비행사단, '밤의 마녀들'까지.

이 책의 주석에서 다뤘던, 본문에 실렸던, 하늘을 나는 이 여성들은 대체 그들의 추종자에게 어떤 의미를 지녔던 것일까? 크리시는 몇 가지 가설을 제기했다. 그중 하나는 섹슈얼 새디즘이었다. 아름다운 곡예사가 아찔한 공포 속에 공중을 가르는 모습. 지상의 육신이 구속하는 굴레에서 벗어나기를 갈망하는 여성의 욕망도 있었다. 비상을 꿈꾸지 않는 젊은 소녀가 있을까?

책을 산 사람들 중에는 불만을 제기하는 이들도 있었다. 연합군 전투비행대대를 다룬 책인 줄 알았는데, 요정 이야기 천지라면서 말이다. 정확히는, '빌어먹을 요정년들'이겠지. 머나도 일전에 상소리로 도배된 편지의 일부를, 크리시가 보여줘서 읽어본 적이 있었다. "대체 왜 목차는 읽어보지 않는 거야?"라고 크리시가 볼멘소리를 했다. 대체 왜 이런 심술궂은 말들을 써서 보내는 것이냐고?

"더러운 페미나치 잡년"이란 폭언은, 진지한 학술 토론에서는 드문 표현이었다. '페미나치'가 페어팩스 대학교의 한 교수(1)에 의해 창안된 용어지만 말이다. 게다가 왜 그 문학평론가 두 명은 굳이 그녀에 대해 묘사하면서 '경박한'이란 수식어를 썼을까? 또 다른 평론가는 '새대가리'라는 표현도 서슴지 않았다.

"여자가 책을 냈다는 이유만으로 혐오의 대상이 된 거지. 흔한 일이잖아. 우리 모든 여자들이 겪는 일이니까."

레오니가 크리시를 위로했다. 그리고는 입버릇처럼 말했다.

"프랑스 혁명 때는 훨씬 더했어. '시민'이라는 말을 하지 않았다는 이유로 머리가 댕강 날아가기도 했으니."

프랑스 혁명은 레오니의 전공 분야였다. 그녀도 캐나다 명문대인 토론토 대학에서 프랑스 혁명에 대해 강의를 한 적이 있었다. 역사가 아직 권위를 누리던 시절이었다.

레오니도 『테르미도르!』라는 제목의 책을 냈다. 처음에 그녀는 대학출판부에 원고를 보냈지만, 결국 퇴짜를 맞았다. 자극적인 폭력에 초점을 맞춘 글이 영 진지하지 않다는 이유에서였다. 그러다 이 책의 잠재력을 알아본 한 중견 상업 출판사가 나타났다. 하지만 이번에는 출판사가 레오니가 붙인 부제를 삭제했다. '프랑스 혁명에 반기를 든 테르미도르 반동 시기의 사법 외적 정치 보복과 복수의 학살, 그리고 이 사건이 현대에 남긴 유산.' 부제가 너무 장황하다는 이유에서였다.

대신 그들은 조금 더 드라마틱한 분위기를 연출하기 위해 표제에 느낌표를 달았다. 그리고 19세기 말 툴루즈 로트렉의 포스터에 기반한 벨 에포크 양식의 갈색 문자가 박힌, 빨간색 원톤 표지를 넣자고 했다. 레오니는 시대

착오적이라고 항변했지만, 오히려 편집진들은 눈을 동그랗게 떴다. 툴루즈 로트렉은 프랑스인이잖아? 붉은색도 마른 핏자국을 연상시키잖아? 대체 뭘 더 원하는 거지?

레오니에 따르면, 그 표지는 재앙 그 자체였다. 그녀는 일부 현학적인 대학교수들로부터 역사를 무시한 그 글자체에 대해 공격을 받았다. 거기서 그치지 않았다. 『테르미도르!』를 바닷가재(툴루즈 로트렉이 애호하는 갑각류!) 특선 재료를 이용한 해산물 요리사로 착각한 일반 독자들까지 자유, 평등, 박애를 외친 죄로 교수대에 오른 올랭프 드 구주의 모습, 얼굴에 총상을 입은 로베스피에르의 모습이 담긴 컬러 장식 컷, 총칼을 들고 자코뱅파 포로들을 마구 학살하는 복수심에 사로잡힌 반혁명주의자들의 모습이 줄줄이 등장하자 분노를 감추지 못했다. 대체 피에 굶주린 어떤 괴물이 이런 타락한 주제들에 관심을 갖는 거지?

레오니에게도 온갖 상스러운 편지들이 날아왔다. 발신자들 중 대다수는 책을 읽지도 않은 사람들이었다. 신문 비평란에 실린 레오니의 사진만 보고 항의한 것이었다. 당시 그녀에 대한 비평문이 무더기로 쏟아졌다. 편집위원회가 집단처형과 미디어 린치가 세간의 이목을 끌기 좋다고 여겼던 것이다. 남성 발신자들 중 일부는 레오니가 그들의 일자리를 빼앗고 있다고 비판했다. 심지어 "뚱뚱한 젖소", "추잡한 암퇘지", "쓰레기 잡년" 등 욕설을 쏟아내는 자들도 있었다. 여성들도 비판에 가세했다. "당신 미쳤어?", "뭐가 그리 뻐딱해?" 하지만 뭐니 뭐니 해도 가장 충격적인 '최후의 일격'(2)은 "진심으로 실망입니다"라는 표현이었다.

"무시해버려." 머나가 레오니에게 조언했다.

레오니는 충격이 큰 나머지 눈물을 쏟았다. 아니, 그러기 직전이었다. 그들 세대는 사람들 앞에서 진짜 눈물을 보이는 일을 결코 용납하지 않았다. 그건 너무나도 약해빠지고, 너무나도 여성스러운 행동이었다. 정형화된 고정관념이라면 모조리 뿌리 뽑아야 했다.

"네 책을 좋아하는 사람들도 많잖아."

그녀가 말했다.

"많지는 않아. 그리고 사람들은 악의적인 평에 물들

거야."

레오니가 반박했다.

"악평은 글쓰기만큼 역사가 길지. 폼페이의 선술집 벽면 낙서들을 떠올려봐!"

"죄다 지옥으로 꺼지라고 해! 정말 내가 '쓰레기 잡년'일까?"

레오니가 훌쩍이며 말했다.

"아니, 결코 평범한 여성들에 비할 바는 아니지."

머나가 대답했다.

"그건 그냥 역사일 뿐이야. 과거에 실제로 일어났던 사건. 사람들이 행한 일. 그런데 그런 걸 썼다는 이유로 내가 왜 이토록 얻어터져야 하지?"

"사람들은 대개 남의 진심에 관심이 없거든. 그저 바닷가재나 먹고 싶을 뿐이지!(그녀는 속으로 '나도 마찬가지야'라고 외쳤다) 내가 왜 그 머리 아픈 이야기를 읽어야 하느냐면서 말이야. 그래, 네 말이 맞아. 하지만 세상 모든 사람이 순수한 진리의 빛을 추구하지는 않아."

머나가 대답했다. 그녀는 예전에 사회언어학적 현상의 일종으로 욕설과 비어의 연구에 천착한 적이 있었다. 그녀는 명문 토론토 대학을 그만둔 뒤에도 여전히 시민의 자격으로 이 주제들을 탐구했다. 그녀는 최근 인터넷에서 '실망스러운'이라는 단어가 여성들을 비판하는 용례로 사용되는 경우가 점점 증가하고 있다는 사실에 주목했다. 은밀한 무기인 이 형용사는 어느새 '충격'이나 '분개'라는 표현을 대체했다. 흡사 전파력이 강한 바이러스가 그보다 약

한 바이러스를 대체하듯이 말이다.

검열에 잘린 크리시의 표지 이야기로 돌아가 보자. 쪽빛 하늘, 알록달록한 빅토리아풍 열기구. 턱까지 베일을 내린 카플린 모자와 장갑을 착용하고, 가슴에 각기 청보라색, 분홍색, 노란색 주름 장식을 단 젊은 여인 세 명이 버들가지로 엮은 열기구 바구니에 올라타 있다. 여인들은 나무, 지붕, 첨탑, 강 위를 날아가며, 구경꾼들을 향해 신이 나서 손을 흔든다. 장밋빛으로 물든 구름 속으로 태

양이 지고 있다. 아니 떠오르고 있는 것일까? 앞으로 밝아지는 것일까, 아니면 어두워지는 것일까? 크리시는 이 부분에 대해 아무런 확신을 할 수가 없었다.

레오니는 벌써 응접실에 도착해 있었다. 그렇다고 그녀가 시간을 허비한 것은 아니었다. 그녀는 최애 음료인 임을 넣은 진토닉 잔을 들고, 기다란 버찌색 벨벳 소파에 누워 있었다. 흰색 속바지에 진홍색 웨지 샌들, 꽃무늬 블라우스. 크고 둥근 주황색

플라스틱 귀걸이를 걸고. 가발은 쓰지 않았다. 2번째 항암화학요법 이후 그녀의 머리에는 듬성듬성 가느다란 흰머리가 자라고 있었다. 눈썹은 펜슬로 그려 넣었다. 방사선 치료를 동반하는 암 수술을 받은 직후, 그녀는 한동안 얼굴에 고양이 수염을 그려 넣고 다녔었다. 하지만 이제 그것도 그만둔 것이다.

"날이 무척 덥지?" 레오니가 물었다.

40년째 대화를 시작하는 고전적인 문장이었다. 요즘 같으면 아마도 '빌어먹을' 같은 표현을 덧붙여야 할 것이라고 머나는 생각했다. 그녀의 사춘기 손주들도 언제나 거친 말을 입에 달고 살았다. 물론 더 어린 손주들은 아직 그 단계까지는 아니었지만. 어쨌거나 그들은 아직은 항문기에 머물러 있었다.

예전에는 인종차별적인 욕설은 많이 찾아볼 수 있어도, '빌어먹을'이란 단어는 금기시됐다. 하지만 요즘은 정반대였다. 머나는 인간의 문화에서 항상 주된 테마로 등장한, 이 모든 언어의 변천 과정을, 금기어들을 꼼꼼히 기록했다. 줄을 서시요. 험담가들, 분변 전문가들은 여기. 설교자들, 신성모독자들은 저기. 악운을 몰고 올 수 있는 금기어들은 저 뒤. 여하튼 다시 '빌어먹을'에 관한 얘기로 돌아가 보자면, 머나는 예전에 이 주제에 대해 탐구한 논문을 〈말레딕타 : 언어 공격 관련 국제 저널〉이란 학술지에 발표한 적이 있었다.

"'빌어먹을' : 한 문제적 용어의 긍정적이고도 부정적인 가치."

"이를테면 찜통더위와 비슷한 거야. 처음에는 덥다고 투덜거려도, 4개월 뒤면 금세 추위를 불평하게 되는 거지."

그녀가 대답했다. 어쩌면 그녀는 이렇게 답변할 수도 있었을 것이다. "우리는 시간이 지난 뒤에야 대가를 치르는 법이야." 그다지 나쁘지 않은 고전적인 답변이었다. 하지만 이런 답변도 가능할 것이다. "빌어먹을, 우리는 시간이 지난 뒤에야 대가를 치르는 법이야!", "우리는 시간이 지난 뒤에야 대가를 치르는 법이야, 빌어먹을!" 또는 "우리는 시간이 지난 뒤에야 응당 대가를 치르는 법이야, 빌어먹을"도 가능했을 것이다.

그런데 '응당'은 동사를 강조하는 표현일까? 얼마나 끔찍한 어법인가! 언어라는 배수구를 통해, 끝을 알 수 없는 어법의 깊은 심연 속으로 빨려 들어간다는 것은 얼마나 쉬운 일인지!

"세상에, 네 머리가 왜 그래? 비트 주스라도 쏟은 거야?"

레오니가 화들짝 놀라 물었다.

"마법사와 한 판 붙었거든. 나를 오랑우탄으로 만들려다 실패했지."

머나가 대답했다.

"머리카락은 다시 자라니까."

레오니가 말했다. 잠시 후, 그녀는 자신의 말이 너무 난폭하다고 느꼈는지 한 걸음 물러섰다.

"그래도 진짜 효과 하나는 정말 경이롭네."

"고맙다. 진짜 경이로운 건 너도 마찬가지야."

제길 빌어먹을! 그녀는 속으로 생각했다. 사실 레오니가 3개월 뒤에도 멀쩡히 살아있을 확률은 불과 20%에 불과했다. 그런데도 우리는 한가하게 머리 얘기나 하고 있다니.

그녀는 크리시가 테이블 위에 차린 미니바를 바라봤다. 술병과 유리잔, 얼음이 담긴 스테인레스 믹싱볼, 그리고 노란색과 초록색의 레몬 조각들이 담긴 작은 그릇이 놓여 있었다. 콜라와 레모네이드가 담긴 캔들, 페리에 탄산수 병들도 보였다. 그녀는 이 음료를 전부 마셔버릴 만큼 목이 탔다. 그녀는 페리에 뚜껑을 열었다.

"하나 더 집어. 할인 상품이야."

레오니가 그녀에게 권했다.

"내 걱정은 하지 않아도 돼. 이번에는 작작 마실 테니. 주치의 명령이거든(그녀가 허스키한 목소리로 웃었다). 저번 모임에서는 내가 좀 과했었지."

저번 모임이라면 1년 반 전 일이었다. 레오니가 암 진단을 받기 전이었다. 머나는 과했다는 그녀 말의 의미를 생생히 기억했다. 레오니는 택시에 실려가야 할 만큼 취했었다. 레오니가 운전대를 잡았다면, 반려견을 산책시키던 한 불운한 행인을 저 세상으로 보낼 수도 있었다. 머나의 앞에는 이미 160cm나 되는 일거리가 쌓여 있었다.

하지만 웨지 샌들을 빼고도 177cm나 되는 레오나에 비하면 그것은 아무 것도 아니었다.

머나는 레오니에게 술은 한 모금도 허용하지 말아야 한다고 생각했다. 그녀에게는 양배추 주스가 좋을 것이다. 그리고 블루베리를, 그것도 아주 많은 블루베리를 먹어야 한다고 생각했다.

크리시는 검은 올리브가 가득 담긴 그릇과, 전채용 비건 수플레 빵이 담긴 푸르스름한 접시 하나를 들고 응접실로 들어섰다. 그녀는 응접실 테이블 유리 상판 위에 올리브와 수플레 빵을 올려놓았다. 그 옆에는 장미꽃봉오리가 하나씩 수놓아진 레이스 문양이 들어간 칵테일 냅킨들이 탑을 이루고 있었다.

그녀는 흡사 유아용 앞치마를 닮은 제비꽃 빛깔이 감도는 펑퍼짐한 옷을 입고 있었다. 주근깨가 박힌 그녀의 가녀린 두 팔을 가려주는 것은 오직 두 개의 진주 팔찌뿐이었다. 자홍색 포도 알맹이 모양의 유리 귀걸이가 그녀의 귀에서 짤랑거렸다. 그녀의 희끗희끗한 갈색 머리칼이 포니테일 스타일로 유니콘 모양(세상에 유니콘이라니!)의 쪽빛 머리끈에 묶여 있었다. 머나는 유니콘에 대해 한마디 하려다가, 꾹 참았다.

"제 시간에 왔구나. 레오니는 너무 일찍 왔거든!"

크리시가 나무라듯 말했다.

"미안하게 됐다고."

레오니가 대꾸했다.

"어쨌든 이제 다 모였네. 우리 하르퓌아 밴드. 달린은 없지만."

'가글(Gaggle) 밴드겠지.' 머나는 생각했다. '가글'이란 말은 독일어에서 유래한 단어였다. 거위나 여자들이 꽥꽥거리는 소리를 지칭했다. 아마도 '꼬꼬댁거리다'라는 의미를 지닌 '캐클(Cackle)과 어원이 같을 것이다. 하지만 현실에서는....

대뜸 크리시가 말했다. "달린은 쉬기로 했어. 나 스피리처 한 잔이 필요한데."

"달린은 아픈 거야? 아픈 사람 천지네." 머나가 걱정스런 말투로 물었다.

"아니, 달린은 사임하기로 했어." 크리시가 술병과 술잔을 만지작거리며 말했다.

"우리 위원회에서 말이야. 우리까지 논란에 휘말리게 하고 싶지 않다면서."

"논란이라니, 대체 무슨 논란?" 머나가 다그치듯 물었다.

"달린은 대학의 학장이야. 생물학자이기도 하지. 생물학자들은 언제나 곤란한 일을 겪곤 해. 아무도 그들을 이해해주는 사람이 없으니까. 그러니까 생물학자는 절대 학장이 되어서는 안 되는 거라고." 크리시가 대답했다.

"하지만 우리에겐 달린이 필요해! 달린이 없는 우리는 레몬 없는 홍차라고."

레오니가 항변했다. "무슨 일이 있었던 거야? 그녀가 부슨 이야기를 했길래?"

"달린이 라디오 방송에 나갔어. 토론회 패널로." 크리시가 대답했다.

"패널이라고! 앓느니 죽지!" 레오니가 소리쳤다.

하지만 언제나 모든 패널이 다 나쁜 것은 아니라고 머나는 생각했다. 그녀도 예전에 날씨와 관련된 영미지역의 유서 깊은 은유를 주제로 사람들과 토론을 벌이기 위해 패널로 참여한 적이 있었다. 그 날의 토론은 정말이지 굉장했다.

"어떤 종류의 토론이었지?" 그녀가 묻자, 크리시가 음성을 낮추어 대답했다.

"젠더에 관한 토론."

"이런 빌어먹을. 뱀들이 득실대는 소굴이잖아!" 레오니가 말했다.

"너도 잘 알잖니. 달린이 얼마나 순진한 사람인지! 사람들이 그녀에게 자연의 다양성에 대해 물었나봐. 그런데 달린이 곰팡이의 일종인 점균이라 불리는 유기체 이야기를 꺼낸 거야. 무형의 얼룩처럼 보이는 이 유기체가 우리의 많은 문제를 풀어줄 수 있다면서. (크리시가 잠시 뜸을 들였다) 게다가 이 유기체가 자그마치 720개의 성별을 지니고 있다고도 말했지."

"인간보다 700개 이상 성별이 많은 셈이군." 레오니가 맞장구쳤다.

"정확해." 크리시가 그녀의 말에 수긍했다. "하지만

<서커스 포스터(세부 묘사)>, 1890 - 미국 의회도서관

바로 이 부분이 사람들의 심기를 건드린 거야! 일부 패널은 그녀가 자신들을 이 곰팡이처럼 취급한다고 여겼지. 또 어떤 사람은 그녀가 여성에 대해 비판적이라고 길길이 날뛰었어."

"점균이 불편한 존재라는 걸 인정하지 않을 수 없겠군." 머나가 지적했다.

"그 사람들에게는 그렇지. 그들은 모든 생명이 둘씩 쌍을 이루기를 바라니까. 오로지 둘씩만. 칸막이가 구분된 서랍처럼. 밤과 아침, 남자와 여자처럼 말이야."

"물론 지옥행인 자들과 구원받은 자들도 빼놓을 수 없겠지." 레오니가 거들었다.

"아주 청교도적인 발상이야. 혁명적이라고도 할 수 있지. 찬성 대 반대에 따라 사람의 목을 쳐내니까. 그래서 우리 달린은 저주받은 칸에 분류된 거래?"

"그렇다고 볼 수 있지." 크리시가 대답했다. "트위터에서 사건이 터졌나 봐. 불과 1분도 지나지 않아 그 사달이 난 거야. 대학들은 원래 자기들 이미지에 민감하잖아. 달린은 자신의 표현에 실수가 있었다고 해명서를 발표해야 했어."

"달린은 표현에 실수가 있는 사람이 절대로 아니야. 오히려 아주 정확한 사람이지."

레오니가 힘주어 말했다.

"나도 알아. 그러니까 내 말뜻은 레오니 본인이 그렇게 말했다고. 실수라고? 남녀를 불문하고 대학의 학장이라는 사람들이 논쟁할때마다 의례적으로 하는 말이지."

"맞아, 표현에 실수가 있었어." 머나가 다시 한번 문장을 읊었다. "이 표현이 현대에 생긴 것이라 생각할 수 있겠지만, 실은 19세기에서 유래한 말이야."

"흥미롭군." 크리시가 무심한 태도로 대답했다. "그 작은 가게에서 신상 치즈를 발굴했어. 신데렐라라는 별명을 가진 애쉬 염소 치즈야. 애쉬(재) 때문에 붙여진 이름이겠지?"

"감염병도 처음에는 논란거리였어!" 레오니가 말했다. "하지만 감염병처럼 우리는 이 문제도 잘 관리할 수 있을 거야. 달린은 우리 셋이 논란을 전혀 겪어본 적이 없는 사람들이라고 생각한 거야? 그녀는 우리 위원회로 돌아와야 해."

"달린은 자신이 분란의 씨앗이래. 더 이상 우리 프로젝트에 해를 끼치고 싶지 않다네."

크리시가 설명했다.

"분란의 씨앗? 나는 여성 신의 가호 덕에 대학 캠퍼스의 수목 사이에서 개고생하는 일에서 벗어날 수 있었어! 거기는 지금도 여전히 공포정치가 계속되고 있지." 레오니가 소리쳤다.

"우리도 이미 똑같은 일을 경험했어. 예전에 'Y'자가 들어간 여성을 뜻하는 신조어 'Womyn'을 두고 논란이 무성했던 사건 기억나니?"

제발 'Wymmen'과는 헷갈리지 말아야 한다고 그녀는 생각했다. 그것은 현대에 생성된 단어가 아니라, 중세 영어에서 유래한 말이었다.

110

"아무도 그 단어를 수용하지는 않았지. 극히 일부만 빼고." 레오니가 대답했다.

"달린의 입장을 이해해줘야 해. 그녀는 우리와는 달리 여전히 일을 하잖아. 소셜미디어에서도 활동 중이고." 크리시가 아주 진지하게 항변했다.

"그래, 그녀는 그만둘 수밖에 없는 거겠지." 레오니가 투덜거리며 말했다.

"우리도 똑같이 분란의 씨앗이긴 마찬가지야." 머나가 이야기를 계속했다. "너희 '그레이트 담스'란 커뮤니티가 출범했을 때를 기억하지? '우체부들을 겁에 질리게 만들었던 그 잡지'도? 여성혐오적 성격의 프로이트 분석가들에 대해 다뤘던 〈구두(레즈비언을 의미-역주) 앤 프시케〉의 그 기획 기사 말이야."

"우리 그 기사 하나 때문에 거의 초죽음이 됐었잖아." 레오니가 말했다. "우리를 메가이라(그리스 로마 신화에 나오는 질투의 화신)와 하르퓌아(그리스 신화속의 괴물)로 취급하던 푸른색과 붉은색 줄이 그어진 온갖 욕설로 도배된 증오 편지들, 그리고 수없는 살해 협박들. 그중에는 더러 상당히 창의적인 표현들도 있었는데! 그래, 내 기억이 맞다면, '투르트(Tourte, 둥그스름한 모양을 한 파이로, '멍청한'이란 의미도 있다-역주) 젖가슴'이었던가? 그런데도 우리를 봐. 지금 이렇게 멀쩡히 살아 있잖아!"

머나는 생각했다. '메가이라'라니, 얼마나 낡은 표현인가. '하르퓌아'는 또 어떻고? 하지만 '젖가슴'은 현대에 이르러서도 여전히 자주 사용되는 표현이었다.

"당시 우리에게 제대로 대접을 톡톡히 해주겠다고 나서는 자원자들이 꽤나 많았지. 가령 강간이 뭔지 보여주겠다는 둥 하면서 말이야." 레오니는 다시 말을 이었다. "그래서 어디 한 번 와보시지. 나는 한 번은 그런 치들 중 두 명에게 이런 답을 해준 적도 있었어. 내 구둣발로 그곳 한 번 걷어차 줄까?"

"나는 그렇게 난폭한 말은 한 적 없는데." 크리시가 말했다. "물론 그랬다면 너처럼 대성했겠지만. 너는 그때 여자 대학축구팀에서 뛰지 않았던가?"

"우리가 대응할수록 그들은 미쳐 날뛰었지. 그래도 실제 행동하는 사람은 없었어. 그래도 나는 뾰족 우산이나 후추 스프레이 없이는 외출할 수가 없었어." 머나가 말했다.

"너희들 위기 상황에서 '살려달라'고 외칠 생각은 없지? 그럴 때는 '불이야'라고 외쳐야 해." 크리시가 말했다.

"왜?" 머나가 물었다.

"우리가 살려달라고 외친다면 달려올 사람이 없을 테니까." 크리시가 서글픈 목소리로 설명했다.

잠시 침묵이 흘렀다.

"그래도 나라면 꼭 달려갈 거야. 만일 소리만 듣는다면…" 레오니가 확언했다.

"그래 너라면 꼭 그러겠지." 크리시가 응답했다.

"나도." 머나가 말했다. "그나저나 우리 달린의 나이가 정확히 몇 살이지?"

"우리보다는 어려." 크리시가 손가락에 낀 반지들을 뱅글뱅글 돌리며 대답했다. 하나는 백색 오팔, 하나는 자수정이었다. "그녀는 우리와는 다른 사람이지."

"그래, 그녀는 겁쟁이야." 레오니가 곁에서 거들었다. 그리고 그녀는 잔을 높이 치켜들며 외쳤다. "우리 분란의 씨앗들을 위하여!" (....) Ⅰ₯

글·마거릿 애트우드 Margaret Atwood
캐나다 작가. 2000년 『눈 먼 암살자(The Blind Assassin)』로 맨부커 상을 수상했다. 이어 2017년 프란츠 카프카 상, 2019년 '컴패니온 오브 오너(Order of the Companions of Honour)'상을 수상했다.

번역·허보미
번역위원

※마거릿 애트우드의 영어 원문을 이자벨 D. 필립이 프랑스어로 번역했고, 이를 허보미 번역위원이 한국어로 옮겼습니다.

(1) Tom Hazlett, 조지 메이슨 대학교 법경제학 교수.
(2) 원문도 프랑스어임.

'현대판' 조지 오웰의 『1984』 현장

'디올을 디올이라고 말하지 못한' KBS 앵커의 소심함

최근 윤석열 대통령과의 대담을 진행한 '뉴스9' 박장범 앵커의 사퇴를 요구하는 KBS 시청자 청원이 게시되는 등 역풍이 거세다. 지난 7일 방영된 대담을 진행할 당시 박 앵커가 윤 대통령 배우자인 김건희 여사의 300만 원 상당 고가 가방(명품백) 수수 의혹을 물으며 '작은 파우치', '외국 회사의 조그만 백'이라는 표현 등으로 사안을 축소했다는 이유에서다. 30년 넘게 방송 현장을 누빈 언론인이 이번 KBS의 대통령 대담에 대한 분석의 글을 기고했다.

송요훈 ▌전 MBC기자

이런 대담은 없었다…'59분 대통령'의 대담쇼

나도 30년 넘게 방송기자로 밥 먹고 살았다. 대담 프로 제작도 해보고 다큐도 제작해봤다. 대통령은 종이 한 장 없이 대담을 했고 사전 질문지도 없었다지만, 내 눈에는 보이는 게 있다.

대담 아닌 대담쇼를 예찬하는 기사가 보여 꾹 참고 다시 봤다. 대통령으로서의 무게와 신뢰를 국민께 잘 보여줬다고 대통령실은 평가한다는데, 그게 사실이라면 참으로 어이가 없는 일이다.

대담은 인터뷰다. 인터뷰어가 인터뷰이에게 궁금한 걸 물어보는 거다. 기획, 연출, 촬영, 편집 등 제작 관련 모든 일은 인터뷰어(기자 또는 언론사) 쪽에서 담당한다. 질문지도 인터뷰어 쪽에서 작성한다. 내 눈에 이번 대담은 기획과 연출, 대본 작성 모두 용산 대통령실이 맡은 걸로 보였다. 제작은 KBS가 아닌 외주사에 맡겼다는데 KBS에 맡기면 '보안'이 유지되지 않는다고 판단하여 그랬을 것이다.

KBS 박민 사장은 믿지만 KBS 종사자들은 못 믿겠

다는 거겠지. 그러니까 KBS가 맡은 역할은 주연(대통령)을 빛내줄 조연(대담 진행자)으로 KBS 메인뉴스 앵커를 보내주고 용산 대통령실이 제작한 '예능형 대담'을 송출하는 것뿐이었다고 보는 것이 타당하다.

대담 타이틀에는 '반듯한 나라', '역동적 경제', '행복한 사회', '담대한 미래', '글로벌 중추국가', '살기 좋은 지방사회'라는 글자가 차례로 나왔다가 사라진다. 언론사의 인터뷰가 아니라 대선후보의 홍보물 같다. 타이틀은 '대통령에게 묻다'도 아니고 '대통령에게 듣는다'도 아닌 '대통령실을 가다'로 달았다. 통상적인 대담이 아니라는 것이고 대담쇼의 기획과 제작을 대통령실이 '총괄'했다는 방증이다.

'대담쇼' 제작의 총괄은 김건희 여사가 지휘한 게 아닌가 하는 느낌을 받았다. 대담 사이 사이에 김건희 여사 사진도 나오고 질문과 답변에도 나온다. 물론 좋은 이미지의 사진과 선의의 질문이다. 선의가 지나쳐 김건희 여사와 중요한 사안에 대해 논의를 많이 하느냐는 질문도 있고 비교적 이런저런 얘기를 많이 한다는 대통령의 답변도 있다. 다른 대통령들도 그랬을까?

명품백을 명품백이라고 말하지 못한 앵커

연두 기자회견을 '대담쇼'로 변형시킨 원인은 대통령 부인이 받은 명품백 선물 때문이라는 걸 대한민국 국민은 다 안다. 그럼에도 KBS 박장범 앵커는 그 질문을 하기가 외람되어 그런지 디올을 디올이라 하지 못하고 명품백을 명품백이라 하지 못한다. 김건희 옹위에 기자로서의 명예와 자존심을 팽개친 박장범 앵커의 입에서 디올은 무명의 외국 회사가 되고, 명품백은 조그만 빽으로 평가절하되고, 당당하게 이름을 밝힌 최재영 목사는 어떤 방문자로 격하되고, 선물을 받은 게 아니라 김 여사 앞에 두고 간 게 된다.

대통령의 답변은 너 사관이나. 대통령이나 대통령 부인은 누구한테나 박절하게 대하기 어렵다고 일반화하고 보편화하여 세계의 모든 대통령 부부를 잠재적 범죄자로 만들고, 매정하게 끊지 못한 게 문제라면 문제고 아쉬운 부문이라며 '불법 행위'를 모질지 못하여 발생한 일이고 인간적인 행동으로 치환한다.

잘못을 인정하지도 않고 사과도 없다. 무려 26년간 검사로 사정 업무에 종사하여 그 DNA가 남아있다면서 박절하게 내치지 못하니까 자꾸 오겠다고 하더니 사실상 통보하고 밀고 들어오는 걸 어떻게 막느냐, 만날 수밖에 없지 않느냐고 디올백 선물을 받은 아내를 두둔한다. 아내 사랑이 초법적이다.

혹 떼려다가 혹을 더 붙인 대통령 대담

국민은 대통령이 직접 설명해주기를 바라겠지만 그랬다가 부정적인 상황이 생길 수도 있다고 얼버무린다. 궁금하면 궁금하라는 답변, 아바타에게서 들은 기억이 있다. 정치 공작이란다. 그런데 그게 중요한 건 아니고 앞으로 이런 일이 안 생기게 하는 게 중요하다고 말을 흐린다. 적반하장, 매를 들었다가 슬그머니 뒤로 감춘다. 재발 방지를 위해 뭘 하겠다는 건지 알려주지도 않는다. 박절하게 거절하지 못한 건 제2부속실의 문제가 아니라 하고, 특별감찰관은 국회 추천이라 싫다는 기색이다. 궁금한 걸 묻고 답하는 게 인터뷰(대담)인데, 궁금증을 더 키운다. 혹 떼려다 혹을 붙인 것 같다.

대담쇼 시청률 8.6%, 대통령실은 고무되었을 것이다. 요즘 8.6%의 시청률이면 꽤 높은 수치다. 대통령실 출입 기자들이 순치되었다 해도 불편한 질문을 피할 수 없는 연두 기자회견 대신에 대담쇼 하기를 잘했다고, 기획 좋고 연출 좋고 다 좋았다고 환호했을 것이다.

나도 본방 시청을 했다. 다른 이유는 없다. 궁금한 게 많아서였다. 대통령이 직간접으로 연루되었거나 연루되었을 것이라는 합리적 의심이 타당한 사안이 많았다. 그래서 본방 시청을 했다. 무어라 하는지 직접 듣고 싶어서. 그러나 많이 봤다고 좋아할 일은 아니다. 나 같은 국민이 적지 않았을 것이니. 대담쇼를 보고 돌아앉은 이들도 꽤 될 것 같다. 대통령의 수준이 저 정도밖에 안 되나 싶어서.

다큐든 예능이든 대통령의 대담은 주요 현안을 국민에게 보고하고 설명하는 거다. 대통령실은 종이 한 장 없이 대담을 했다고 하는데, 그건 자랑할 일이 아니다. 그만큼 무성의했다는 것이고 국민을 무시했다는 것이니. 그런 게 대담 곳곳에서 드러난다.

예를 들어보자. 김건희 여사는 '명품백' 사진을 보낼 때만 면담 요청을 받아주었다는 게 최재영 목사의 증언이다. 그걸 대통령의 답변에 대입하면, 고가의 명품을 준다고 할 때만 '박절하게' 문전박대를 하지 못했다는 것이고, 명품백 선물이라 '매정하게' 뿌리치지 못했다는 것이 된다. 대통령과 참모들이 머리를 맞대고 가장 곤란한 질문을 상정하고 국민의 눈높이에서 가장 설득력 있는 또는 매를 가장 덜 맞는 모범답안을 고민했다면, '박절하게'와 '매정하게'라는 두 단어는 대통령의 입에서 나오지 않았을 것이다.

대통령실 참모들은 만사 폐하고 '디올백 사태'를 덮을 완벽한 알리바이를 창조하기 위해 궁리하고 또 궁리했을 것이다. 국가기록물로 지정하여 봉인하자는 꾀도 그래서 나왔을 것이다. 그런데 떠벌이기 좋아하는 '59분 대통령'의 입방정에 물거품이 되었고 불난 집에 기름을 붓는 꼴이 되었다.

'주가 조작' 특검법 거부권
행사의 이유를 캐물었어야

직접 듣고 싶은 건 '디올백 선물'만이 아니었다. 김건희 '주가 조작' 특검법에 거부권을 행사한 이유도 직접 듣고 싶었다. 고발 사주 사건은 선거 개입이 목적이었고, 검찰의 조직적 범행이고, 윗선의 묵인이나 승인이 있었을 것이라 하고, 그 당시의 검찰총장이 지금 대통령인데 무어라 할지 궁금했다. 그 모두가 대통령이 직간접으로 연루된 사건이다.

얼굴만 봐도 부하의 생명을 자기의 생명보다 중시할 것 같은 '참군인'의 기상이 느껴지는 해병대 박정훈 대령에게 항명죄의 낙인을 찍은 건 대통령의 빗나간 '격노'에서 비롯된 건 아닌지, 그 격노는 이른바 '핵관'의 범주에 들어가는 누군가를 보호하기 위한 것은 아니었는지 궁금했다.

이태원 특별법에는 159명의 목숨을 앗아간 참사의 진상을 규명하여 다시는 그런 비극이 없도록 해달라는 유족들의 피맺힌 절규가 담겨 있다. 대통령은 그 법안이 국론을 분열하고 정쟁을 유발한다는 이유로 거부권을 행사했는데, 나는 이해할 수 없었다. 대통령만 반대하지 않았다면 국론 분열도 정쟁도 없지 않았겠냐는 질문을 권력이 장악한 KBS의 앵커가 할 수 있을까, 기자로 밥 먹고 산 나는 그게 또한 궁금했다.

하지만 기대했던 질문은 하나도 나오지 않았다. 대통령실에는 무조건 따르는 예스맨과 대통령 부부의 눈치나 보는 이들만 있는 것 같다. 용산 대통령실의 사전에 진언이나 간언은 없는 것 같다. 삼류 쇼만도 못한 대담을 보니 그런 생각이 든다.

대학생 때도 교수인 아버지에게 고무호스로 맞았다고 했는데, 그 이유를 알겠다. 전임 김대기 비서실장이 갑자기 경질된 이유를 알겠다. 인간 윤석열은 자기의 잘못이나 오류를 절대 인정하지 않는다. 쓴소리를 용납하지 않는다. 그러니 대통령 참모들의 일은 쓴소리가 아니라 '바이든-날리면' 사태에서 보여준 것처럼 대통령의 잘못이나 오류가 보이지 않도록 덮어버리는 포장지를 창작하는 것이다.

조지 오웰의 통제사회를
연상케하는 대담쇼

조지 오웰의 소설 『1984』는 모든 것이 통제되는 사회를 보여준다. 주인공 윈스턴은 진실부 기록국에

서 일한다. 기록국은 통치자 '빅 브라더'에 맞춰 모든 기록을 조작한다. 이를테면 빅 브라더가 실언을 하면 그 실언에 맞춰 모든 기록을 조작하는 거다. 빅 브라더의 와이프가 부적절한 선물을 받으면 그걸 정당화, 합리화하는 논리를 만들고 그 논리에 맞춰 기록을 조작하는 거다. 2024년의 '윤석열 대담쇼'를 보면서 조지 오웰의 『1984』가 떠올랐다.

대통령과의 대담은 국민의 궁금증을 해소하기 위한 거다. 대통령에겐 불편하더라도 국민의 알 권리를 위해 독한 질문도 해야 하고, 노조와 시민단체 등 약자들의 편을 드는 질문도 해야 하고, 야당을 대신하여 질문도 해야 한다. 그런데 용산에 장악당한 KBS 앵커의 질문은 닭살을 돋게 하였다. 니은백을 니은백이라 하지 못하여 '외국 회사의 쬐그만 백'이라 하고, 선물을 받았다 하지 못하여 앞에 놓고 갔다고 했다.

물가고에 민심은 폭발할 지경인데 세상에서 가장 비싼 사과는 애플사이고 그다음으로 비싼 사과는 한국의 사과라는 유머 아닌 유머를 늘어놓고, 지지율이 낮은데 열심히 하는 걸 몰라주는 국민이 야속하지 않으냐며 질문 아닌 아부를 하고, 대통령의 답변에 한술 더 떠 국회를 비하하고 야당에 책임을 떠넘기며 대통령 호위무사를 자처하였다.

대통령에게는 국민의 궁금증이나 의혹에 대해 설명할 의무가 있다. 대통령에게는 불편한 질문일수록 국민의 알 권리를 위해서는 꼭 필요한 질문이다. 질문자인 앵커의 입에서 그런 질문은 나오지 않았고 우문에 현답이 나올 리 없으니 대통령의 답변은 자기합리화의 억지스런 변명과 자화자찬으로 일관하였다.

윤석열 대통령은 당선 인사에서 국민을 속이지 않는 정직한 정부, 국민 앞에 정직한 대통령이 되겠다고 약속했다. 참모 뒤에 숨지 않고 정부의 잘못은 솔직히 고백하고, 현실적인 어려움은 솔직하게 털어놓고 국민에게 이해를 구하겠다고 했다. 그건 거짓이었다. 출근길의 약식 회견 도어 스테핑은 국민과 소통하는 윤석열 정부의 업적이라 자랑했었다. 그랬는데 기자의 불편한 질문이 싫다고 어느 날 갑자기 없애버렸다. 출근길에 기자들

을 안 봐도 되니 편하냐 섭섭하냐 묻는 질문은 어리석게 들렸고, 도어 스테핑을 했더니 각 부처와 메시지 전달에 착오가 생기고, 국민과의 소통에도 효과적이지 못했다는 대통령의 답변은 엉뚱하게 들렸다.

교수였던 부친이 연구실에서 50년 넘게 사용한 책장을 버릴 수 없어 집무실로 가져왔다는 사연이 애틋하다. 그러나 거기까지, 통계학 교수였던 부친은 '한국경제의 불평등'에 관심이 많았다는데, 아들인 대통령은 부자 감세를 만병통치약으로 여기는 게 의아했었다. 그런데 그런 질문은 없었다. 잠시 애틋함은 느낀 내가 민망하다.

한 시간의 대담에서 대통령의 말은 길을 잃고 좌충우돌하였다. '59분 대통령'이란 별명이 있는 대통령은 동문에 서답을 하고, 뒤의 말이 앞의 말을 부성하고, 자랑할 일이 아닌데 자랑을 하고, 실정을 정당화하고 합리화하는데 주저함이 없었으며, 책임을 느껴야 할 사안에는 남에게 책임을 떠넘겼다.

자화자찬으로 끝난 '좌충우돌'식 답변

사과 값이 너무 비싸다는 질문이 내 귀에는 물가고에 대한 질문으로 들렸는데, 대통령의 답변은 외국 과일을 싸게 수입할 수 있게 하겠다며 물가 아닌 과일값에서 그쳤다. 집값 폭등으로 인한 불안 심리를 견디지 못하고 영끌 대출로 집을 샀다가 고금리에 허리가 끊어진다는 질문에 고금리는 미국이 금리를 올린 탓이고 은행들의 독과점이 문제인데 관치금융으로 금리를 내리게 했다는 자화자찬을 한다.

저출산이 최우선 국정과제이고 국가의 지속 가능성이 대통령의 헌법상 책무 중에 정말 중요한 책무라면서 '좋은 정책을 쓴다고 해서 출산율이 꼭 느는 건 아니라는 경험을 얻었다. 좀 더 구조적인 문제, 우리 사회가 과도하고 불필요한 경쟁에 너무 많이 휘말려 있는 것이 아닌가. 조금 더 가정을 중시하고 휴머니즘에 입각한 가치를 가지고 살 수 있어야 된다'라고 하는데, 이것이 '59분 대통령'의 화법이구나 싶다.

코리아 디스카운트를 묻는 질문은 기승전 '부자 감

세'로 귀결된다. 부자들의 세금을 줄여주어야 기업이 발전하고 일자리도 생기고 국민도 부자가 될 수 있다는 케케묵은 주장을 되풀이한다. 김동연 경기지사의 말을 빌리자면, 대통령이 경제에 대한 기본적인 인식과 상식이 있는가 할 의심이 들 정도다. 코리아 디스카운트의 진짜 원인은 대통령이란 생각이 강화되었다.

중대재해처벌법 시행에 앞서 2년의 유예기간이 있었음에도 준비를 하지 않은 기업이나 정부의 잘못은 말하지 않고 또 유예하자는 제의를 거부한 야당을 악마화하고, 일본 기시다 총리에게 끌려다니는 굴종적 외교에 대한 국민의 불만은 아랑곳하지 않고 기시다에 대한 무한 신뢰를 드러내고, '천방지축' 트럼프 재선에 대비해야 한다는 목소리가 세계 여러 나라에서 나오는데 우리의 윤석열 대통령은 트럼프가 재선되어도 의회 구성은 그대로이고 한미동맹은 달라질 게 없다며 태평하다.

국회 다수당인 야당의 대표를 만나지 않는 건 여당 대표를 차별하는 거라는 무논리의 자기중심적인 억지 주장에 거침이 없고, 지난 대선에서 증오를 부추겨 당선된 대통령이 증오의 정치, 공격의 정치가 문제라며 수단과 방법을 가리지 않고 거짓을 통해서라도 상대를 제압하려 하는 데서 폭력이 나온다고 남 일처럼 말한다.

미국에 경도되고 중국에 적대적인 외교로 인하여 중국 수출이 급감하고 있고 경제에는 빨간불이 켜진 지 오래인데, 오죽하면 중국 혐오를 조장하며 중국을 벗어나니 세계가 보인다고 탈중국을 선동하던 조선일보조차 중국 시장을 외면하면 안 된다고 하는 형국인데, 대통령은 한중 교역 관계에는 특별히 문제 되는 것이 없고 중국이나 우리나 대외관계의 철학과 기조가 같으니 걱정할 게 없다고 한다.

전쟁의 불안은 날고 커지는데, 휴전선에서의 우발적인 돌발상황이 국지전으로 비화할 수도 있는데, 김대중 노무현 문재인 대통령 시절에는 남북정상회담이 있었고 그것이 국제사회에 한반도에서는 전쟁이 없을 거라는 확신을 주었다. 작은 충돌이 있었어도 경제에는 아무 영향이 없었던 것인데, 윤석열 대통령은 남북정상회담은 아무런 소득도 없는 정치쇼였다고 치부한다.

숨이 막힌다. 암울하다. 대학생 때도 아버지에게 고무호스로 맞았다는 무오류의 불통 대통령은 앞으로도 바뀌지 않을 것이다. 청와대는 세상과 괴리된 구중궁궐이라더니 용산궁은 완벽하게 밀폐된 원자로이거나 지구에서 수억 광년 떨어진 어느 별에 있는 것 같다. 불의가 법이 될 때 저항은 국민의 의무가 된다는 법언(法言)이 무슨 뜻인지 알겠다. 대통령에겐 의무나 다름없는 연두기자회견 대신에 '대담쇼'를 한 건, 언론이 감시견 역할을 포기했기 때문이다. 국민을 대신하여 권력을 감시하지 않는 언론, 불의를 목격하고도 짖지 않는 언론은 존재할 이유가 없다. **ID**

글·송요훈
1987년 MBC에 방송기자로 입사하여 주로 사회 분야 보도와 <시사매거진 2580> 등 기획취재 분야에서 근무했으며, MBC의 보도가 공정한지 감시하는 역할을 맡기도 하였다. MBC에서 마지막으로 한 일도 MBC 기자들이 언론윤리를 준수하는지 살피는 일이었다. 2021년 MBC를 떠나 아리랑국제방송에서 방송본부장으로 근무하며 해외에 한국을 알리는 일을 했다.

외삼촌의 죽음

김혜성 ▌탈북작가

외삼촌이 죽었다. 불과 마흔 살밖에 되지 않은 분이, 그것도 칼에 찔려서. 굶주림 끝에 죽는 사람들도 많고, 심지어 나라에서 쏜 총에 죽는 사람들도 있었기에 죽음에 대한 감각이 무뎌질 뻔했던 때였다. 그럼에도, 내 가족의 죽음인지라 충격으로 다가왔다. 외삼촌의 죽음에 대한 슬픔보다는 남은 가족들에 대한 걱정이 더 컸다. 영미, 윤미, 설미. 어린 내 사촌들과 외숙모는 어쩌나. 아들을 낳아야 한다는 시어머니의 성화 속에서 딸만 줄줄이 셋을 낳고 구박덩어리 며느리로 살다가 남편을 잃은 외숙모가 너무나 불쌍했다. 그런 가운데, 가장 걱정됐던 사람은 평생을 외아들만 바라보며 살아온 외할머니였다.

외할머니는 6개월 전에 중풍으로 쓰러졌다. 반신을 못 쓰게는 됐지만 조금씩 회복의 기미가 보였다. 그런데, 금쪽같은 외아들이 죽다니. 외할머니가 그 소식을 들으면 곡기를 끊고 아들을 따라 저승에 갈 것 같았다. 외할머니라면 충분히 그럴 수 있었다. 외할머니에게 외삼촌은 세상 전부였기 때문이다. 그래서 온 가족이 외삼촌의 부고를 애써 숨겼다.

첫째 영미는 아버지의 죽음이 도통 실감 나지 않는지, 굳게 닫힌 입을 좀처럼 열지 않았다. 네 살 난 둘째 윤미는 아버지 제사상에 올랐던 음식을 먹느라 정신이 없었다. 북한의 가난은, 네 살짜리 아이의 뱃속도 채워주지 못했다. 두 돌짜리 막내 설미는 뭔가 이상한 걸 느꼈

북한의 시골에서 홀로 자전거를 타는 주민./뉴스1

는지, 그 순하던 아이가 유난히 보채고 엄마 품에서 한시도 떨어지지 않으려 했다.

외삼촌은 키가 크고 호남형으로 잘생긴 사람이었다. 이목구비가 또렷하고 둥그런 눈가에 짙은 쌍꺼풀이 있었다. 콧날도 날렵했다. 얇은 입술 사이로 허연 덧니를 드러내며 허허 웃을 때면 성격 좋은 사람 같았고 호탕해 보였다. 동네에선 외삼촌을 홍길동이라 불렀다. 외삼촌을 짝사랑하던 동네 처녀들도 많았었다고 했다. 외할머니에게는 엄마와 이모, 그리고 외삼촌까지 3남매가 있었다. 이모는 막내라 사랑받고, 외삼촌은 아들이라 온갖 정성을 한 몸에 받았다.

외할머니가 구부정한 허리로 기어 다니며 방을 닦을 때면, 외삼촌은 기다란 다리를 윗방 문턱에 올리고 누운 자세로 책을 읽고 있었다. 외할머니는 외삼촌에게 비키라고 하지 않고, 외삼촌의 양쪽 다리를 번갈아 들면서 방바닥을 닦았다. 엄마가 동네 우물가를 오가며 아침저녁으로 지게에 물을 날랐던 반면, 외삼촌은 외아들이라고 힘든 일 하지 않고 쌀밥만 먹었다. 외할머니는 끼니때마다 무쇠 가마에 옥수수를 씻어 넣고, 그 위에 흰쌀을 씻어 조심스럽게 얹어서 밥을 했다. 그리고는 다 익은 밥을 뜰 때면, 외할머니는 주걱으로 옥수수알이 섞이지 않게 쌀알만 거둬 외삼촌 밥그릇에 담아내려 정신을 집중했다. 그렇게, 외삼촌은 40년 인생 내내 쌀밥만 먹고 살았다.

외삼촌이 죽기 전 있었던 몇몇 사건들이 기억이 났다. 아버지가 집 뒤 야산에 덫을 놓는데 산토끼가 걸렸다. 가족들이 고기 맛을 못 본 지 1년이 넘었을 때였다. 사람이 동물성 단백질을 못 먹으면 펠라그라라는 병에 걸린다고 한다. 손등과 발등, 혓바닥이 쩍쩍 갈라져서 피가 나는 이 병에 걸리면, 고기를 먹어줘야 한다. 그렇지 않으면 죽을 수도 있어서다. 간혹 올무에 산토끼가 걸

> ### "언 땅에 삽이 들어가지 않자, 어머니는 두 손으로 땅을 막 파냈다. 그러자 사람들이 달려와 말렸다. 여러 장정들이 곡괭이로 땅을 팠지만, 땅은 너무나 단단해 잘 파지지 않았다."

리년 펄펄 끓는 뜨거운 물을 부어 털을 벗겨 낸다. 별다른 양념은 없다. 그냥 커다란 무쇠 솥에 물을 가득 붓고 산토끼를 넣고 소금이 있으면 대충 뿌려서 푹 삶아 낸다. 그리고 친척들까지 데려다가 국물을 우려내서 마셨다. 외삼촌은 고기를 별로 좋아하지 않았는데도, 그날따라 산토끼 고기를 참 맛있게 먹었다. 옆에 조카들도 있고, 어린 자식들도 있는데 먹어보라고 하지도 않고 아버지가 권하는 대로 정신을 놓고 먹었다. 외삼촌이 평소와는 좀 달라 보였다. 평소와는 다른, 뭔가 싸한 느낌이 있었다.

"죽기 삼 년 전에는 정신이 나간다"라는 말이 있다. 외삼촌은 종산리 제3작업반에서 트랙터를 운전했는데, 리에서 김일성 선전실을 짓기 위해 리당 청사 옆 극장을 철거하는 일에 동원됐다. 지붕을 허물고 양면 벽을 전부 뜯어냈다. 정면 벽 하나만 남았다. 점심시간이 됐다. 건설 경험이 없는 농부들은 홀 벽 뒤에 그늘에 의지해 점심을 먹다가 벽이 넘어지면서 그 아래 깔려서 다 죽어버렸다.

외삼촌도 그 현장에서 밥을 먹고 있었다. 넘어진 벽은 외삼촌 맞은편에 앉은 사람을 덮쳤다. 마주 앉아 이런저런 이야기를 나누며 주린 배를 채우던 동료가 누렇게 식은 옥수수밥을 삼키지도 못한 채 외삼촌 눈앞에서 즉사했다. 이웃집에 숟가락이 몇 개 있는지 다 아는 북한 농촌이다. 그런 동네에서 한날한시에 가장이 여덟 명이나 죽어버렸다. 외삼촌이 현장에서 가까스로 목숨을 건진 이야기를 엄마에게 하고, 그 이야기를 내가 옆에서 듣고 있었다. 외삼촌은 횡설수설하는 게 정말 정신줄을 놓아 버린 사람 같았다.

그때부터였던 것 같다. 외삼촌은 세상에 미련을 내려놓고, 마음을 제대로 붙잡지 못하고 사는 사람 같았다. 내가 알던 외삼촌은 똑똑하고 꿈도 있었고 누구보다 조카와 아이들을 좋아하는 사람이었는데, 그 시절을 기점

으로 좀 이기적으로 변해 갔던 것 같다. 2002년 12월 21일이었다. 갓 가을을 맞이했던 터라 집에 쌀이 좀 남아있었다. 수확한 지 얼마 안 된 팥도 있었다. 엄마가 올해 동지에는 팥죽이나 끓여 먹자고 하면서 불린 쌀을 담은 대야를 내 머리 위에 얹어 주며 방앗간에 다녀오라고 했다. 방앗간은 제2작업반에 있었다. 방앗간이 종산리에 하나밖에 없었다. 기다리는 사람들이 꽤 많았다. 기계 소음이 듣기 싫어서 밖에서 시간을 보내려 나왔다.

오후 대여섯 시경, 짧은 겨울 해가 뉘엿뉘엿 넘어가는데 익숙한 실루엣에 자전거를 타고 빠르게 지나가는 사람이 보였다. 외삼촌이었다. 그때 왜 그랬는지 외삼촌을 꼭 보고 싶었다. "외삼촌! 외삼촌!"한 네 번쯤 불렀던 것 같다. 소리소리 지르며 불러댔더니, 외삼촌이 자전거를 세우고 특유의 미소를 지으며 돌아봤다. 허연 덧니를 드러내며 웃는 얼굴로, 여기는 어쩐 일로 왔냐고 물었다. 엄마의 심부름으로 방앗간에 왔다고 하면서 짧은 인사를 했다. 그날따라 유난히 외삼촌과 이야기를 하고 싶었다. 방앗간 앞에 서서 한 20분은 떠들었나? 그리고 헤어졌는데 그게 마지막이었다.

나는 외갓집에서 컸다. 외할머니, 외삼촌, 이모, 사촌들과 정도 추억도 많이 쌓았다. 외삼촌은 나를 첫 조카라며 무척 아꼈고, 결혼 후 자기 딸들을 낳고도 여전히 나를 예뻐했다. 그런 외삼촌이 죽었다. 사고사도 아니고 타살이란다. 누군가와 척을 질 사람도 아닌 외삼촌이, 칼에 찔려 죽었다니. 도저히 납득이 되지 않았다. 외할머니가 뇌출혈로 쓰러졌을 무렵 행방불명됐던 이모에게서 연락이 왔다. 외할머니는 거동이 불편했으니, 외삼촌이 대신 연락을 받았다.

집안 어른들은 아이들에게 설명하기를 꺼렸다. 집안 모임이 잦아지고 어른들끼리만 수군대는 일이 반복됐다. 눈치가 빨랐던 나는 분명히 무슨 일이 있다는 걸 알아차렸다. 어머니에게 이모가 어디 있냐고 물었다. 거짓말을 못 하는 엄마는 얼버무리며 이모는 남포 청년 고속도로 돌격대에 지원해 평안남도 남포에서 살고 있다고 했다. 말이 안 되는 소리다. 남포에 갔다면 국가에서 조직적으로 데려갔다는 것인데, 보위지도원이 와서 이모의 행적을 묻냐고 따졌다.

엄마는 비밀이라고 하면서 이모가 중국에 있다고 했다. 중국에 있는 이모가 외삼촌을 통해 가족들에게 큰돈을 보내왔다고 했다. 2002년도 후반이었는데 이모가 보냈다는 돈 액수가 상당히 컸다. 북한 돈으로 약 80만 원이었는데, 옥수수 2톤은 족히 살 돈이었다. 농장원들이 매년 배급받는 옥수수가 약 150kg이었으니, 2톤이면 10년 치 월급이 넘었다. 한국에서는 노동의 대가가 현금이지만, 북한에서는 옥수수나 쌀 등 현물이다. 외삼촌은 그 돈 80만 원에서 자신의 누나(내 엄마)에게 30만 원을 주고, 나머지는 외할머니 뇌졸중 치료약을 사겠다고 했다. 이모가 외삼촌에게 돈을 보내면서 "일본제 중고자전거를 사고, 외할머니가 돌아가실 때까지 쌀밥에 고기를 드셨으면 좋겠다"라고 했다는 것이다. 외삼촌은 이모의 바람대로 외할머니 밥상에 삼시 세끼 쌀밥과 고기를 올렸다.

외삼촌은 이모에게서 돈을 받은 후, 함경북도 은덕으로 자주 다녔다. 농촌에는 뇌졸중이나 암 환자들을 위한 약이 없다. 진료소가 있지만 유명무실했다. 의사가 처방전을 써주면 그걸 들고 시장에 나가 중국산 약을 사야 했다. 농촌은 시장이 없으니, 외삼촌은 일본제 중고 자전거를 타고 은덕을 드나들며 외할머니 약재들을 샀다. 은덕에는 외삼촌 고향 친구들이 많았다. 종산과 은덕군과의 거리는 약 24km. 그 중간 즈음에 금송리와 박상리를 잇는 가파른 산, 강팔령이 있었다. 은덕에서 종산으로 오는 길은 오르막이 완만하지만, 종산에서 은덕으로 가는 방향의 오르막은 가파르다 못해 오르다 보면 등에서는 땀이 흐르고 숨이 막힐 지경이었다. 외삼촌은 외할머니를 살려 보겠다고 자전거로 매달 은덕과 종산리를 오갔다. 외삼촌은 은덕에 갈 때면 고향 친구 집에서 하룻밤 묵고 다음 날 고향으로 돌아오곤 했다.

그런데, 평생을 친하게 지내던 고향 친구가 외삼촌을 칼로 찔렀다. 외삼촌을 칼로 찔러 죽인 사람은 노동당원이었다. 용철이라고, 나도 몇 번 본 적이 있는 사람이다. 외삼촌은 노동당원인 용철을 부러워했다. 그런데 나라가 가난해지자, 노동당원 배급도 끊겼다. 용철의 말에 의하면, 그는 고향 친구인 외삼촌에게 북한 정권을 비판하고 세상을 비관했다. 그러자, 외삼촌이 "노동당원인 네가 그런 말을 하면 안 된다"라고 타일렀고 술에 취한 용철은 그 말에 욱해서 칼로 외삼촌을 찔렀다. 칼은 정확히 외삼촌의 횡격막을 뚫고 지나갔다. 용철의 아내가 밤이 새도록 외삼촌을 간호했다. 용철은 자신의 범죄가 들킬까 두려워 외삼촌을 병원에도 데려가지 않았다. 외삼촌은 밤새 고통에 몸부림치다 은덕에서 숨을 거뒀다.

12월 24일, 외삼촌이 사망 소식이 종산리에 전해졌다. 가장 먼저 부고를 들은 외숙모는 허둥지둥 우리 집으로 달려와 목이 터져라 울었다. 그러나, 우리는 마음 놓고 슬퍼할 수도 없었다. 외삼촌을 칼로 찌른 사람이 노동당원이었기 때문이다. 외삼촌은 정치범의 아들이다. 노동당원이 정치범의 아들을 칼로 찔렀다. 이건 국가가 어떻게 해석하느냐에 따라 내 사촌들의 운명이 바뀌는 문제다. 다행이었던 건 술자리에 외삼촌과 용철, 용철의 아내, 그리고 용철의 입당을 보증해준 보증인이 동석했었다.

보증인은 다음 날 아침, 술에 깬 후 안전부로 가서 사건에 대해 진술하고 당적 책임을 지겠다고 양심선언을 했다. 그리고 자신은 당원의 자질이 없는 용철을 보증했으니, 당의 결정에 따라 당원증도 내놓겠다고 했다. 그 소식을 듣고 우리는 한시름 놓았다. 이제야 외삼촌의 죽음을 마음 놓고 슬퍼할 수 있었다. 사람이 죽었으니 관을 짜야 했다. 기다란 널판자로 만든 허름한 관이 쇠달구지에 실려 외할머니의 집 앞에 왔다. 대패질도 안 했는지, 톱밥이 여기저기 묻어 있었다.

외삼촌은 12월 21일 나와 마지막으로 만났고, 다음 날인 22일에 은덕군으로 갔다가 23일 고인이 됐다. 나무관에 누운 외삼촌의 시신은 고향 사람들의 손에 들려 고향 뒷산을 향했다. 12월말이라 땅이 얼어 삽이 들어가지 않았고, 구덩이는 너무 얕았다. 이렇게 추운데 저 허름한 관에 몸을 뉘었을 외삼촌 생각에 마음이 아팠다. 고향 사람들이 삽과 곡괭이로 땅을 팠는데, 얼어서 안 파진다고 했다.

어머니가 통곡을 하며 삽을 들고 구덩이 안으로 들어갔다. 언 땅에 삽이 들어가지 않자, 어머니는 두 손으로 땅을 막 파냈다. 그러자 사람들이 달려와 말렸나. 여러 장정들이 곡괭이로 땅을 팠지만, 땅은 너무나 단단해 잘 파지지 않았다. 외삼촌의 관이 얼어붙은 땅 위에 놓였다. 외숙모가 무덤 주변 흙을 두 손으로 한 움큼 잡아 관 위에 뿌렸다. "잘 가요. 또 만납시다." 외숙모의 통곡소리에 주변은 아수라장이 됐다. 외삼촌의 관 위로 흙이 쏟아졌다. 움푹하게 파여 있던 무덤에, 순식간에 수평으로 흙이 채워졌다. 그리고 둥그렇게 흙을 조금 높이 쌓아 이곳이 무덤임을 표시했다.

외할머니는 외삼촌이 죽었다는 말을 끝내 듣지 못하셨다. 외할머니가 외삼촌이 왜 안 오냐고 물어볼 때마다, 가족들은 출장을 갔다고 둘러댔다. 외할머니는 눈치를 채신 듯 집안 분위기를 살폈다. 12월 26일, 외삼촌의 장례를 치렀다. 장례를 도와준 사람들을 초대해 식사를 하는데, 외할머니가 큰 손녀인 나를 불렀다. 외할머니는 집에 사람들이 왜 이렇게 많은지 물었다. 나는 송별회를 한다고 거짓말을 했다. 외할머니는 그 후 외삼촌에 대해 몇 번 더 물으셨다. 그리고는 고기를 달라고 했다. 우리는 돼지고기를 사서 푹 삶아 외할머니께 드렸다.

그 돼지고기를 맛있게 드신 외할머니는, 그날 이후 쌀 한 톨도 입에 대지 않으셨다. 목숨처럼 아끼던 외아들을 지키러 스스로 저승길을 떠나신 것이다. 외삼촌이 죽은 지 한 달 남짓 지난 1월 31일이었다. **ID**

글·김혜성
2004년 16세에 탈북해 대입검정고시를 거쳐 연세대 인문학부를 입학해 역사학을 전공했다. 2017년 프랑스인을 만나 결혼했고, 프랑스인 남편과 두 자녀와 함께 프랑스에 살고 있다.

'AI'가 만들어 준 내가 아닌 나

이지혜 ▌문화평론가

'**AI**'가 대세다. 요즘 사람들은 'AI'에 기대어 산다고 해도 과언이 아니다. 모르는 문제가 생기면 사전을 찾거나 책을 읽는 대신 'AI'에게 묻는다. AI가 학습해 도출한 것을 '내가 사유한 것'이라고 믿는다. AI의 알고리즘이 골라주는 콘텐츠를 자신의 취향이라고 믿는다. 직접 사진을 찍거나 그림을 그리기보다 'AI'에 명령어를 입력하고 출력한다.

이중 사회·문화계를 강타한 것은 'AI'가 만드는 이미지다. 특히 2023년은 'AI 프로필 이미지'가 대세였다. 'AI 프로필 이미지'는 인공지능(AI)으로 프로필 사진을 만들어주는 어플을 통해 발행된다. 대표적으로 포털사이트 네이버의 자회사 '스노우(SNOW)'가 해당 콘텐츠를 서비스 중이다. 이 외 여러 업체가 어플리케이션(이하 어플)을 제공하고 있다. 이 콘텐츠는 최근 1년여 사이 등장해 급성장했다.

'AI 프로필 이미지'는 '나'가 될 수 있는가?

'AI 프로필 이미지'는 등장과 동시에 여러 논란과 폭발적인 관심을 불러일으켰다. 본래 '프로필 이미지'는 자신을 피사체로 삼아, 스스로를 증명하고, 원하는 이미지를 만드는 데 사용하는 사진 작업물이었다. 이러한 사진 작업물은 본래 사진관을 방문해 찍거나, 사진작가를 섭외해 찍는 것이 일반적 관례였다. 그러나 'AI 프로필 이미지' 서비스의 등장 이후 고가의 이미지 사진도 이제는 'AI 프로필 이미지'를 통해 발행하는 것이 가능해졌다. 얼굴의 상하좌우가 잘 드러난 사진을 어플에 업로드

만 하면, 다양한 컨셉의 이미지 사진을 실제로 찍을 때보다 저렴한 가격으로 만들 수 있다는 점에 사람들은 열광했다.

문제는 거기서 시작되었다. 'AI 프로필 이미지'는 자신을 공들여 꾸미지 않아도, 카메라 앞에서 어색하게 웃지 않아도 몇천 원이면 그럴듯한 콘텐츠를 출력해냈다. 한복이나 드레스를 입지 않아도 컨셉의 이미지를 만들었고, 해외에 있는 것과 같은 이미지를 감쪽같이 합성해냈다. 돈과 시간을 들여 당장 사진관에 갈 여력이 없는 사람들이 'AI 프로필 이미지'를 증명사진으로 활용하길 시도했다. 그리고 'AI 프로필 이미지'를 붙여 낸 이력서나 주민등록증 발급 신청이 통과되었다는 무용담을 인터넷에 올리기 시작했다. 이에 2023년 8월 12일자 〈동아일보〉(1)가 반응했다. 이날 기사에서 최미송 기자는 'AI 프로필 이미지'를 '나'를 '증명'하는 공적서류에 쓸 수 있는 것인지에 대해 본질적인 의문을 제기했다. 기자는 기사를 통해 서울 자치구 주민센터 10곳을 찾아가 문의한 결과 10곳 중 9곳에선 AI 사진으로 신분증을 만드는 데 문제가 없었다고 밝혔다.

결국 대한민국 행정안전부(이하 행안부)는 'AI 프로필 이미지' 서비스가 등장한 지 반년도 지나지 않은 시점(2023년 8월 14일)에 정책브리핑을 통해 "AI 프로필, 주민등록증에 사용할 수 없다"라는 요지의 공문(2)을 전국 지자체에 송부했다. 또한 행안부는 "얼굴이 얼마나 비슷한지와 상관없이 AI 생성 사진은 본질적으로 당사자라고 볼 수 없다"고 말하며 "원본 사진을 고치는 보정과 달리 AI 사진은 이미지를 재창조한 것이기 때문에 당사

자성을 인정하기 어렵다."고 근거를 밝혔다.

이처럼 정부 부처가 AI 사진의 행정적 사용에 대해 '원칙적으로 금지'를 진작에 못박은 가운데에도, 2024년 2월 기준 'AI 프로필 이미지'에 대한 논란은 끊이지 않는 상황이다. 뉴스를 포함해 다양한 기사들은 현재까지 'AI 프로필 이미지'에 대한 사회적 문제를 지적하고 있다.

'AI 프로필 이미지'는 '증명사진'이라고 할 수 있나?

행안부의 말에 따르면 'AI 프로필 이미지'는 '증명사진'으로 볼 수 없다. 그러나 이러한 결정에는 '왜'라는 부분에 대해 납득할 만한 설명이 없었다. 물론 '재창조'라는 설명이 있지만, '재창조'의 개념이 명확하지 않은 것이 문제였다. 사진관에서 사진을 찍어도 보정 프로그램으로 몸의 윤곽이나 이목구비를 수정하는데, 'AI 프로필 이미지'로 재창조를 하는 것과 무엇이 다른가?'라는 의문이 정부 부처의 발표에 꼬리표처럼 뒤따랐다. 따라서 사람들은 암암리에 'AI 프로필 이미지'를 자신을 증명하는 데 사용했고, 이에 거리낌이 없었다. 작게는 SNS나 메신저의 프로필 사진을 'AI 프로필 이미지'로 대체했다. 크게는 법적 증명서류의 신분증명사진을 'AI 프로필 이미지'로 제출했다.

사진은 'AI 프로필 이미지'가 아니다

초기의 사진은 비싼 가격 때문에 개인의 신분증에는 사용할 수 없었다. 그러나 사진은 사실의 확인과 법률적 구속력을 부여할 수 있는 증거로 활용될 수 있었다. 따라서 증거로서의 활용을 위해 사진은 대중화될 필요가 있었다. 따라서 법률 판단에 중요한 문건으로 활용된다는 것을 인지한 정치권력이 사람의 초상이 찍힌 사진을 통해 민중을 통제하는 방법을 찾아낸 것이 '증명사진'의 시초였다. 곧 사진은 범죄의 증거로도 활용되기 시작했다. 그러므로 오늘날 법정에서 사진을 증거로 사용하는 것은 표준화된 행정 관행이 되었다. 이로 인해 법률적

효력을 갖는 '증명사진'이라는 제도가 만들어지게 되었다.(3)

한편으로 사진의 출현은 '텍스트'에 속하지 않는, 이전과는 다른 기록 방식이었다. 19세기의 사진은 지표(indexical)적인 것에 속하는 진리였다. 오직 사진만이 소유권에 대한 시각적인 기록으로써 법적 효력을 내세울 수 있는 시기도 있었다. 사진 기록이 다른 모든 시각적 기록의 형태보다 우월하다는 주장은 논의의 여지가 없다.(4)

알다시피 사진은 객관성과 진실성을 가진다. 그러므로 사진은 시간을 기록할 수 있는 하나의 방법이며, 시간의 증거로서 기능한다. 이러한 사진의 성질은 개인의 상황이나 순간을 개별적으로 기록하고 보관하는 단차원적 범주에서 나아가 기술·과학·의학·정치·법학 등 영역까지 그 영향력이 광범위하게 확대되는데 일조했다. 이처럼 사진의 재현 능력이 보장하는 객관성에 대한 믿음은 사건의 실재에 대한 움직일 수 없는 증거(5)가 되며, 진실성을 부여받는 계기가 된다.

그러므로 '증명사진'은 진실성을 부여받은 증거로서의 '사진'의 하위분류 중 하나다. 말하자면 '증명사진'은 개인에 대한 공적인 기록물이다. '증명사진'은 공적 규격에 맞춰 인간이 개입해 기록한 타자의 객관적 초상이자 '사진(photography)'이다. 사진이 찍히는 순간 피사체가 되는 주체의 기억과 시간은 그대로 프레임에 남아 인화된다. 물론 디지털 기술의 발달로 원본 사진 속 피사체의 외형에 대해서는 일부 보정이 가능하지만, 피사체의 외형을 규격에 맞춰 소폭 수정할 뿐 내재된 이야기, 즉 피사체의 삶까지 수정할 수는 없다.

그러므로 사진은 'AI 프로필 이미지'와 본질적으로 다르다. 사진은 "처음으로 외부 세계의 이미지(6)가 엄격한 결정론에 따라 인간의 창조적 개입 없이 자동적으로 형성"된 자동생성 이미지(7)다. 또한 "특별히 인위적인 방법을 통해 만들어진 것을 제외하고는, 대상이나 사물이 존재하는 현장에서 동시적으로 얻어진 것"인 동시에 "다른 어떤 기호에 비교할 수 없을 정도로, 사물이 존재했던 시간과 공간을 직접 그리고 진실로 지시하는

SNOW

AI 프로필
다채로운 매력을 그대로 담아낸 AI 프로필

지금 바로 만나보세요

SNOW AI

AI 프로필
30개 테마로 만나는 당신을 위한 특별한 프로필
AI를 통해 '나'를 표현해 보세요.

젤리 획득 후 AI 콘텐츠 이용

어플 스노우AI 사용화면 갈무리 ⓒ 스노우SNOW

것"(8)이다.

'AI 프로필 이미지'는 사진이 아니다

'AI 프로필 이미지'를 한 문장으로 설명한다면 '인공지능이 소비자가 제공한 일정한 장수의 이미지를 토대로 공통점을 통계화해 주제에 맞게 구성해 새로 출력한 그림 콘텐츠'이다. 말 그대로 '재창조'한 것이다. 소비자가 제공한 사진은 컴퓨터 이진법인 숫자 0과 1로 분해되어 낱낱이 코드화되고, 새로운 프레임 안에서 재조립된다. 이렇게 조립된 이미지에는 사진이 가지고 있는 '객관성'과 '증명성'이 존재하지 않는다. 피사체, 즉 주체의 삶과 기억이 기록되지 않는다.

따라서 재창조 과정을 통해 발행된 'AI 프로필 이미지'에는 현실의 사물이 부재한 것이나 다름없는 웹상의 사물이다. 이는 철학자 장 보드리야르의 '시뮐라시옹' 개념을 일부 빌려 설명하는 것이 가능하다. 그에 따르면 사물은 광고가 상품에 부여한 기호이며 기호 가치이다. 그러므로 사물은 종종 원본과 유사성 없이 완전히 새로운 상품으로 창조되기도 한다. 이 과정에서 실제로는 존재하지 않는 대상이 존재하는 것처럼 이야기되기도 한다, 나아가 원본 없는 이미지가 그 자체로서 현실을 대체하고, 현실이 이 이미지에 의해서 지배받게 되기도 한다. 이러한 점을 그는 '시뮐라크르'라고 설명했다. 그리고 시뮐라크르의 동사형을 '시뮐라시옹'이라고 정의했다. 'AI 프로필 이미지'는 때때로 현실보다 더 현실적이다. 그러므로 완벽하진 않지만 'AI 프로필 이미지'는 '시뮐라시옹'의 산물로도 지칭할 수 있을 것이다. 즉 어플이 발행한 'AI 프로필 이미지'는 다양한 스토리를 내재하고 창출하는 하나의 사물 콘텐츠일 뿐 '나'는 아니다.

'나'가 소멸한 자리에 'AI 프로필 이미지'가 있다

본성적으로 인간은 자연의 '있는 그대로'가 자기 삶을 영위하는 데 부적절하다고 생각되면, 능력이 미치는 한 그것을 뜯어고치고 꾸미고 개작한다. 즉, 인간에게 있어서 자연은 그 자체로 있는 것이 아니다. 자연은 인간의 조작 '상'(對象)이며 인간은 중심이고 주체(主體)이며 주인이다. 그런데 이러한 인간의 주체 의식은 자연과의 관계에만 적용되지 않는다. 다른 사람을 또한 대상으로 여기며, 심지어 자기 자신을 대상화하기도 한다. 공동체 의식의 형성이나 시민 사회의 형성 없이 타인이 한낱 대상으로만 머무를 때, 타인은 사물들과 동격이 되고, 인간의 인간과의 관계에도 주종 관계가 성립된다.(9)

'AI 프로필 이미지'를 소비하는 지금 사회는 타인의 대상화에서 나아가 앞서 말한 자기 자신을 대상으로 밀어내는 사회에 가깝다. '자기'를 남인 것처럼 여기는 것이다. 남들과 비교하고 우월감에 도취되며 열등감에 사로잡힌 끝에 스스로를 해체하고 타자화한다. 이러한 행위는 현실 세계의 자신을 위장하거나 꾸미고 보수하는 것에서 머무르지 않는다. 웹으로 전송된 원본 이미지를 수정하는 것에서 멈추지 않고 스스로를 해체해 객체, 즉 낯선 자로 만드는 현상이 일어나는 것이다. 'AI 프로필 이미지'는 현대인의 주체 소외(疎外), 이른바 타자화(他者化) 현상이 작동하며 기술과 결합해 발생한 사회적 결과물이다. 이전에 없던 새로운 방식으로 발생한 콘텐츠다. 그러므로 세상에 없던 콘텐츠의 발생에 대해 사유할 필요가 있다. 그런데 어떻게 사유할 것인가? AI에 기대어 사유할 것인가? 스스로 사유할 것인가? 결정은 이 글을 읽는 '나'의 의지에 달렸다. **ID**

글·이지혜

문화평론가. 제16회 <쿨투라> 신인상 영화평론부문 신인상으로 등단. K-컬처·스토리콘텐츠연구소 연구원으로 문화현상을 연구하고, 강의도 한다. <르몽드 문화톡톡>에 문화평론을, <COAR> 등에 영화평론을, <서울책보고> 웹진에 에세이를 기고 중이다. (leehey@khu.ac.kr)

* 이 글은 필자가 2023년 정부(교육과학기술부)의 재원으로 한국연구재단의 박사과정생연구장려금지원을 받아 2023년 12월 '리터러시학회 겨울학술대회'에서 발표한 연구 「AI이미지'의 파생실재성(hyperréel)연구 -'증명사진'과 어플 '스노우SNOW'의 'AI 프로필이미지' 콘텐츠 비교를 중심으로-」를 일부 수정 보완하여 작성했다. (NRF-2023S1A5B5A19094347)

(1) 최미송 기자, 'AI로 만든 증명사진 사용금지인데… 주민센터 10곳 중 9곳 "OK"', 동아일보, 기사 최종 업데이트일 2023.08.16. (https://www.donga.com/news/article/all/20230813/120689999/1 접속일: 2023.11.30.)
(2) 행정안전부, '브리핑 룸, 사실은 이렇습니다: AI 프로필사진, 주민등록증에 사용할 수 없어', 대한민국 정책브리핑, 2023.08.14. (https://www.korea.kr/briefing/actuallyView.do?newsId=148918984&call_from=naver_news 접속일:2023.11.29.)
(3) 김경미. <증명사진을 통해서 본 초상사진 특성연구> 국내석사학위논문, 홍익대학교 산업미술대학원, 2001. 6쪽과 각주 6번을 참고.
(4) JoHn Tagg, The Pencil of History, Tugitive Images, Indiana University Press, 1995. H. D. Gower, L. Stanley jast and W. W. Ropley, The camera as Historian, London, Sampson, Low, Marston, 1916, pp. 2~3에서 재인용.
(5) 위의 논문, 4쪽 참조.
(6) 본 글에서 사진을 설명하기 위해 사용하는 이미지(image)란 은유로서의 이미지가 아닌, 사진적인 처리 과정에 의해 스크린상에 나타나는 장면의 시각적인 재현을 말한다. 그러므로 'AI 이미지'에 사용된 의미와는 완전히 별개의 뜻이다.
(7) 앙드레 바쟁, 박상규 역, '사진적 영상의 존재론', 『영화란 무엇인가』, 사문난적, 2013. 29쪽 참조.
(8) 김진석, '이미지의 외시. 탈 상징의 차원에서 사진 이미지에 대한 존재론적 물음', <시대와 철학>, Vol.13 No.1, 한국철학사상연구회, 2002. 150쪽.
(9) 백종현, '문화형성의 토대: 인간의 자기반성 능력', 『철학의 주요개념 2』, 서울대학교 철학사상연구소, 2004. 참조.

영화 〈나의 올드 오크〉

낡은 'OLD OAK'를 바로잡기 위한
'용기 · 연대 · 저항'

이수향 ▮ 영화평론가

1. 'K(ingdom)'의 위태로움에 관하여

켄 로치 감독은 〈지미스 홀(Jimmy's Hall)〉(2014)과 〈나, 다니엘 블레이크(I, Daniel Blake)〉(2016), 〈미안해요, 리키(Sorry We Missed You)〉(2019)를 지나 〈나의 올드 오크(The Old Oak)〉(2023)에 이르면서 몇 번의 번복을 거쳐 다시금 고별 인사에 다다르고 있다. 각본가 폴 래버티와의 공동 작업도 지속되고 있으며 영국의 역사와 정치 상황에 기반한 노동 계급의 현실에 대한 비판적 태도 역시 동일한 주제의식으로 변주된다.

켄 로치는 이 작품에서도 여전히 해가 지지 않는 '왕국(United Kingdom)'이었으며 산업화의 시작이었고 또 신자유주의의 기치를 내걸었던 '영국'의 특수성을 배경으로 삼고 있다. 정치적· 경제적 발전과정의 첨병이던 영국을 투과한다는 것은 나아가 자본주의와 노동 계급의 전 세계적 당면과제라는 현 시대의 보편적 문제의식과도 맞닿아 있다고 볼 수 있다.

영화는 쇠락한 영국 북동부의 한 마을에 떠들썩한 소음과 함께 버스가 도착하면서 시작된다. 〈나, 다니엘 블레이크〉 등 이전 작품에서도 익히 활용된 켄 로치식의 도입부는 이미지보다 앞서 빈 화면에 등장하는 보이스 오버가 특징적인데, 먼저 도착한 목소리들이 향후 펼쳐질 사태와 사건에 대해 일종의 소요로서 기능한다. 요컨대 저 멀리 있는 한 무리의 이야기나 그들의 사정이 원경화되어 있을 때는 우리에게 닿지 못하지만, 그것이 수런거리는 소리들로 인식될 때 우리에게 지각되기 시작되며 이에 고개를 들어 무슨 일인지 주목할 때, 비로소 화면이 밝아지며 영화의 사건이 우리 앞에 펼쳐진다.

사진찍기를 좋아하는 소녀 '야라'를 포함한 시리아 난민들이 타고 있던 버스가 1980년대 영국의 광산 파업 이후 조용하게 쇠락해가고 있던 백인 노동계층 구성원의 마을에 이물질처럼 불쑥 침입한다. 종교와 인종, 이방인이라는 기본적인 차이에서 오는 거부감 외에도 폐광촌이 된 후 경제적 기반을 잃고 활기도 사라진 채, 싸고 낡은 변두리의 촌동네에서 나이 들어가고 있던 주민들은 이 시리아 난민들에 대해 깊은 적대감을 드러낸다.

마을에서 오래된 펍 '올드 오크(The Old Oak)'를 운영하는 중년의 '티제이(TJ)'는 야라의 카메라를 망가뜨리고 난민들에게 혐오를 드러내는 주민들에 맞서 난민들에게 도움을 주려고 하지만 주민과 난민 간의 갈등은 점점 심해진다. 주민들은 자신들이 일상적으로 모여서 담소하고 술을 마시는 휴식과 사교의 공공장소이자, 파업의 역사적 장소로서 중요한 의미를 지닌 올드 오크가 난민들에게 침범되는 것을 원하지 않는다. 티제이는 자신의 생업인 펍의 운영과 오랜 지인들과의 관계마저 흔들릴 위기에 처하면서 모종의 선택을 강요받는 상황에 놓인다.

그런 의미에서 표제이자 배경인 올드 오크 펍을 도입부의 설정쇼트(establishing shot)로 보여주는 장면들은 이 영화의 배경과 영국의 현실에 대해 알레고리적 함

<나의 올드 오크> 포스터

텔레비전의 성치학』, 이후경 옮김, 컬처룩, 2014, 446쪽.)의 가치를 포기하지 않는 켄 로치로서는 기존의 항쟁이 지닌 관점들이 목표를 상실하고 시민들과 노동자들에게 혼란이 가중되는 위태로운 상황에서 사회적 정의와 연대의 가치를 다시금 '바로 잡아' 추동시키고자 하는 것이다.

2. 키친 싱크 리얼리즘이 지닌 미학성의 문제

켄 로치가 칸 영화제에서 자주 호명되거나 수상을 한 것과는 별개로 그의 작품이 보여주는 일관된 목적성에 관해 가치평가를 절하하려는 시각들도 분명히 있다. 즉 이 감독이 주장하고자 하는 정치적인 입장이 '영화적인 것(cinematic)'을 초과하며 당위가 수단이 되어버린 것이 아니냐는 의심의 시선이다. 이는 예술의 오랜 난제인 형식과 내용 사이의 미학성에 관한 논쟁을 상기시킨다.

가령, '저항'과 '연대'라는 정언명령적인 주제가 늘 먼저 자리를 잡고 있기 때문에 작품마다 다른 스토리텔링에도 불구하고 켄 로치의 영화들은 어떤 윤리적 스탠스를 취할지가 이미 결정되어 있는 것이다. 그래서 때때로 켄 로치의 영화들은 캠페인 영상이나 시민 윤리 교육을 위한 자료처럼 보이기도 하고, 화려한 시각적인 연출이나 구성상의 이채로움, 플롯의 돌발적인 전복 등의 미학적 실험을 철저히 배제한다. 다소 심심하고 밋밋한 전개들을 대신하는 것

의를 지닌다.

티제이의 가게 간판의 글자 'oak'에서 'k'자가 떨어져서 자주 말썽을 일으킨다. 높은 위치에 있기 때문에 장대를 이용해 애써 '바로잡아' 놓고 티제이가 안심하고 문을 닫고 들어가려는 순간, 'k'는 다시금 아무렇지도 않게 스르륵 떨어진다. 이는 광산파업의 실패 이후로 낡아가고

있는 마을과 브렉시트 이후로 쇠락해가는 영국의 운명을 나란히 현시하는 장면이라고 볼 수 있다.

감독 켄로치에게 은퇴를 번복하게 한 것도 경제적 불평등, 계급적 차별 외에도 난민과 인종 문제 등 나날이 새롭게 적대의 구도가 재편되고 있기 때문일 것이다. '행동 중인 사회주의'(존 힐, 『켄 로치 - 영화화

은 현실에 대한 사실적인 재현이다. 야라의 가족들과 난민들에게 주민들이 보여주는 적개심에는 낮은 생산성을 지닌 임금의 일자리와 한정된 공간의 공유 문제, 문화적 차이에서 오는 불만들이 있으며 굳이 이들의 발언을 거르지 않는다. 그러는 한편 그런 갈등이나 알력과는 상관없이 아이들이 자라고 학교에 가고, 누군가는 아프고 죽는, 인간이라는 종의 고유한 보편성을 천천히 보여준다.

최근에 방영된 EBS의 〈위대한 수업, 그레이트 마인즈〉 켄 로치 편에서는 직접 그가 밝히는 영화 제작의 규범들에 대해 설명하고 있어 흥미롭다. "스타일적으로 꾸밈이 적고 인간관계에 많은 노력을 쏟아야 한다는 거죠. 캐릭터들의 관계가 영화의 모든 것이니까요", "편집하고 잘라내고, 또 덜어내고, 최대한 단순하고 실속 있을 때까지 잘라내고 꾸밈없이 보여주려고 노력하면 캐릭터들의 관계가 드러나죠. 영화는 소박해야 합니다", "가장 중요한 건 '진실성이 느껴지는가'예요." 이와 같은 말들은 그가 영화적 스타일리시함에 집중하기보다는 시간과 공간마저 그대로 현실에 기반해 재현해 내려는 욕망에 더 침잠해 있음을 보여준다.

그렇다면 켄 로치의 영화가 예술적 미학성을 벗어나는 태작들에 불과한가의 물음에 관하여 다른 판단도 가능하리라고 본다. 요컨대 영화 미학의 완성도를 이미지와 구성, 편집 중심의 영화 내적 규범성을 중심으로 완고하게 판단하지 않는다면, 형식화되는 세련된 현대 영화 산업 시스템의 도전이라는 측면에서 미학성을 새롭게 상정할 수 있다는 것이다. 가령, 작가주의적 관점에서 작품에 대한 엄격한 절제를 통해 비전문 배우라든가, 서사 순서대로 촬영하기, 카메라 고정하기 등 리얼리즘적 규격성에 대한 표준화된 형식 미학을 만들어가려는 천착이 지닌 가치론적인 측면을 의미하는 것이다.

그의 작품에 흔히 붙는 별칭, '키친 싱크 리얼리즘(kitchen-sink realism)'이란, 부엌의 싱크대처럼 온갖 생활의 찌꺼기들(정신적인 것과 물질적인 것 모두)이 모여서 하수도(즉 사회의 저변)로 내려가는 곳이라는 메타포를 차용한 것이다.(이성철·이치한 지음, 〈철도 민영화와 비정규직 노동자-켄 로치의 〈내비게이터 The Navigators〉, 『영화가 노동을 만났을 때』, 호밀밭, 2008, 201쪽) 그런 의미에서 내용과 형식의 균형성이라는 영화적 재현의 측면에서 잘 빚어진 항아리로서의 황금률을 제시하기 위한 작가의 노력을 보여주는 것이라 할 수 있을 것이다.

광산 파업에서 같이 연대하고 저항했으나 실패했던 노동자들은 쓸쓸한 열패감 속에서 침잠해 있으며, 옛 저항의 기억들은 "함께 먹을 때 더 단단해진다(When you eat together, you stick together)."라는 액자 속의 글자와 사진들로만 남아 조각만한 자긍심으로 지탱되고 있다. 켄 로치는 노동자/자본가 혹은 노동자/정부로 상정되었던 대립항이 이제 노동자/이방인(난민)으로 대치되어 가는 상황을 제시하면서 좌파적 연대의 구도가 노동자 내부의 혹은 프롤레타리아 내부의 또 다른 하위 계층 간의 싸움으로 격화되는 양상을 보여준다.

그들이 외부로부터 온 난민들에게 보이는 제노포비아적인 행태가 또 다른 파쇼주의적 위험성을 내재한 것은 아닌지를 묻게 하는 것이다. 또 내부의 갈등이 외부의 더 큰, 진정한 적을 형해화시키고 있다고 지적하고 있다. "삶이 힘들 때 우린 희생양을 찾아. 절대 위는 안 보고 아래만 보면서 우리보다 약자를 비난해. 언제나 그들을 탓하지. 약자들의 얼굴에 낙인을 찍는 게 더 쉬우니까."라는 티제이의 말이 바로 그것을 의미한다.

3. 포기하지 않는 단단한 저항의 회복

이 작품의 중요한 갈등 구도 중 하나는 '공간'을 내어준다는 것에 있다. 그것은 작게는 올드 오크라는 펍이고, 나아가서는 마을이라는 공동체이며, 궁극적으로는 난민들에 대한 수용 문제이다. 켄 로치에게 '공간'은 계속 강조되어온 주제라 할 수 있는데, 마을의 공동체 공간이든(〈지미스 홀〉), 미혼모가 아이들을 키울 수 있는 공간이든(〈나, 다니엘 블레이크〉), 모빌리티에 포획된 채 장소성을 상실해 노동의 주체성을 잃어버린 노동자의 공간이든(〈미안해요, 리키〉), 새로운 이방인들에게 내 자리를 내어줄 수 있느냐의 문제이든 쉽게 답을 내리기 힘든 질문이라는 점을 외면하지 않는다. 켄 로치는 이를 돌파하기 위해 첨예한 대립과 각론을 보여주며 설득하는 대신 가까운 이웃에 대한 작은 온정의 불씨를 되살리는 것에 집중한다. 그러니까 난민 수용에 대한 합리성이나 윤리적 지침을 설파하는 대신, 함께 모이고 먹으며 바로 옆의 몇을 향한 최소한의 도의적인 선의를 보여주는 것으로 공간과 마음을 내어주기를 바라는 것이다.

야라는 주민들을 펍에 모아서 사진 슬라이드 상영회를 연다. 이를 통해 힘들었으나 투쟁의 열기가 가득했던 1984년 광산 파업의 기억들이 천천히 상기된다. 영화는 이 장면에서 과거를 감동으로 포장하는 대신, 매우 일상적인(ordinary) 태도로 흑백 사진들을 연속적으로 제시하면서 지나간 연대의 기억들을 가감 없이 보여준다. 과도한 장면 테크닉과 과잉된 인물들의 감정도 배제한 채, 정직한 음악을 곁들여 그때 그곳에서는 모두가 함께 했었고 낙관적인 전망이 우세했음을 알려주면서 잊혀진 혁명의 기억을 상기시키는 것이다.

이를 통해 켄 로치는 위험하고 음침한, 공간을 잠식하러 온, 테러분자라는 풍문들을 통해 난민에 대한 공포가 엄습할 때 우리가 느끼는 두려움을 내려두고 개개인의 사적인 좁은 네트워크에서의 최소한의 선량함을 열어둘 것을 권면하는 듯 보인다. 테러리스트와 히잡과 검은 피부의 이방인이라면 문을 걸어 잠그게 되지만, 옆집의 아이가 몸이 아프다면, 또 이웃의 아버지의 부고를 들었다면 그들에게 약과 꽃을 들고 방문할 수 있으리라고 다시금 기대를 걸고 있는 것이다.

영화의 마지막은 좀 더 직관적으로 필생의 주제를 천명하려는 감독의 의지가 돋보인다. 영화의 서사를 벗어나 시위의 장면이 등장하는데 수많은 사람들이 거리로 쏟아져 나와 깃발을 들고, '용기, 연대, 저항'을 외친다. 영국판 작품 포스터에서는 가운데에 오크나무를 배치한 채, 휘장 띠의 윗쪽에 영어로 'STRENGTH, SOLIDARITY, RESISTANCE'이라고 쓰고, 이를 아랫쪽에 다시 아랍어로 쓴 것이 눈에 띈다. 즉 저항과 연대의 범위를 확대하여 난민들에게도 공간을 내어준 것을 다시금 확인할 수 있는 것이다.

또한 제목과 관련해서 영국에서 오크나무의 상징성에도 주목할 수 있다. 오크나무는 찰스 2세가 1650년 남북전쟁 중에 숨어 있던 데에서 유래하여 로얄 오크(Royal Oak)라는 별칭으로도 불리며 많은 장소와 사물에 오크가 붙여지는데 특히 영국의 펍의 이름 중에 흔하다고 알려졌다. 단단하고 생명력이 강하다는 점에서 종종 연대와 저항의 상징이 되는 이 '낡은(old)', '오크(oak)'가 다시 회복되기를 바라는 노감독의 당부가 들어 있다고 볼 수 있다.

앞서 인용한 강연에서 켄 로치는 영화인의 사명을 "우리는 영화인이기 전에 시민입니다. 영화인은 그래야 해요. 화가는 어떤지 모르지만요. 저는 예술을 위한 예술에 동의하지 않습니다. 그러니까 역사를 공부하고 시민이 먼저 되세요."라고 말한 바 있다. 은퇴를 앞둔 그가 남기고 떠나는 영화적 미학성의 핵심이 스타일(style)이 아닌 사상과 가치에 있다고 볼 수 있으며 주제의식을 극대화하기 위한 최선의 고안법이라고도 볼 수 있다. 너무 명확하게 방향성을 가리키는 켄 로치의 작품 세계의 우직함에 동의하지 않는다 하더라도 그 장인적 기율(紀律)이 작가주의적 태도로서 유의미함을 부정하기는 어려울 것이다. **⑩**

글 · 이수향
영화평론가. 문학박사. 2013년 영평상 신인평론상 수상. 영상물등급위원회 소위원. 한예종 강사. 문학과 극예술의 연대를 연구하고 있다. 공저로 『다시 한국영화를 말하다』, 『영화와 관계』, 『1990년대 문화 키워드』 등이 있다.